03

出版
行思录

刘伯根 著

改革制胜

人民出版社

◇ 本卷说明 ◇

  主要收录作者 2002 年至 2017 年的研究报告、论文、讲话等，计 29 篇。内容涉及体制改革、机制创新、出版战略、品牌建设等内容。如《以人为本：人往哪里去，钱从哪里来？》是一篇文化体制改革中人事劳资问题的研究报告，翔实、清晰地阐释了新闻出版单位人事制度改革中遇到的各种问题与应对办法。

目　录

深化出版改革　壮大出版产业　弘扬民族精神★

有幸参加党的十六大，聆听和反复学习了江泽民同志在十六大上所作的《全面建设小康社会　开创中国特色社会主义事业新局面》的报告，深感内涵丰富、思想深刻、鼓舞人心。联系出版工作的实际，深受教育，颇多感悟。

十六大报告在讲到文化建设和文化体制改革时，号召我们要牢牢把握先进文化的前进方向，积极发展文化事业和文化产业，继续深化文化体制改革，坚持弘扬和培育民族精神，推进中华民族的伟大复兴。这是我们党第一次明确地把代表先进文化的前进方向、弘扬和培育民族精神列入党的执政思想。对此，作为一名从事出版工作的文化战士，倍感使命崇高、责任重大、任务光荣、精神振奋。

改革开放以来特别是中共十三届四中全会以来，我国的文化事业获得迅速发展，人民思想道德素质和科学文化素质明显提高，

★　此文载于《新闻出版报》，2002 年 11 月 29 日。

文化生活空前丰富。出版事业作为文化事业的重要组成部分，在法制建设、体制改革、品种规模、质量效益、人才素质、技术手段等方面，都取得了令人瞩目的成就。2001 年，我国出版系统销售收入达 694 亿元（合 84 亿美元），在国民经济诸行业中位列第 11 位。其中，图书销售收入 408 亿元（合 50 亿美元），占全球图书销售总额 800 亿美元的 6.25%，成为世界十大图书市场之一。我国已然成为世界出版大国。据统计，到 2001 年年底，我国有史以来共出版图书 260.4 万种。其中，古代至 1949 年共出版 28 万种，1950 年至 1989 年共出版 95 万种（年均 2.44 万种），1990 年至 2001 年共出版 137.4 万种（年均 11.45 万种）。年出版量从 90 年代初的 10 万种上下跃升到 15 万种上下，上了一个大台阶，发展速度惊人。13 年来，以《中国大百科全书》《中国美术全集》《辞海（新版）》《辞源（新版）》《汉语大字典》《汉语大词典》《中国军事百科全书》《中国农业百科全书》《当代中国丛书》等一大批鸿篇巨制和重点出版工程为标志的优秀出版物，相继面世，对于及时总结和传播科学文化知识，满足人民日益增长的文化需求，促进社会进步和发展起到了巨大的推动作用。回顾出版成就，足以令人自豪。

然而，我们还应当看到，与发达国家相比，我国的出版业还有很大差距。2001 年，当我国的图书销售额为 50 亿美元时，美国为 253.6 亿美元，我们只相当于美国的 1/5 弱。2001 年世界著名出版集团的销售收入，德国贝塔斯曼集团（出版部分）为 85 亿美元，英国培生集团为 62 亿美元，美国麦克劳希尔集团为 46

亿美元，而我们全国出版系统的总销售收入才 84 亿美元，只与某些国际出版集团相当，这说明我国的出版经济总量尚有很大的上涨空间。另一方面，我国出版业的产业化、市场化程度不高，500 多家图书出版单位、200 家音像出版单位、近百家电子出版单位中，未有一家达到国际大型出版集团的水平；7.4 万处图书发行网点，区割于不同的地域市场，全国性的出版大市场尚未形成。第三方面，我国包括出版物在内的文化产品对整个人类文化的辐射与影响程度还比较薄弱。近一二十年来，美国等西方国家借助其发达的文化产业、发达的生产和营销能力，在向全球推销其文化娱乐产品的同时，也在推销他们的文化价值观，已是不争的事实。就在"中国制造"的物质产品遍及全球之时，我国的文化产品特别是出版产品还没有阔步走出国门。作为先进文化的传播者、民族精神的铸造者之一的我国出版业，在积极开拓国际市场、努力弘扬民族精神方面，还有大量工作要做。第四方面，我国加入 WTO 之后，出版物销售市场逐渐放开，国际出版巨头虎视眈眈，原有的以国内市场为绝对主体的出版市场必然要被国际同一的出版市场逐渐取代。在国际出版市场的平等竞争当中，我们尚未具备足够的弄潮能力。

目前，我国人民的生活已在"总体上达到了小康水平"，党的十六大在此基础上提出了"全面建设小康社会"的宏伟目标。"全面小康"与"总体小康"的重要区别之一，"总体小康"是一个偏重物质消费的小康；而"全面小康"意味着，文化产业对经济总量的影响加大，人民的物质、政治、精神、生态文明程度普遍提高，文化消费在人民的总体消费中占据重要比重。发达国家经验表明，当人均国内生产总值达到 800 美元以上时，文化产业和文化消费将明显增长。有关部门预测，到 2005 年，我国文化消费将达到 5500 亿元，而目前我国的书报刊消费（出版消费）才达到 1000 亿元。随着即将到来的文化消费的迅速增长，书报刊消费作为文化消费的重要方面将有很大的增长空间。又据统计，1999 年人均消费书报刊水平，美国为 185 美元，我国为 5.4 美元，仅占美国的 2.9%。故从国际横向比较，我们的出版业也大有增长的潜力。

我国的出版业正处在重要的战略机遇期，面临进一步深化改革和加快发展的问题，任重道远。目前，我国出版业正在实行精品战略、"走出去"战略和集团化战略。其中集团化战略是当前出版业改革和发展的关键环节，是推进产业结构调整、迅速壮大出版产业、迅速提高出版竞争力和出版物影响力的突破口。出版产业化是国际文化竞争的需要，而集团化则是产业化的重要手段。出版的集团化试点始于 1996 年，中共十五大以后步伐加快。进入 21 世纪，中办 17 号文件[1]、16 号文件[2]及一批配套文件相继出台，对新一轮改革起到了极大的推动作用。至 2002 年 10 月，经中宣部、新闻出版总署批准组建的有关集团已有 51 家，其中出版集团 7

---

1 2001 年 8 月中办、国办转发《关于深化新闻出版广播影视业改革的若干意见》。

2 2002 年 7 月中办、国办转发《关于进一步加强和改进出版工作的若干意见》。

家，发行集团 5 家，期刊集团 1 家，报业集团 38 家。这些试点集团，积极探索文化产业化道路，努力做大做强，初步具备了一定的规模优势。比如，备受瞩目的国家级出版集团——中国出版集团，成立半年来，以建设国家主力、国际一流的大型出版基地为战略目标，构筑了一个由 13 家声名卓著的出版发行企事业单位组成的超大型出版组合。集团拥有直属、下属、副牌出版社 26 家，年出版图书、音像、电子出版物达 6000 种，出版期刊 46 种、报纸 3 种；年进出口音像制品 6000 多种，进出口书报刊数十万种，形成了较大的出版规模。然而，从总体上看，业已成立的这些出版、发行集团，在把握出版导向、确保控制能力，创新体制、强化经营管理，构建营销体系、促进出版流通，增值国有资产、壮大出版产业，传播先进文化、弘扬民族精神方面，还面临着许许多多的困难有待克服，还有大量艰巨的工作要做。

党的十六大为以集团化为关键环节和突破口的出版改革和出版产业化道路指明了方向。十六大报告明确提出，当今世界，文化与经济、政治相互交融，在综合国力竞争中的地位和作用越来越突出。为了贯彻发展先进文化、支持健康有益文化、改造落后文化、抵制腐朽文化的要求，要完善文化产业政策，支持文化产业发展，增强我国文化产业的整体实力和竞争力。十六大报告还强调，国家要制定法律法规，建立中央政府和地方政府分别代表国家履行出资人职责，享有所有者权益，权利、义务和责任相统一，管资产和管人、管事相结合的国有资产管理体制。对关系国民经济命脉和国家安全的大型国有企业等，由中央政府代表国家履行出资人职责；对其他国有资产，则由地方政府代表国家履行出资人职责。中央政府和地方政府要设立国有资产管理机构，继续探索有效的国有资产经营体制和方式。这些论述，肯定了当前正在进行的以集团化建设为关键环节的出版改革，对于推进出版、发行集团这类关乎国家文化安全的大型国有企事业单位的快速发展，无疑具有很强的针对性和现实意义。十六大之后的出版改革之路，将沿着新的方向，依附新的有利条件伸向远方。出版的集团化建设和改革，应当紧紧抓住十六大提供的政策利好，更加积极主动地探索出版产业化道路，谨慎处理好出版改革、结构调整与发展的关系，认真理顺政府、党的领导机关与文化企事业单位的关系，坚持从出版内容和经营管理形式两个方面进行文化创新，尽快取得突破性进展，迅速壮大文化产业，积极发展面向现代化面向世界面向未来的、民族的科学的大众的社会主义文化，积极培育和弘扬以爱国主义为核心的民族精神，推进中华民族的伟大复兴。

出版是人类的经济、政治、科学、文化发展到一定程度的产物，它反过来又促进人类文明的传播和发展。在全面建设小康社会的伟大进程中，随着现代科技的进步和经济社会的发展，出版对建设和传播先进文化、丰富人民生活、弘扬民族精神的作用将越来越大。中华民族正在走向自己的伟大复兴。作为出版工作者，作为文化建设者，我们以为，文化的复兴才是一个民族的真正复兴。因此，我们任重道远，大有可为。

出版业的改革和发展与出版人才的需求趋势★

多年来，北京印刷学院为我们出版印刷行业输送了大批人才，社会各界包括企业界也为印刷学院提供了大量的支持和资助。这说明，学院培养的人才为社会看好，我们的出版印刷行业则为社会各界包括教育界、企业界看好。

借此机会，我向大家介绍一下我们中国出版集团的基本情况，并就出版业的改革和发展与出版人才的需求趋势，谈点个人的认识。

一、中国出版集团的基本情况

中国出版集团是遵循中央关于深化改革、加快发展的精神，适应出版业改革发展的需要，经中共中央、国务院批准组建的国家级大型出版机构，2002 年 4 月 9 日成立。

★ 2003 年 11 月 26 日，在北京印刷学院社会助学周活动主题报告会上的发言。

中国出版集团由原属新闻出版总署和中央大企业工委管理的13家国家级大型企事业单位组成，包括人民出版社[1]、人民文学出版社、商务印书馆、中华书局、中国大百科全书出版社、中国美术出版总社、人民音乐出版社、生活·读书·新知三联书店、中国对外翻译出版公司、东方出版中心等10家出版单位，以及新华书店总店、中国出版对外贸易总公司、中国图书进出口（集团）总公司等3家发行和进出口单位。其中，新华书店总店、中国出版对外贸易总公司、中国图书进出口（集团）总公司3家单位，与国家邮政局所属中邮物流有限责任公司、中邮邮购有限责任公司2家单位，组成新华发行集团总公司，为中国出版集团的控股公司。

中国出版集团实行企业化管理，是以出版物生产和销售为主业，集各种介质出版物的出版和销售、连锁经营、进出口贸易、版权贸易、印刷复制、信息技术服务、科技开发、金融融资于一体的经营多元化的大型集团。

集团现有员工7600人，其中在职职工5300人。

集团拥有出版社（包括副牌出版社）27家，近几年来平均每年出版图书6500种，约占全国的3.5%；出版音像制品和电子出版物1500种；出版期刊47种，报纸3种；每年从事书刊版权贸易2000多种；每年进出口图书、刊物、报纸、音像制品和电子出版物20多万种、1400多万册（盒、张），约占全国的1/4。

1 2006年5月11日，人民出版社正式划归新闻出版总署直接管理。

集团由中共中央宣传部领导，新闻出版总署依照有关法律法规对集团实施行业管理。集团按国务院授权管理所属单位的国有资产。集团实行党组领导下的管理委员会负责制，集团党组是集团的领导核心，全面领导集团工作；集团管理委员会在集团党组领导下，管理并组织实施集团的各项工作。

集团总部设有办公室、出版工作部、经营发展部、技术开发部、人力资源部、计划财务部等部门，设有机关党委。

集团发展的战略目标，是要建立和完善集团法人治理结构，建立和完善对成员单位分类管理、对出版业务分级分类经营的运作模式，形成以集团为出资人和战略主体、以成员单位为经营团队、以品牌为核心、以资本为纽带、以市场为依托、具有竞争实力和经营活力的出版实体，把集团建设成为国内出版品种最全、出版规模最大、精品最多、品牌最响的，集约化和信息化程度高、管理和经营效益好的，国家主力、国际一流的大型文化企业。

集团计划分三步逐步实现自己的战略目标。2002 年已经完成第一步即筹备组建、基本建设的任务；2003 ～ 2004 年要努力完成第二步即整合资源、调整结构、重组业务的基本任务，这一步目前进展顺利；2005 年起，我们将迈开第三步即积累资本、规模经营、跨越发展的步伐，初步实现自己的战略目标。

集团成立以来，抓改革、求发展，积极推进各项工作，为下一步深化改革、加快发展奠定了良好的基础。

一方面，集团坚持出版方向，狠抓出版安全和出版质量，社会效益明显提升。集团及时组织出版十六大献礼图书和一系列配套出版物，积极宣传十六大精神；集团以整体形象积极参加北京国际图书博览会、福州全国书市、北京全国图书订货会等出版活动，在业内外、国内外产生了较大反响，取得了良好的社会效果；集团成员单位在品牌建设和特色经营上狠下功夫，出版了一大批思想性、学术性、艺术性较高的，特色鲜明、读者欢迎的重点图书；成员单位出版的优秀书刊获得各种全国性奖励，包括国家图书奖、中国图书奖、国家期刊奖、国家期刊奖百种重点期刊、全国优秀畅销书奖110多项；通过首届"中国出版集团图书奖"评选活动，提高了集团上下抓品牌、抓质量的意识，推动了收纳20世纪以来我国出版经典的卷帙多达千余种的《中国文库》的出版工作。

另一方面，狠抓经营管理，经济效益全面增长。2002年，集团成员单位资产总额51亿元；全年共实现经营收入27亿元，实现利润1.8亿元。资产总额、所有者权益、经营收入、主业利润分别较2001年增长9%、5%、11%、8.6%。经测算，集团2003年能够顺利完成既定的销售收入和利润总额分别递增8%，所有者权益（净资产）递增5%的经营目标。

第三个方面，集团已经组建或正在筹组纸张公司、可供数目数据库公司、版权贸易公司和书业连锁经营公司等专业化公司，以及朝华出版社、期刊中心、物流配送中心和财务管理中心等综合业务机构，迈开了资源整合、结构调整和业务重组的关键步伐，为实现集团内部的"三统一"和化学反应奠定了基础。

二、出版业改革发展的基本情况

出版业既是文化事业的重要组成部分，又是国民经济的重要产业部门。我国出版业的改革和发展，与整个社会经济文化生态的进步始终息息相关。

1. 出版事业发展动态

出版是一项政策性很强的工作，具有很强的政策指导性和时代特征。改革开放以来，我国出版业的改革和发展大体经历了4个阶段。

①中共十一届三中全会后，重新确立了出版方针、性质、功能和任务，不断改进出版管理，迎来了出版市场竞争发展的新时代。

出版工作必须坚持"二为"方向、"双百"方针和"两用"方针，其中"二为"是基本方针。

出版物兼具精神产品属性和物质产品属性，兼具文化属性和商品属性；出版社目前基本上是事业性质、实行企业化管理，能不能、哪些能改制为企业，目前正在探索和试点过程中。

出版的功能就是要实现两个效益，将社会效益放在首位，实现社会效益与经济效益相结合。

出版工作的主要任务就是以马克思列宁主义、毛泽东思想为指导，传播和积累有益于提高民族素质、促进经济发展和社会进步的科学技术和文化知识，弘扬民族优秀文化；促进国际文化交流，丰富和提高人民的精神生活。

②中共十三届四中全会后，强化了管理，健全了规范，促进了出版事业的理性发展和繁荣。

这一时期，国家有关部门整顿书报刊市场、并撤出版单位、查处买卖书号；提出了"一手抓繁荣、一手抓管理"和"从以规模速度为主要特征的阶段向以质量效益为主要特征的阶段转移"的思路；开始实行至今仍在实行的书号总量宏观调控政策。

这一时期，国务院颁发了第一个比较系统的出版管理行政法规《出版管理条例》；我们现在执行的各种出版法规和政策，大多数是在这一时期出台的。

③中共十五大后，新闻出版业以推进集团化建设为突破口进行产业结构调整。进入 21 世纪，两办（中办、国办）17 号、16 号文件等一系列文件先后出台，要求新闻出版广播影视业，面对新形势，抓住新机遇，深化改革，加快发展。出版改革跃升到新的阶段。

1996 年 1 月，新闻出版领域开始集团化试点工作。

2001 年 8 月，中办、国办转发《中央宣传部、国家广电总局、新闻出版总署关于深化新闻出版广播影视业改革的若干意见》（17 号文件），标志新闻出版业改革从试点阶段进入到整体推进阶段；2002 年 5 月，新闻出版总署制发了贯彻这一文件的《实施细则》

及 8 个配套文件；2002 年 8 月，新闻出版总署制发了《出版集团组建基本条件和审批程序》《报业集团组建基本条件和审批程序》《发行集团组建基本条件和审批程序》等规范性文件。

2002 年 7 月，中办、国办转发《中央宣传部、新闻出版总署关于进一步加强和改进出版工作的若干意见》（16 号文件，24 条）。

与此同时，2001 年 6 月，国办转发体改办、国家计委、教育部、新闻出版总署《关于降低中小学教材价格深化教材管理体制改革的意见》，并在福建、安徽、重庆三省市进行了 2002 年秋季中小学教材出版发行招投标试点，取得了一定成果，推动了中小学教材出版发行体制的改革。这项改革，对于我国的教育事业和出版事业，已经并将继续产生深远的影响。

④中共十六大提出了建设物质文明、政治文明和精神文明的要求，号召我们"牢牢把握先进文化的前进方向，坚持弘扬和培育民族精神……积极发展文化事业和文化产业，继续深化文化体制改革"，要求我们"大力发展先进文化，支持健康有益文化，努力改造落后文化，坚决抵制腐朽文化"。这些论述，对新时期的文化工作包括出版工作给出了政策导向。

2003 年 6 月，召开了全国文化体制改革试点工作会议，随后出台了 21 号文件（《中共中央办公厅、国务院办公厅转发〈中共中央宣传部、文化部、国家广电总局、新闻出版总署关于文化体制改革试点工作的意见〉的通知》）。

当前文化体制改革试点工作的总体要求，就是根据社会主义精神文明建设的特点和社会主义市场经济规律的要求，以发展为主题，以增强活力、壮大实力、提高竞争力、繁荣社会主义先进文化、满足人民群众日益增长的精神文化需求为目的，以体制改革、机制创新为重点，以加快集约化经营水平和产业集中度、加快实现"三统一"和化学变化为着力点，加速建立有利于加强和改善党对出版工作的领导，有利于充分发挥文化工作者积极性，有利于推动文化创新、多出精品、多出人才的文化管理体制和运行机制。

当前出版业发展的"五大战略"，一是精品战略，二是集约化战略，三是科技兴业战略，四是"走出去"战略，五是人才战略。这五大战略是新闻出版总署提出来的，对新时期的出版工作具有很强的政策指导意义。

2. 出版产业发展概况

改革开放以来特别是中共十三届四中全会以来，我国的文化事业获得迅速发展，人民思想道德素质和科学文化素质明显提高，文化生活空前丰富。出版事业作为文化事业的重要组成部分，在法制建设、体制改革、品种规模、质量效益、人才素质、技术手段等方面，都取得了令人瞩目的成就。

2001 年，我国出版系统销售收入达 694 亿元（合 84 亿美元），在国民经济诸行业中位列第 11 位。其中，图书销售收入 408 亿元（合 50 亿美元），占全球图书销售总额 800 亿美元的 6.25%，成为世界十大图书市场之一。我国已然成为世界出版大国。

20 世纪 90 年代来，以《中国大百科全书》《中国美术全集》《辞海（新版）》《辞源（新版）》《汉语大字典》《汉语大词典》《中国军事百科全书》《中国农业百科全书》《当代中国丛书》等一大批鸿篇巨制和重点出版工程为标志的优秀出版物，相继面世，对于及时总结和传播科学文化知识，满足人民日益增长的文化需求，促进社会进步和发展起到了巨大的推动作用。回顾出版成就，足以令人自豪。

然而，我们也看到，与发达国家相比，我国的出版业还有很大差距。一方面，我国出版的经济总量还比较小。2001 年，当我国的图书销售额为 50 亿美元时，美国为 253.6 亿美元，我们只相当于美国的五分之一弱。2001 年世界著名出版集团的销售收入，德国贝塔斯曼集团（出版部分）为 85 亿美元，英国培生集团为 62 亿美元，美国麦格劳希尔集团为 46 亿美元，而我们全国出版系统的总销售收入才 84 亿美元，只与某些国际出版集团相当，这说明我国的出版经济总量尚有很大的上升空间。另一方面，我国出版业的产业化、市场化程度不高，500 多家图书出版单位、200 家音像出版单位、近百家电子出版单位中，未有一家达到国际大型出版集团的水平；7.4 万处图书发行网点，区割于不同的地域市场，全国性的出版大市场尚未形成。第三方面，我国包括出版物在内的文化产品对整个人类文化的辐射与影响程度还比较薄弱。近一二十年来，美国等西方国家借助其发达的文化产业、发达的生产和营销能力，在向全球推销其文化娱乐产品的同时，也在推销他们的文化价值观，已是不争的事实。就在"中国制造"的物质产品遍及全球之时，我国的文化产品特别是出版产品还没有阔步走出国门。作为先进文化的传播者、民族精神的铸造者之一的我国出版业，在积极开拓国际市场、努力弘扬民族精神方面，还有大量工作要做。第四方面，我国加入 WTO 之后，出版物销售市场逐渐放开，国际出版巨头虎视眈眈，原有的以国内市场为绝对主体的出版市场必然要被国际同一的出版市场逐渐取代。在国际出版市场的平等竞争当中，我们尚未具备足够的弄潮能力。

综上所述，我国出版业仍然面临着艰巨的改革和发展任务，当然，也存在着巨大的增长潜力和增长空间。我们的事业，既任重道远，又大有可为。

3. 出版改革面临的基本问题

出版业要发展，必然要深化改革；要深化改革，就要认真面对、切实解决各种制约发展的现实问题特别是体制问题。目前，我们在出版改革中面临的问题主要有以下几个方面。

①授权问题。比如，尽快明确国家对出版集团、发行集团的授权，进一步明确出版单位哪些应保留为事业、哪些可以转制为企业；同时，对转制企业简政放权，按公司法规范操作，实行现代企业制度。

②放权问题。比如，新闻出版总署放开对集团出版单位书号、版号的限额，并适当增加刊号。或者至少先迈出第一步，统一向出版集团或省级新闻出版局核发书号、版号并适当增加种数，由

集团或省级新闻出版局对所属各社书号、版号实行统一调配。

又比如，国家给予集团的"文化发展专项资金"，现由集团编制使用计划，由财政部分别拨付成员单位使用。如能改由财政部直接拨付给集团，由集团集中管理，视项目进展情况分期分批下拨给成员单位和有关项目组，则能更好地使用和监督。

③市场化问题。对出版的产业行为，应允许其像其他行业一样，真正按市场规则运作。比如，国家有关部门宜制定政策，允许出版集团和有条件的大型出版社，根据市场规则自行决定实行跨系统并购、跨行业融资，跨地区设立出版机构、销售网点和办事机构，跨国创办出版社和书店，鼓励他们实现外延式扩张和快速发展。

又比如，在出版物进出口方面，宜简化进口审查手续，改革出口"核销单"管理办法；对出版物出口和海外网点建设给予补贴；在严格内容审查的基础上，允许进口出版物进入试点集团控股或控制的零售网络。

④国家政策性扶持问题。出版作为文化事业和意识形态的重要组成部分，理应享有国家适当的政策性扶持。在市场经济高度发达的美国，政府在税收、补贴等方面，对出版业的实际扶持力度比我们的要大，比如，他们允许出版物存货列入当年生产成本，对出版物邮寄费用实行优惠，对中小出版社参加国际书展给予一定补贴，他们对有关国家实行的所谓"制裁"从来不包括出版乃至文化产业。

我国的出版单位长期实行事业体制，在集团化和事业转企业的改革过程中，改革单位自身要付出代价，国家也要付出一定的代价。比如，出版单位多年来累积了大量的库存产品和不良资产，完全靠自己消化确有困难，这就严重地制约了发展。国家宜给出政策，在要求各出版单位拿出自有资金分期冲减不良资产和库存的同时，财政部拿出等额的冲减资金，或同意冲减同等数额的资本金；冲减政策的有效期可设定为 2～3 年。这样，可以保证改革试点单位轻装前进。

又比如，恢复对出版单位图书的"分年核价"政策，即按照财政部《电影、新闻出版企业财务制度》中关于对出版物实行"分年核价，提取提成差价"的规定，根据图书版本记录上的出版时间，自第二年起，按年末库存出版物的总定价，每年核减定价的 10%～20%（累积核减额不得超过实际成本），允许税前列支；在提成差价额度内报废的出版物损失，可免于审批。这样，保证出版社不增加新的不良库存，不背上新的经济包袱。

再比如，对原由人事部下达工资总额计划，并将由事业转制为企业的出版社，建议允许其继续在税前列支工资总额，不缴纳企业工资调节税，以保证这些单位不因为转制而增加额外负担。经测算，如果计划内工资总额不在税前列支，仅中国出版集团在转制过程中就要增加上缴近 4000 万元的净利润，从而严重制约集团发展。[1]

三、现代出版业对人才的需求趋势

1. 出版业改革和发展对新型出版人才的需求

目前，新闻出版界正在实施人才战略，就是要以人才资源开发建设为主题，以调整和优化人才结构为主线，抓住培养、吸引和使用人才三个环节，着力培养一批领导人才、管理人才和复合型、外向型专业人才，努力造就一批名记者、名编辑和名出版家（2003 年全国宣传部长会议部署了"2314"工程：培养 200 名理论家，300 名名记者、名主持人，100 名出版家，400 名名作家），使之成为新闻出版事业继往开来的领军人物。要建立完善各类人才的评价体系、选拔办法和奖励制度，推动人才的合理流动。要加快实施重点人才培养工程，做到重点干部重点培训，年轻干部加强培训，紧缺人才抓紧培训。

在新时期的出版改革和发展过程中，要按照建设社会主义先进文化的要求，对公益性文化事业和经营性文化产业实行分类管理，建立起相应的管理制度和不同的运作模式。对现有的企业单位和部分将转制为企业的出版单位，要按照经营性文化产业和现代企业制度的要求，认真履行国家赋予的出资人权利，建立和完

---

1 2003 年年底，国办发〔2003〕105 号文件出台，回答了文化体制改革试点中支持文化产业发展和经营性文化事业单位转制为企业的有关政策问题，文化体制改革试点工作跃升到新的阶段。

善企业法人治理结构，真正成为市场竞争的主体；对意识形态属性较强、担负较多政治性出版任务或国家重点出版任务的出版社，要按照公益性文化事业的要求，加大投入，促使其转换机制、增强活力、改善服务。对此，我们迫切需要大量的既懂得现代企业管理和市场运作，又熟悉出版业的基本规律和特点的出版企业经营管理人才，同时也需要一定的既热衷文化公益事业又具有现代服务意识的出版事业管理人才。

出版企业要在较短的时间内获得跨越式发展，就必须以资产为纽带，通过资产运作和资本运营，开展跨地区、跨行业的联合、兼并、重组，进行资产优化、资本扩张和外延式发展，实现资产总量、业务范畴、经营规模和经济效益的倍增。对此，我们需要对整个文化产业的发展态势有比较全面的把握，熟悉财务管理和金融、税收业务，长于资产运作和资本运营的高级财务管理人才。

出版社要按照自身的特长向"专、精、特、新"方向发展，把注意力集中在自己的强项上，在发挥品牌优势、开发标志性产品上下功夫，才能扩大品牌范围、壮大品牌优势，提高核心竞争力。这就需要在某一学科、专业领域学有所长，能及时掌握学术动态，具有较高专业素养和编辑业务技能的学者型编辑人才。

在出版竞争愈来愈激烈的今天，选择什么样的作品，以什么样的形式生产出版物或出版物组合，又以什么样的方式向什么样的读者对象推介出版物，是出版社生存和发展的关键。这就需要能准确把握市场需求，懂得社会心理学和现代营销学，擅长组织、宣传和广告运作的策划型编辑人才。

对于像中国出版集团这样的大型出版企业，必须积极开展市场营销，提升发行能力，扩大进出口规模，提高产品的市场占有率。为此，要按照现代企业制度和公司法的要求，以资本为纽带，对现有的发行和进出口企业进行资源整合和业务重组，同时通过投资控股、授权经营和业务指导等方式，构建辐射全国的连锁经营网络体系，形成强大的物流配送能力。为此，我们需要掌握现代商品流通知识，熟悉物流、信息流、资金流的基本规律，长于商业企业、连锁企业运作和管理的现代营销人才。

现代出版业的一个重要发展趋势，就是适应现代社会的快节奏，增加出版周期短、反映现实快、篇幅紧凑、文图并茂、便于携带和阅读的期刊的出版。在欧美日发达国家，期刊出版在出版总量中占有很大比重。美国著名的读者文摘出版集团，以《读者文摘》为主，经营杂志、图书、电视、音像制品等业务。《读者文摘》有19种文字、48种版本，覆盖163个国家和地区，期发量3000万册，月读者逾1亿，杂志年收入7.123亿美元。世界十大出版集团之一英国、荷兰的里德·爱思唯尔集团（Reed Elsevier），通过所属的两家公司，出版《科学指南》等各种科学、医学专业杂志1300余种，年收入7亿英镑，占全集团的20%。日本两大出版社之一的讲谈社，出版杂志50余种，年收入占全社的一半左右。期刊出版在组稿方式、生产周期、印制过程、读者对象、发售渠道、广告经营、运作方式等方面，都与图书有较大区别，而我国目前的期刊不少是依附于图书出版社，缺少独立的适应期刊出版特殊规律的个性化运作。期刊业要有大的发展，需要专门的期刊经营管理人才。

对大型出版集团而言，为发挥集团优势，需要成立一系列专业经营公司，集中开展纸张供应、印刷服务、装帧设计、排版校对、版权贸易、外事服务、房地产经营和物业管理、数据库管理、网络出版和电子商务、出版发行信息管理、财务结算等专项业务，对那些可以集约经营的综合性业务，开展统一经营和服务。为此，我们需要各种相应的专业技术人才。

2. 北京印刷学院对培养现代出版人才的贡献

北京印刷学院是1978年组建的，它的发展是与改革开放同步，与出版业的大发展同步的。25年来，北京印刷学院从初期的两系两个专业，发展到今天的6个学院、3个教学部、4个中心和3个研究所，累计为我们出版印刷行业培养了1万余名各类毕业生，为我国出版业的发展作出了重要贡献。

出版是技术，也是艺术；有很强的操作性、实践性，又有很强的政策性、理论性；强调物质因素，更强调人的因素和人的主观能动性。在出版业改革发展的新时期，印刷学院党委书记崔文志同志概括了16字办学理念，就是"以人为本，以实为要，以德为先，民主办学"，强调"以人为本"是核心，"以学生为中心"是灵魂，切合了现代出版的需求。

北京印刷学院所在的北京地区，具有庞大的出版资源：全国

2/5 的出版社聚集于斯，构成巨大的出版产业，可作为培养出版人才的实验场；众多的高校、研究机构、研究人员，汇集成巨大的科学文化成果，可资利用；众多的媒体、先进的传播技术手段，可以凭借。有这样的外部环境和资源，加上业已形成的办学基础，我们以为，北京印刷学院在为出版业培养新型人才方面，有着很大的优势和发展空间。

人才是出版业改革和发展的第一基础，是保证出版业长期快速发展的基本前提。市场的竞争，最终要归结为人才竞争；竞争的优势，最终要体现为人才的优势。一家出版企业乃至整个出版产业，能不能尽快做强做大，实现跨越式发展，关键在人才。目前，我国出版业正在努力按照文化体制改革的要求，按照全国人才工作会议的要求，不断提高现有员工素质，不断吸纳社会优秀人才，从而为出版发展储备人才资本，形成人才优势，最终形成创新活力、发展动力和竞争优势。我们热切地企盼，北京印刷学院能以自己培养的优秀人才，为新时期出版业的改革和发展作出新的更大的贡献！

转制：促进事业发展　保障职工权益★

转制工作是全集团 2004 年和 2005 年的中心任务之一，事关集团的发展模式、发展速度和战略目标的实现，事关全体员工的切身利益，因此，大家都很关心。2004 年以来，集团领导在各种场合，多次就转制工作的任务、要求和进展情况，向成员单位负责人和处一级干部，作过部署和传达。目前，转制工作已取得实质性进展，还有大量的工作正在抓紧向前推进，计划在 2005 年"五一"之前完成集团公司的注册登记，在 2005 年年底之前完成转制的后续工作、实现全集团按照新的企业体制运行。

当此转制工作的关键时期，按照中宣部的要求，集团党组决定由我们 3 人组成宣讲小组，到各个成员单位，向集团的干部职工和离退休老同志，汇报一下有关转制工作的情况。

★　2005 年 1～3 月，赴中国出版集团各成员单位的转制工作宣讲稿。

一、转制的背景

成立中国出版集团，再由中国出版集团转制为中国出版集团公司，这是我国出版业改革和发展的需要。

改革开放以来，随着整个社会的发展，我国出版业也不断改革、不断繁荣发展。1996 年，出版业开始集团化试点。

党的十五大后，新闻出版业以推进集团化建设为突破口，加快进行产业结构调整。进入 21 世纪，中办国办 17 号文件、16 号文件及一批配套文件相继出台，新闻出版业改革从试点阶段进入到整体推进阶段，各地纷纷成立报业、广电、出版、发行、文艺集团。

中国出版集团正是在这样的背景下，经中央批准，于 2002 年 4 月 9 日成立的国家级出版机构。

集团成立时，中央确定我们的性质是事业单位、企业管理，确定我们发展的战略目标是成为主业突出、多媒体兼营、实力雄厚、效益一流的出版物生产和发行基地，成为社会主义精神文明建设的重要阵地，成为对外文化交流的重要窗口。为实现这个战略目标，集团初始是按照"三步走"的战略步骤，积极推进集团化建设的。

集团成立不久，党的十六大胜利召开了。十六大提出了建设物质文明、政治文明和精神文明的要求，提出了"积极发展文化事业和文化产业，继续深化文化体制改革"的要求。为贯彻十六大精神，2003 年 6 月，召开了全国文化体制改革试点工作会议，随后出台了中办国办发 21 号文件[1]。2003 年 12 月，又出台了国办发 105 号文件[2]。这两个文件的出台，标志着文化事业和文化产业的改革发展，步入新的历史时期。

正当集团实践"三步走"的第二步时，2004 年 3 月 25 日，国务院专门针对中国出版集团下发了 22 号文件[3]，要求我们转制，就是由事业单位企业管理转为企业。这样一来，集团的管理体制、运作方式和发展战略就发生了变化，集团内部的权利义务关系也发生了变化，原来的三步走也就成了一步到位。

二、转制的涵义

转制的涵义是什么？中办发 21 号文件和国办发 105 号文件，公司法的有关规定，特别是国函 22 号文件和国务院原则同意并由国家发改委印发的《中国出版集团公司章程》[4]，为我们提供了清晰的答案。

转制就是转变资产的组织、管理体制，就是由一般意义上的

1　《中共中央办公厅、国务院办公厅转发〈中共中央宣传部、文化部、国家广电总局、新闻出版总署关于文化体制改革试点工作的意见〉的通知》。
2　包括《文化体制改革试点中支持文化产业发展的规定（试行）》和《文化体制改革试点中经营性文化事业单位转制为企业的规定（试行）》。
3　国函〔2004〕22 号《国务院关于中国出版集团转制为中国出版集团公司并授权管理国有资产等有关问题的批复》。
4　发改经体〔2004〕1269 号文件。

集团转变为企业集团。

一般意义上的集团是企业间的自愿联合组织，带有联盟性质，集团内各企业的产权及资产关系不会因为联盟而发生公司性质的变化，所以集团虽然由若干法人组织构成，但集团本身不具有法人资格。而企业集团是由若干具有独立法人地位的企业和事业单位所组成的法人联合体，它拥有多层次的组织结构，包括：一是集团核心，即具有母公司性质的集团公司；二是紧密层，由被集团公司控股的企业（子公司）组成；三是半紧密层，由集团公司参股的企业（参股公司）组成；四是松散层，由承认集团章程、与集团公司有互惠性稳定协作关系的企业组成。

企业集团本身仍然不具有法人资格。但是，企业集团的核心即集团公司，具有企业法人资格，是一个具有法人地位的经济实体。在对外进行经济社会活动时，集团公司代表整个集团。集团公司以资产为主要纽带（还有契约纽带等），将集团的各成员组成为一个有机整体。

转制之后，中国出版集团以中国出版集团公司为母公司，以现有的十几家成员单位为子公司，形成企业集团。

国办发 105 号文件中，有关授权经营、资产处置、财政税收、投资融资、收入分配、社会保障衔接、人员分流安置等方面的原则，适用于中国出版集团公司及其子公司、参股公司。

国函 22 号文件，明确了中国出版集团公司的地位、性质、管理范围和权责。文件载明："授予中国出版集团公司对所属成员单位占用的经营性国有资产行使出资人权利，依法经营、管理和监督所属成员单位的经营性国有资产，承担保值增值责任。""中国出版集团公司以资产为纽带，对所属企业依法实行资产或股权管理。保障所属企业经营自主权，鼓励有优势的出版、发行企业通过市场方式组建有竞争力的运营主体。中国出版集团公司及所属企业要按照产权清晰、权责分明、政企分开、管理科学的要求建立现代企业制度，自主经营，自负盈亏，照章纳税。"

《中国出版集团公司章程》明确规定了集团公司的宗旨：就是要"依靠科技进步，深化企业改革，优化资源配置，提高集约水平，强化经营管理，增强竞争能力，增值国有资产，提升企业实力"，要"实施国家重大文化工程"，要"加强出版专业技术人才和经营管理人才队伍建设"。

《章程》对集团公司与有关企业的关系也作了明确规定："集团公司与全资企业、控股企业之间形成以资本为纽带的母子公司关系。集团公司按照国家有关法律法规和公司章程，逐步建立规范的控股公司体制。""集团公司对国家投资形成的经营性国有资产承担保值增值责任；全资公司、控股公司对集团公司投资形成的经营性国有资产，向集团公司承担保值增值责任。集团公司要建立和完善国有资产保值增值考核指标体系，依照法定程序对全资、控股企业的生产经营和国有资产保值增值进行检查、考核。"

集团公司享有国务院授予的出资人权利，即享有人事管理权、资产收益权、资源配置和重大事项决策权——三大权利。集团公司要按照国家规定的权限，统一配置全集团的资源，统一管理集团公司和子公司、控股公司的发展战略规划、重大投融资项目，依法决定其经营方式、分配方式和重大生产经营决策。子公司、控股公司应在集团公司的规划和指导下，开展日常生产经营活动。

要落实上述要求，全集团在组织形式、管理方式、人事劳资制度等方面，都要有相应的转变。

三、转制工作的总体要求和安排

集团党组于 2004 年 3 月 31 日收到国函 22 号文件后，立即组织学习和落实，明确了转制工作的总体要求，成立了转制工作领导小组及转制办公室，制定了转制工作计划，明确了 42 项转制工作的主要任务，拟定了转制工作任务表和分组实施方案，限定时间、落实到组、责任到人，分段实施、逐项推进。

集团转制工作分为两个阶段。第一阶段的主要任务是办理集团公司的工商注册登记手续，以及相应的动员、学习、调研、讨论、联络等工作；第二阶段的主要任务是落实各项政策、基本生产经营条件和制度建设。这两个阶段的任务是同时推进的。

转制是全集团的转制，整个集团要转制成企业集团，原有的事业单位（出版社）要转制为企业；原有的 3 家企业成员，已经建立了企业运作机制和社会保障体系，现在也要与其他成员一起，与集团公司建立起新型的以资产为纽带的母子公司体制。

转制过程中和产业化进程中，每件事政策性都很强、操作都很具体。因此，集团党组要求，对于每项工作都要制定具体的实施细则，兼顾好国家、集团公司、成员单位和职工个人的利益，保证转制积极稳妥地进行，保证事业健康地发展。具体来说，转制过程中和转制之后，要做到 3 个确保：一是始终坚持正确的出版方向和出版导向，确保出版安全；二是确保转制工作与生产经营两不误、两促进；三是确保广大职工不因为转制而下岗，大家的实际收入和福利不因为转制而下降。

四、转制工作的进展情况，特别是集团公司注册登记工作的准备情况

从 2004 年 4 月底到 2005 年 1 月，集团党组多次召开会议，研究转制工作；集团转制办公室先后召开 15 次工作会议，另外还专门就人事劳资、房产、财务等问题分别召开了专题研讨会和摸底调查通气会，紧张有序地推进集团转制工作。

集团采取"走出去、请进来"的办法，派出调研小组赴广东、上海实地考察，还邀请相关专家来集团进行了 5 次专题讲座。

集团已与中央、国务院有关部委建立直接对口联系，接转工

作关系，报送、接收文件。

截至 2005 年 1 月，围绕建立企业集团内部管理体制和运行机制，已完成了中国出版集团公司章程、管理规程、机构设置方案，以及人力资源管理制度、财务管理制度、出版管理制度、信息管理制度、集团企业负责人"双效"业绩考核办法等一系列基础性文件的起草、讨论、制订工作。

当前的主要任务，是集团公司到国家工商总局办理注册登记，这需要具备 4 个基本条件：一是获得国有资产授权管理文件及相应的集团公司章程，二是明确集团公司的注册资本，三是获得集团公司的经营范围许可，四是明确集团公司的管理架构并任命公司领导班子。

目前已具备 3 个条件：集团资产授权管理文件和集团公司章程均已下达[1]；集团公司的注册资本，经财政部同意，先按照集团公司 2003 年会计报表所体现的国家资本金 8.59 亿元进行注册登记，待集团完成清产核资、剥离不良资产并经有关部门认可后，再到国家工商总局办理资产变更手续；集团公司的领导班子，经中组部、中宣部批准后，已于今年 1 月 10 日宣布。

剩下的一个必备条件是集团公司的经营范围。按公司章程所载，涉及新闻出版总署、广电总局、工商总局、文化部、信息产业部、北京市建委、北京市商务局、北京市旅游局等 8 个部门的批件。经征求国家工商总局的意见，集团决定先办理新

1　分别是 2004 年 3 月下达的国函〔2004〕22 号文件，和 7 月下达的发改经体〔2004〕1269 号文件。

闻出版总署的主营业务批件，其他经营范围的批件，待集团公司注册成立后再根据业务开展情况逐一办理。集团于 2005 年 5 月 21 日向新闻出版总署送交了《关于批准中国出版集团公司有关经营范围的请示》。6 月 22 日，集团根据总署的要求，再次送交了修改后的《请示》。11 月份，总署下达批复文件，但因不符合国家工商总局的要求，我们又已报请总署另行下文。此事已多次与新闻出版总署联系，希望尽快下达文件，具体明确集团的经营范围。

除了这 4 个基本条件外，我们还希望在注册登记之前解决一些基本问题，包括：争取集团公司的基本生产经营条件，争取转制经费，落实税收优惠政策，争取老职工退休优惠政策，等等。这些问题如果不能在注册登记之前解决，以后解决起来会更加困难。对此，我们已分别与国家有关部门多次沟通，有的已取得进展。目前是要推动国办、中办召开由有关部门参加的协调会议，争取逐一解决。

根据中宣部的要求和集团党组的安排，集团公司将在国办协调会之后、2005 年"五一"之前完成注册登记，随后新华发行集团总公司和各成员单位完成注册登记，整个集团 2005 年年内要按照新的企业体制开始运转。

五、转制工作中尚需完成的任务，以及争取通过国办协调会等途径解决的问题

尚需完成的任务包括：落实和争取有关财政、税收、劳资等方面的优惠政策，完成全集团职工的身份转换、老职工的"三险"衔接、离岗和分流人员的安置，审定集团公司的管理规程及有关资产、财产、出版、经营、人事、劳资等方面的一系列管理制度等。集团正在按照既定计划，逐一落实。

目前，我们正在争取召开有中央办公厅、国务院办公厅、中宣部、国家发改委、财政部、人事部、劳动和社会保障部、国家工商总局、国家税务总局、新闻出版总署，以及北京市劳动和社会保障局等单位负责同志参加的中国出版集团转制工作协调会，以解决以下9个方面的问题。

①争取解决集团公司综合业务楼的建设资金问题

国函22号文件第八条规定："中国出版集团公司发展所需的资源和生产经营条件，凡属国家统一配置范围的，均在国家相应计划中实行单列，并由中国出版集团公司统一组织实施"。根据这一精神，我们已与国家发展和改革委员会多次协商，申请建设中国出版集团公司的综合业务楼，并递交了《关于请求解决中国出版集团公司综合业务楼的请示》。国家发改委已表示，原则同意立项并给予经费支持。

目前，经多方论证，我们决定与北京市新闻出版局联合建设

"北京数字出版信息中心"二期工程,作为集团公司的综合业务楼。

②争取向集团公司增拨国家资本金

根据国函 22 号文件精神,中国出版集团转制后,集团公司与成员单位是母子公司关系。因此,集团公司作为母公司和独立法人单位,必须要有可以支配的资本金。但是中国出版集团成立时,虽为事业单位,国家并没有拨付资本金,目前集团也没有任何资金积累留给集团公司。

国家工商总局和财政部同意,集团公司可以成员单位 2003年会计报表中的国家资本金作为集团公司的注册资本金进行登记。但是,这笔 8.59 亿元注册资本实际上是集团下属 12 家独立法人单位用于长期生产经营的合计资本金,是集团各成员单位生产经营活动必需占用和周转的资金,而且目前还面临明显短缺的困难,不可能交由集团公司支配和使用。因此,集团公司手中实际上并没有任何可供经营的资本金。

资本金是中国出版集团公司将来生产与发展最基本的生产经营条件之一。根据国函 22 号文件第八条的精神,我们请求国家以 8.59 亿元为基数,按 30% 的比例增拨 2.6 亿元注册资本金给中国出版集团公司。此问题已经向财政部递送专题报告,也做过口头汇报,正等待批复。

③争取解决全集团转制经费问题

由于集团各成员单位都是国有老企业,历史遗留问题多,特别是离退休人员比例大,要解决好包括老职工在内的全体人员的福利待遇和社会保障问题，光靠企业自身的力量是有很大困难的，也就是说转制经费有很大缺口。我们已经向财政部递送专题报告，请求国家财政对中国出版集团的转制经费予以补贴。这个问题正等待批复。

④争取转制过渡期内退休的老职工，能在退休时享受有关优惠政策

国办发 105 号文件规定，转制过渡期内退休的职工，执行企业退休标准。但是，据我们了解，有些省市，比如广东、浙江、辽宁、江苏、上海等地，相继出台了文化体制改革试点单位老职工按事业单位办法办理退休等方面的优惠政策，并给予财政上的支持。因此，我们希望本集团的老职工将来退休时，也能够按事业单位办法解决退休待遇。这个问题，集团已有部分老职工联名写信提出了要求。我们认为，对于已经为国家工作几十年，再工作几年即将退休的老职工，在单位转制时，理应按照"老人老办法"的原则，合理解决好他们的退休待遇问题，这对保证中国出版集团顺利转制，保证中国出版集团公司的稳定与发展也是非常重要的。这个问题正在争取解决。

⑤争取保留全集团工资总额政策并在税前列支

目前，集团所属事业单位实行工资总额与经济效益挂钩的办法，工资总额均在税前列支。集团转制后，若不能保留工资总额政策并在税前列支，全集团每年要缴纳工资调节税 7800 余万元，这将导致集团半数以上的转制单位形成亏损，如中华书局、中国

大百科全书出版社、中国美术出版总社、中国对外翻译出版公司、东方出版中心、新华书店总店等单位，将会造成大范围的职工工资下降，产生不稳定因素。

这个问题准备提请财政部、劳动和社会保障部、人事部、国家税务总局等部门帮助解决。

⑥争取保留集团原有事业单位的经费补贴

集团所属中国大百科全书出版社和中华书局主要承担着公益性出版的事业单位职能，并在财政部设有单位经费户头和专项经费户头。集团转制后，这两家单位所承担的公益性出版职能并没有改变。我们已向财政部递交了报告，请财政部继续保留这两家单位的事业经费户头和拨付额度。

⑦促进落实国办发 105 号文件规定的有关税收优惠政策

105 号文件规定了文化体制改革试点单位的企业所得税、流转税、出口退税、房产税、土地税等方面可以享受优惠政策。但这些政策目前尚无法具体落实，还有很多细节和操作性的问题需要解决。对此问题，我们已向国家税务总局递送了报告。税务总局表示，需要制定 105 号文件的实施细则，细则下发后才能执行，试点单位才能真正享受政策优惠。

目前正在敦请财政部、国家税务总局尽快制定落实国办发 105 号文件的实施细则。

⑧争取解决集团职工住房补贴资金问题

根据国家有关住房补贴政策，中国出版集团各单位应向无房的或者未达到规定面积标准的职工，发放一次性补贴、按月补贴、差额补贴和级差补贴，合计需发放 32064 万元。迄今已发放 2370 万元，由于种种原因，尚有 29694 万元未发放。现有售房款余额 3563 万元，即使全部用于职工住房补贴，仍有 26131 万元资金缺口。

根据 105 号文件"原事业编制内的职工住房公积金、住房补贴中由财政负担部分，转制后继续由财政部门在预算中拨付"等有关规定，以及集团事业单位无能力支付的实际情况，我们已请求国家财政给予安排住房补贴资金 26131 万元，也可按实际支出需要拨付。

⑨关于过渡期和转制时间的计算问题

国办发 105 号文件明确规定，文化体制改革试点单位在 5 年过渡期内享受若干优惠政策。由于此项政策的实施细则尚未出台，中国出版集团的转制工作尚未完成，至今未能确定中国出版集团转制 5 年过渡期的起算时间。我们认为合理的做法是：转制时间从集团公司办理工商企业登记日期起计算，其后 5 年为过渡期；集团员工转入地方社保的时间，也应有关部门予以确定。

以上所说的集团转制工作中需要解决的 9 个方面的问题，我们已分别与国家有关部门沟通，并且争取通过召开国办协调会来解决。有的问题已有眉目，多数问题解决的难度相当大。

为了保证集团转制工作的平稳、顺利，为了保证集团公司在今年"五一"之前完成注册登记、成员单位在 2005 年之内完成登记并按照新的企业体制运行，为了保证集团事业的长远发展，为了保证集团全体职工的根本利益，集团公司党组要求：集团上下，同心协力、献计献策、努力工作，共同完成好全集团的转制任务！

企业集团内的母子公司关系★

转制之后，中国出版集团以中国出版集团公司为母公司，以现有的十几家成员单位和近年来成立的公司为子公司、控股公司，形成企业集团。企业集团内，母公司与子公司、控股公司，行使各自权利，履行各自职责，发挥两个积极性，形成全集团的整体优势。

集团公司按照国务院授权文件和《中国出版集团公司章程》规定，"对所属成员单位占用的经营性国有资产行使出资人权利，依法经营、管理和监督所属成员单位的经营性国有资产，承担保值增值责任"；集团公司享有的出资人权利包括人事管理权、资产收益权、资源配置和重大事项决策权——三大权利。集团公司"以资产为纽带，对所属企业依法实行资产或股权管理。保障所属企业经营自主权，鼓励有优势的出版、发行企业通过市场方式组建有竞争力的运营主体"。集团公司和子公司、控股公司都要"按

★　此文撰于 2005 年 11 月 15 日。

照产权清晰、权责分明、政企分开、管理科学的要求建立现代企业制度，自主经营，自负盈亏，照章纳税"。

一方面，集团公司要扮演好 5 类角色，成为 3 个中心——即战略规划的设计者、资源配置和集约经营的调控者、重大投融资项目的主持者、生产过程的管理监督者、两个效益及分配方式的考评者，成为全集团的战略中心、管理中心和资本运作中心。另一方面，子公司、控股公司应在集团公司的规划和指导下，自主开展日常生产经营活动，成为集团的生产中心、产品中心和利润中心。

要落实上述要求，全集团在组织形式、管理方式、人事劳资制度等方面，都要有相应的转变。具体有 6 个方面。

一、出版业务方面

各级各类出版单位要坚持、巩固、弘扬品牌优势，用好企业品牌和书刊品牌这些无形资产，不断增强核心竞争力；集团公司要通过整体规划和业务指导等途径，鼓励各企业在坚持品牌传统的基础上，不断开拓新的出版领域、新的经济增长点、新的品牌资源。

为处理好出版主业与出版服务业的关系，我们将出版业务分为两块：一块是选题、编辑、审稿工作等出版内容方面的工作，这块业务具有很强的品牌个性和意识形态属性，仍然由各单位组织实施，并由集团公司对其进行严格管理。另一块是设计、校对、纸张供应、印制复制、发行，以及出版科研、技术支持、版权贸易等为出版内容服务的业务，这块业务企业化、社会化生产的特征明显，由集团公司将按照市场规律和社会化大生产的要求，成立物资公司、印刷公司、装帧设计公司、版权贸易公司等专业公司，在集团这个大平台上开展集约经营，提高整体效益和对外竞争力。

二、发行业务方面

以全集团的集约经营为主。即以发行集团总公司为平台，继续贯彻"两翼齐飞、中间开花、四通八达"的战略构想。具体来说，一是要以总店为核心，加紧建立新华发行集团总公司的运行体制，加快整合集团内发行业务，抓紧建立全集团统一的仓储和物流配送中心；二是充分发挥中图公司和版图公司现有的进出口优势，整合、扩充海外连锁经营网络，加快整个出版集团"走出去"步伐。

三、人事管理和人才建设方面

在中宣部领导下，实行干部分级管理制度。原则上，局级以上干部由集团公司统一管理和调配；处级以下干部由成员单位任免和管理，但具体操作上有所区别：如财务部门正职由集团公司委派，集团公司和成员单位双重管理，其编制、薪酬逐渐过渡到由集团公司掌管；子公司"助理"级人员和人事部门正职事先向集团公司党组备案；其他一些处级正职也有相应规定。

在此基础上，推行新任干部竞聘上岗制和"双效"目标考核制，加强人才培养与队伍建设。

四、财务管理方面

集团公司与子公司、控股公司实行统一管理、分级授权，两级法人、分级核算。集团公司依照法定程序，对子公司、控股公司的生产经营和国有资产保值增值进行检查、考核，对国家投资形成的经营性国有资产承担保值增值责任；子公司、控股公司对集团公司投资形成的经营性国有资产，向集团公司承担保值增值责任。

统一管理包括：执行国家统一的财务政策；执行集团公司根据国家规定制订的统一财务规定；为了控制集团公司作为出资人的财务风险，对财务和经营中的重大事项（如投融资、资金调度等）进行监管。监管的方式包括审批、备案（事前备案和事后备案）和监督（审计和检查）。

分级授权包括：在国家和集团公司统一规定的范围内，企业自行处理财务和经营事项；在资金管理、对外投融资管理等方面，根据集团规定，区分为集团公司审批、备案、企业自行决定 3 种情况；子公司、控股公司对其下属企业，依照集团公司和有关部门规定行使管理权；集团公司没有规定要报批或事前备案的事项，完全由企业按照内部决策程序办理。

五、资源配置方面

集团公司按照国家规定的权限，统一配置全集团的资源，统一管理集团公司和子公司、控股公司的发展战略规划、重大投融资项目，依法决定其经营方式、分配方式和重大生产经营决策；子公司、控股公司应在集团公司的规划和指导下，开展日常生产经营活动。

通过建立资金结算中心和健全必要的管理制度，统一调度、有效使用全集团的资金，对各单位的流动资产、固定资产、长期投资和存货实行有效监管，对人才、产品、物资、现金、渠道等各种资源进行合理配置，优化资源结构，减少不合理占用或闲置，提高资源的使用效率和整体效能。目前，集团各单位的资金使用状况很不平衡，有的单位资金闲置，有的单位却大量向银行借贷。集团内部存在严重的资金浪费现象，资金使用效率低下。据统计，一出一进，集团每年要浪费 800 余万元。

六、信息化建设与管理现代化方面

构建全集团的出版电子政务与电子商务服务体系，逐步实现编辑、出版、发行、人事、财务管理等生产流程的电子化，提高管理决策的科学化水平和对外服务的现代化水平。

集团公司主要负责全集团信息管理平台与网络安全建设，集团网站建设，财务、人事管理信息系统建设，集团海外发展建设，以及中国可供书目数据库这5大重点项目的建设。子公司、控股公司要根据集团公司的统一部署，依托集团信息平台，整合各自现有的编、印、发信息系统，财务管理系统和各种专用数据库（术语库、语料库、出版资源库、营销资源库），加强对内部资源的优化配置与运用；在此基础上，改造和提高传统出版产业，促进产业结构调整和升级，促进电子出版、网络出版、网上服务等业务的发展，使之成为新的经济增长点。

以人为本：人往哪里去，钱从哪里来？ ★
——文化体制改革中的人事劳资问题

文化体制改革中的人事劳资问题，政策性强，涉及面广，解决难度大。这个问题关系到人心是否稳定、改革是否到位、发展是否有力，关系到文化体制改革的成败利钝。

说它**政策性强**，既涉及宏观的经济、文化、社会保障政策，也涉及具体的人事、劳资、用工、养老、医疗、住房制度改革政策。

说它**涉及面广**，既涉及在职职工，也涉及已经离退休的职工，尤其涉及现在在职但不久就要退休的职工；表面上看只是与事业编制内的职工相关联，实际上也要与编制外的合同制、聘用制职工相衔接。

实例 《三联生活周刊》的 70 多名职工，多在三联书店

★ 2006 年 8 月 9 日和 9 月 24 日，在新闻出版总署培训中心主办的两期"全国新闻出版单位人事制度改革培训班"上的两次报告；2006 年 8 月 18 日发表于《中国图书商报》。

的编制之外。

说它**解决难度大**，考虑人往哪里去，就要考虑钱从哪里来。钱从哪里来呢？要从三个方面考虑：

一要考虑职工利益——以人为本，职工是企业之本，是企业改革和发展的原动力；职工利益是职工之本，是职工能否稳定、能否真的支持改革、改革能否真的解放生产力和促进企业发展的关键问题、核心问题。

二要考虑单位利益、单位的长远发展——要考虑利润再分配、再投资、生产再发展，不能竭泽而渔，不能把单位做虚了、做空了、做没了。

三要考虑国家利益——要维护国有资产安全、做到国有资产保值增值，维护税收政策、为社会发展作贡献；要维护普遍的社会保障水平；还要维护国家文化安全，坚持两个效益，坚守国有文化单位不同于一般的经济企业的特殊要求。

改革难度大，真可谓：问君能有几多愁？恰似一江春水向东流！不改决不行，诚可谓：青山遮不住，毕竟东流去！

体制改革中，发展是目的，体制机制创新是核心，人事劳资制度改革是前提、是保障、是关键、是根本。以人为本，人是根本。

下面从 8 个方面，就人事劳资制度改革，进行分析、探讨。

一、事分两面

人事劳资制度改革，实际上包含两个方面的内容。

1. 一个方面是人事制度改革

改革后的用工制度模式——

考核→录用（原为聘用）→签订劳动合同→考绩→薪酬

改革后的干部制度模式——

遴选→分级考核→干部聘任（原为任命）→任期目标考绩→薪酬

竞聘→组织考查→……

竞聘→群众评议→……

2. 另一个方面是劳资制度改革

改革前的事业劳资制度模式——

生是单位人→死是单位鬼——单位发放退休费 // 医疗费 // 住房补贴

改革后的企业劳资制度模式——

在职随单位→退休随社会——社会发放养老保险 // 医疗保险 // 住房补贴

两个"面"当中，难点是劳资制度改革。

二、人分 5 类 10 种

改革劳资制度，必然要针对不同类型、不同状况的人员，采取不同的办法，不可能一概而论，搞"一刀切"。为便于叙述和分析比较，这里根据各试点单位和地区的不同做法，权且把劳资制度改革中涉及到的人员分为以下 5 类 10 种。

第 1 类 . 老人。分为两种情况：

①转制前已经离休的人员；

②转制前已经退休的人员→仍按事业退休。

第 2 类 . 中人。分为三种情况：

① 5 年转制过渡期内正常退休的人员，即 105 号文件规定的 5 年转制过渡期内达到法定退休年龄，且正常退休的人员；

②转制时工龄 30 年以上的人员；

③转制时工龄 20 年以上且年龄 50 岁以上的人员。

第3类．新人。也分为三种情况：

①转制时工龄10年以上、符合签订无固定期限劳动合同的人员；

②转制时工龄5～10年、符合签订短期聘用合同的人员；

③转制时工龄0～5年的人员。

需要说明的是，在实际转制工作中，有些有条件的单位，把"新人①"也与"中人"一起考虑；有些单位则把所有转制前参加工作的人，一并考虑。

至于，转制后参加工作的人员，则直接适用企业劳资制度，不属于转企改革中所要考虑的问题。

第4类．歇的人。不妨称之为第一类分流安置人员，指5年转制过渡期内提前离岗的人员。也即105号文件规定的5年转制过渡期内达到法定退休年龄，但因单位改革深化需要，在与本人协商一致的基础上提前离岗的人员。

需要特别说明的是，提前离岗（有的单位称为内退）≠提前退休。提前离岗人员只有在达到法定退休年龄时，才能正式办理退休。

第5类．走的人。不妨称之为第二类分流安置人员，指转制时按政策解除劳动合同的人员。也即105号文件规定的转制时〔一般理解最多扩大到5年转制过渡期内〕根据经营方向确需分流〔一般理解为因单位改革深化需要分流〕的人员。

三、中人是重点

对于"中人"，国家政策只规定了"中人①"的待遇办法，即"企业待遇、事业找补法"；对于"中人②③"和"新人"，则无特别规定，实际上也就意味着按企业新职工一样对待。

但是，"中人"（包括部分"新人"）毕竟对企业贡献较大，留在现单位可能是骨干、中坚，离开现单位则可能对单位、对个人两败俱伤。因此，需要充分考虑和保护"中人"的权益和积极性。对"中人"，不少试点单位及所在地区都出台了相应的保护政策。归纳起来，有关的政策主要有 6 种：

1．事业待遇、提前离岗法。即在转制时按事业办法办理提前离岗（俗称"提前退休"）。有些地方单位是在转制之前即按事业办法办理提前离岗；不提前离岗的保留事业档案，转制后按企业待遇，到龄退休时恢复到事业待遇。

　　实例　河南的办法是在转制时按事业办法办理提前退休。辽宁是在转制之前即可按上述办法办理提前退休；不提前退休的保留事业档案，转制后按企业待遇，到龄退休时恢复到事业待遇。

2．事业待遇、提前预留法。即单位转制为企业后，保留事业单位名号和一定编制，纳入"中人"及部分"新人"，使其在职时是企业待遇，但保留事业档案，缴纳事业社会保险，退休时回到事业待遇。有些地方的做法更彻底，即将所有转制之前参加工作的都视为"老人"，按"老人老办法"对待，在职时是企业待遇，退休时回到事业待遇。

　　实例　上海文艺出版总社是在总社所属单位转企后，保留"总社"的事业建制，使其新人①（转制时工龄 10 年以上、符合签订无固定期限劳动合同的人员）以上人员享受此待遇——共 550 人，占全部 750 人的 2/3。上海世纪出版集团是在"集团有限公司"及所属单位转企后，保留"集团"的事业建制，使其新人①以上人员（工龄 25 年以上人员，距退休年龄 10 年以下人员，转制时工龄 10 年以上、符合签订无固定期限劳动合同的人员——3 种情况，第三种实际上包括前两种——共 1100 人，占全集团 2100 的一半多点）享受此待遇。辽宁对部分中人如此。重庆也如此，但更彻底，不光对中人，而是将所有转制之前参加工作的都视为"老人"，按"老人老办法"对待，即在职时是企业待遇，退休时回到事业待遇。

　　3. 事业待遇、单独保留法。即在企业集团内部，组建事业法人单位，给予事业编制和事业拨款，使有关人员（无论年龄）享受事业待遇，专心从事公益性的或有重大文化积累价值的出版事业。

实例 上海世纪出版集团在实行事业待遇、提前预留法的同时，新组建 3 个事业法人单位——即辞海、汉语大词典、英汉大词典编纂处，各设 30 人、15 人、15 人的编制，由市政府专项拨款，使有关人员（无论年龄）享受纯事业待遇。

4. 企业待遇、企业找补法。即对"中人①"（即 105 号文件规定的 5 年转制过渡期内达到法定退休年龄,且正常退休的人员），依据 105 号文件精神，按"企业待遇、事业找补法"发放"社会统筹补贴"（即按退休时间分别补给其企业—事业社保待遇差的 90%、70%、50%、30%、10%）；在此基础上，对其余部分的企业—事业社保待遇差，再发给"企业补贴"。通过企业找补，使其企业待遇＝原有事业待遇；且企业补贴部分从成本列支。

实例 广东的办法是，对中人①（即 105 号文件规定的 5 年转制过渡期内达到法定退休年龄，且正常退休的人员），按 105 号文件规定的"企业待遇、事业找补法"发放"社会统筹补贴"（即按退休时间分别补给其企业—事业社保待遇差的 90%、70%、50%、30%、10%），在此基础上对其余部分的企业—事业社保待遇差，再发给"企业补贴"。通过企业找补，使其企业待遇＝原有事业待遇；且企业补贴部分从成本列支。

5.买断工龄法。即在转制前办理职工与单位"分手"的手续，给予工龄补偿或叫"买断"。买断工龄后，可再根据新企业和原职工双方的需要，按新的机制重新签约聘用一部分已买断工龄的原职工，但此时的职工已不是原来的"单位人"，而是单位聘用的"社会人"。

实例　四川、江苏、浙江是在转制前办理职工与单位"分手"的手续，给予工龄补偿或叫"买断"——四川每人十几万元、浙江每人20万元；其中四川发行集团最彻底，先让所有职工买断工龄，然后再根据双方需要，按新机制签约聘用部分已买断工龄的原职工，此时的职工已不是原来的"单位人"，而是单位聘用的"社会人"。

6.企业待遇法。北京地区，因为适用的是中央政策，目前只能这么做。

四、待遇差是难点

待遇差即企业待遇法所形成的企业—事业待遇差。实行企业待遇法，即原来是事业待遇的，转制后要变成企业待遇。企业待遇与事业待遇有所不同，这就造成了企业与事业之间的待遇差，主要体现在以下 8 个方面——简单地说就是 7 不同 1 增加。

1. 对在职职工而言，工资基数水平不同。 以北京地区工资水平为例，2004 年，社会平均工资为 28348 元 / 年，出版事业单位平均工资为 4 万～ 6 万元 / 年（另有统计：事业为 5300 元 / 月，企业为 3300 元 / 月）。

2. 对在职职工而言，工资年增长率不同。 以北京地区为例，2002 ～ 2005 年间，人事部下达的事业单位工资总额，平均增长 15%；劳动部下达的企业单位工资总额，平均增长 5%。

3. 对在职职工而言，地区补贴不同。 以北京地区为例，2004 年最低工资为 595 元（2006 年刚刚调整为 640 元）。在企业照此执行时，事业单位实际上在 595 元之外，还主要对试用期、见习期、学徒期的低收入人员，加发 600 元左右的地区补贴。

4. 对在职职工而言，"纳税调整"的门槛不同。 全国的事业单位，均在"工资额度"以上部分，才缴纳 33% 的纳税调整；北京地区的企业，实行"绩效工资总额"的，其单位平均工资达到 960 元 / 月以上的部分，都要缴纳纳税调整。

5. 对在职职工而言，需要缴纳的费用增加。 事业转为企业后，由于要增加缴纳各类保险费，致使单位负担加重。

实例 中国出版集团，要增加工资总额 40% 左右的保险费（养老保险 20%，医疗保险 10%，失业保险 1.5%，工伤保险 0.5%，生育险 0.8%，补充养老保险 8.33%，补充医疗保险 4%）。别除社会保险实际负担部分，单位实际增加支付约 20%。

6．对退休职工而言，退养制度不同。我国目前还在实行"二元制"的退养制度，即事业和企业性质不同，退养道路也不同。

企业实行的是社会养老保险制度（已实行十几年），主要特征是：

①社会统筹＋个人账户＝社会基本养老保险＋企业补充养老保险（工资总额的 4% 以内）＋个人储蓄（账户）

②先积累、后支付，也即先存钱、后花钱

③养老金——由社会保险经办机构发放，政府只承担最后的风险担保；退休人员的管理服务——也由社会机构承担，人是社会人

④ 2004 年企业退休职工平均养老金为 500 元，较低

事业实行的是单位退休制度（20 世纪 50 年代确定，至今沿用），主要特征是：

①财政拨款，或企业化管理单位全额支付

②不预存，当期支付

③钱由单位发，人由单位管

④ 2004 年事业退休职工平均退休金为 1000 元，比企业高 1 倍

7. 对退休职工而言, 计发退休金 // 养老金的标准（替代率）不同。全国标准：事业单位的退休金，自 1993 年工资改革后，为职工退休前最后一月工资的 85% ～ 90%；企业单位的养老金，则为相应工资的 40% ～ 60%。（具体替代率按工龄长短计算）

8. 对退休职工而言，退休金 // 养老金的补充部分不同。按 105 号文件规定，企业补充养老保险（企业年金）≤ 企业工资总额的 4%；而事业单位退休人员退休金以外的实际补贴≥事业单位工资总额的 10%。

以上这 7 不同 1 增加形成的待遇差，对于高层级人员影响较大。也就是说，对于相同资历的人员，越是高级管理人员和高级技术人员，企业—事业待遇差就越大。

实例 甲×××——事业单位副总编辑，副局级，享受政府特殊津贴专家，2005 年 7 月<u>正常退休</u>，37 年工龄，按事业退休，月退休金 3452 元（含北京市补贴部分）。

乙×××——企业单位副总经理，副局级，享受政府特殊津贴专家，2005 年 7 月超龄 2 年退休，47 年工龄，按企业退休，月养老金 2681 元（按社保计算，缴费——包含个

人缴费——均为最高的 3 倍封顶数）。

甲与乙比较，其他相同（甚至同一姓氏），乙还多工作 10 年，乙的月养老金／退休金却少 771 元；若退休后领取<u>20 年，乙将比甲少得 18.5 万元</u>。

甲自己比较，甲若在转制后按企业退，则按社保计算的月养老金为 1959.74 元（比乙工龄少 10 年，养老金自然比乙低）；加上 105 号文件规定的按照"9、7、5、3、1"的 90% 补给企业—事业待遇差，每月补 552.83 元，合计月养老金为 2512.57 元，仍比他本人的事业退休金少得 939.43 元／月。若退休后领取<u>20 年</u>，则甲按企业退将比按事业退少得 22.55 <u>万元</u>。

五、需要保障的职工权益

解决企业—事业待遇差需要保障职工权益。企业与事业的待遇差应当如何解决，105 号文件没有提供全部答案，问题要靠各单位自己解决，根据自己的理解、自己的经济实力解决。对职工权益，不保障，不稳定；多保障，无后劲。我们认为，需要解决的问题或说需要保障的职工权益，主要包括以下 9 个方面：

1. 对老人①（离休干部）的权益保障

离休干部本不参加转制，仍由单位而不是社会负责；但由于单位变了，变成企业了，所以转制对他们的利益有影响，所以要补救、保障。

离休干部的待遇有 3 组衡量指标：

按级别分为正、副部级，正、副局级，正、副处级，正、副科级，科员以下；

按技术职务分为正高级、副高级、中级、初级，和技师、高级工以下；

按年资分为红军时期干部（27.8.1 ~ 37.7.6）、抗战初期干部（37.7.7 ~ 42.12.31）、抗战中期干部（43.1.1 ~ 45.9.2）、抗战后期干部（45.9.3 ~ 49.9.30）。

转制前，离休干部的保障有 3 种方式——

A 国家机关 & 全额拨款事业单位→国家直接拨付给离休干部——与国家直接相关

B 事业单位企业管理单位→国家标准、事业条件下负担——与国家间接相关

C 企业→国家标准、企业条件下负担——与国家较少相关（几乎不享受国家税收优惠）

转制为企业后，需要保障的离休干部的权益包括——

A 住房补贴——国家规定，面积未达标的，补贴资金由

本单位售房余款支付→不足的部分需另筹

B 医疗费——国家规定离休人员不参加社会医疗保险，只能由本单位按原渠道实报实销→转制后整个单位的原渠道由公费医疗变为社会医疗保险了，两种渠道的差额，需筹措

C 离休费——分为两部分——

一是社会统筹部分：管基本养老金（中央单位加入北京市社会养老保险项目）

二是企业负担部分：即按规定不能列入社会养老保险项目，但又要保持单位原有平均水平的部分→转制后，当国家统一出台政策调整事业单位离退休费时（如 2006 年 7 月 1 日起改革调整公务员和事业单位工资），按企业办法增加的基本养老金与按事业办法增加的离休费之间的差额，需筹措

2. 对老人②（转制前已退休人员）的权益保障

转制为企业后，需要保障的已退休人员的权益包括——

A 住房补贴——【同老人①住房补贴】

B 医疗费——分为两部分——

一是基本医疗保险

二是补充医疗保险

按国家和北京市规定，由单位承担→原来并未缴纳，因此，转制后需筹措

C 退休费——【同老人①退休费】

3. 对中人①（5 年转制过渡期内正常退休的人员）的权益保障

由于按企业办法计发的社会养老金＜事业单位退休费，所以，其差额要通过社会统筹补贴＋企业补贴予以保障。

转制为企业后，需要保障的中人①的权益包括——

一是社会统筹补贴——按企业退休；且按退休时间分别补给其事业单位与企业社保待遇差的 90、70、50、30、10（％）——即过渡期第一年退休的补待遇差的 90％，……依此类推。第六年起不补，完成过渡

二是企业补贴——【类似老人①离休费的"企业负担部分"】即转制后，当国家统一出台政策调整事业单位离退休费时（如 2006 年 7 月 1 日起改革调整公务员和事业单位工资），按企业办法增加的基本养老金与按事业办法增加的退休费之间的差额，需筹措、补贴

★地方有些单位的附加补贴——在社会统筹补贴 9、7、5、3、1 的基础上，增补 1、3、5、7、9，即保证中人①的初始社会养老金 ＝ 初始事业退休费。这样做

优点是——使中人①的待遇靠近老人②，即过渡期退休

的向转制前退休的看齐

缺点是——使中人①的待遇与中人②、中人③以及新人的待遇差距拉大，即过渡期之内退休的与过渡期之后退休的待遇截然不同，"斜坡"过渡变成了"陡坡"过渡，过渡不平滑

4. 对中人②和中人③（转制时工龄30年以上的人员，和转制时工龄20年以上且年龄50岁以上的人员）的权益保障

对这两种人，105号文件没有规定要给予补贴。

但是，转制为企业后，有条件的单位，可以考虑援引过去政府机关改革的先例，采取像对待中人①那样的办法，给予"企业补贴"，保障这部分人的权益。

5. 对新人①（转制时工龄10年以上、符合签订无固定期限劳动合同的人员）的权益保障

对这种人，105号文件更没有规定要给予补贴——一般通过建立企业年金即补充养老保险，保障其权益。

此外，有些地方单位，在转制为企业后，还采取"工龄补贴"的办法，保障这部分人的权益。

实例 工龄补贴的具体做法是：以工龄10年为起点累计，工龄11年的发1年工龄补贴2200元……工龄30年的发20年工龄补贴即4.4万元

→以上工龄补贴，在转制时，由企业一次性趸交企业年

金账户

并在 3～5 年内划入年金个人账户

6. 对新人②③（转制时工龄 5～10 年和 0～5 年，符合签订短期聘用合同的人员）的权益保障

以上两种人为转制前参加工作、转制过渡期以后退休的人员——只能通过建立企业年金即补充养老保险，保障其权益；企业一般不考虑发给特殊补贴。

7. 有些地方单位，对所有中人和新人（即转制前事业编制内的所有正式职工），都采取一揽子保障办法

A 建立基本养老保险＋补充养老保险（年金）——单位和个人共担

B 建立基本医疗保险＋补充医疗保险——单位和个人共担

C 给予住房补贴——按事业单位政策，资金由单位售房款余额拨付

D 给予一次性转制补贴

实例 一次性转制补贴

＝本人在事业单位工作年限 ×12 月 × 本人转制时上一年度平均基本（月）工资 ×0.3%

→以上转制补贴，在转制时，由企业一次性趸交企业年金账户并在 3～5 年内划入年金个人账户

8. 对歇的人（第一类分流安置人员，即 105 号文件规定的 5

年转制过渡期内达到法定退休年龄，但因单位改革深化需要，在与本人协商一致的基础上提前离岗的人员）的权益保障

A 即 105 号文件规定的：离岗期间的工资福利等基本待遇（！≠全部收入）不变，单位和个人继续按规定缴纳各种社会保险。但是，不享受效益工资 & 奖金。

实例 北京地区工资福利等基本待遇

＝国家和北京市规定的事业单位工作人员工资福利基本待遇

＝在岗时的职务工资＋津贴＋房租补贴＋交通费＋书报费＋洗理费＋物价补贴＋北京市在 1995 ～离岗当年口头通知的其他补贴

B 离岗期间参照事业单位在职人员调资。但是，不参加转企工资制度改革。

C 离岗期间单位和个人按国家规定缴纳的社会保险 & 住房公积金，其缴纳基数按本人上年平均工资。

D 到达法定退休年龄正式办理退休时，按中人①（即 5 年转制过渡期内正常退休的人员）办理，离岗期间计算为连续工龄。

9. 对走的人（第二类分流安置人员，即转制时按政策解除劳动合同的人员，也即 105 号文件规定的转制时〔一般理解最多扩大到 5 年转制过渡期内〕根据经营方向确需分流〔一般理解为因单位改革深化需要分流〕的人员）的权益保障

对走的人，要坚持"本人自愿、单位批准"，并按照企业分流富余职工的办法妥善安置，也要保障他们的合法权益。不能简单的"一走了之"，而是要"一补了之"——即由单位给予一定的分流补偿金。

实例 分流补偿金＝分流前 12 个月本人平均工资 × 本人工龄

六、保障职工权益的可能途径

保障职工权益的资金，一靠政府有关部门拨款支持，二靠单位自筹。单位自筹也需要国家有关部门政策支持，可能的支持途径和资金来源有 5 个——

1. 销售收入提取法。即从单位销售收入净额中，提取 1%～2%进入专项资金，税前列支。

2. 资产收益提取法。即在集团、单位资源整合以及重组改制、股权变现、房地产开发和转让过程中，提取净收益的 10%进入专项资金。

3. 公益金提取法。即在国家规定每年提取的公益金中，提取 50%进入专项资金。

4. 工资总额提取法之一。即在单位年度工资总额的 1/12 以内、单位和职工个人年度工资总额的 1/6 以内，为职工建立补充养老保险（企业年金），免征税费。

5.工资总额提取法之二。即根据国发〔2002〕42号文件以及《北京市基本医疗保险规定》，在单位年度工资总额的4％以内，为职工建立补充医疗保险。

以上资金应当争取在5年的转制过渡期内筹集到位。

七、在职职工的工资总额和计税工资问题

工资总额，对单位而言，既是限制（限制多发），也是保护（使单位能够少缴纳税金）。超过工资总额的部分，需要缴纳纳税调整，这部分工资称为**"企业所得税工资"**，通常简称为**"计税工资"**。

1. 转制前，事业单位的工资总额

由人事部门下达，总额以内不缴纳税调整，总额以上部分，才缴纳33％的纳税调整——北京地区事业单位所保护的人均工资总额在4000 ～ 5000元／月。

转制后，企业的工资总额由劳动部门下达，分为绩效工资和工效挂钩两种情况。

2. 企业绩效工资

工资总额＝工资总额基数＋每年效益增长的一定比例数

实行效益工资的企业，人均月工资960元以上的部分，即要缴纳33％的纳税调整。

说明 2006年9月1日制发的财税〔2006〕126号文件即《财政部 国家税务总局关于调整企业所得税工资支出税前扣除政策

的通知》规定：自 2006 年 7 月 1 日起，将企业工资支出的税前扣除额，调整为人均每月 1600 元。

单位由事业转为企业并实行绩效工资的，若要维持原有工资水平不变，在 960 元以上（现在调整为 1600 元以上）的部分，转制前要筹集 3 元钱的，转制后则要筹集 4 元钱才能保证实际发给职工 3 元钱——这要造成企业人工成本增加，利润下降，乃至亏损；

若只能筹集原来的 3 元钱，则职工实际所得只有 2 元钱，也就是职工收入要下降——这要造成人心不稳。

实例 中国出版集团按税前扣除额 960 元、以 2005 年测算，9 家出版社转企后每年在工资方面要多支出 4104 万元。

绩效工资适合平稳发展的企业，或者说增长缓慢的企业。

3. 企业工效挂钩工资

工资总额完全与企业效益挂钩，每年可能增加，也可能减少。

实行工效挂钩的企业，按照"两个低于"的原则，即工资总额增长幅度低于经济效益增长幅度、职工平均工资增长幅度低于劳动生产率增长幅度的原则（财税〔2006〕126 号文件规定此原则不变），在核定的工资总额之内，免缴纳税调整——这点与事业单位工资总额类似。

工效挂钩适合快速增长的企业。

据了解，全国人大常委会目前正在对《企业所得税法》进行第一次评审，预计近年内会出台新的法规。新法规颁布后，计税工资就会取消，这对减轻企业负担无疑是福音。果真如此，转制带来的工资方面税负加重的问题，也就迎刃而解了。

八、与人事劳资制度改革相关的文化产业政策

1. 有关文化体制改革的基本政策

①中办发 21 号文件——2003 年 6 月，召开全国文化体制改革试点工作会议，2003 年 7 月即出台中办发〔2003〕21 号文件，即《中共中央办公厅国务院办公厅转发〈中共中央宣传部、文化部、国家广电总局、新闻出版总署关于文化体制改革试点工作的意见〉》——确定了 35 个文化体制改革试点单位和 9 个试点地区。❶试点的新闻出版单位 20 家——山东大众报业集团、新华日报报业集团、河南日报报业集团、深圳报业集团、北京青年报、今晚报、浙江广电集团、山东广播电视总台、南京广电集团、深圳电视台、厦门电视台；中国出版集团、上海世纪出版集团、辽宁出版集团、广东省出版集团、吉林出版集团、中国科学出版集团、人民邮电出版社、中国证券报、电脑报；❷试点的公益性文化事业单位和文艺创作演出单位 6 家——国家图书馆、中国文物研究所、北京市朝阳区文化馆；东方歌舞团、国家话剧院、上海中国画院；❸试点的文化企业单位 9 家——中国电影集团、长影集团公司、中国对外演出公司；新华发行集团总公司、四川

新华发行集团公司、辽宁发行集团公司、江苏新华书店集团公司、浙江发行集团公司、福建新华发行集团公司；❹综合性试点地区9个——上海市、广东省、浙江省、重庆市、深圳市、沈阳市、西安市、丽江市；北京市（重点是发展文化企业，培育文化市场）。这其中，试点的出版单位9家，发行单位6家。

②国办发105号文件——2003年12月出台的国办发〔2003〕文件，包括《文化体制改革试点中支持文化产业发展的规定（试行）》和《文化体制改革试点中经营性文化事业单位转制为企业的规定（试行）》）——105号文件本来要阐发21号文件精神的，实际上相当宏观。至于105号文件的实施细则，至今没有出台。105号文件确定了转制过程中涉及的，有关授权经营、资产处置、财政税收、投资融资、收入分配、社会保障衔接、人员分流安置等方面的基本的原则，是有关转制工作的基础性、纲领性文件。

③中发14号文件——2005年12月出台的中发〔2005〕14号文件，即《中共中央　国务院关于深化文化体制改革的若干意见》——意见共9章36条，进一步确定了文化体制改革的指导思想（方向和导向，繁荣和创新，社会效益和经济效益，文化事业和文化产业）、原则要求（16字方针——区别对待、分类指导，循序渐进、逐步推开）和目标任务（3点7系统——发展为主题，改革为动力，体制机制创新为重点，形成好的……公共文化服务体系，现代文化市场体系，文化创新体系，微观运行机制，文化产业格局，文化开放格局）。文件还明确了文化体制改革中"事业"

和"企业"的范畴——事业 16 类，包括 6 馆 7 新闻 1 版 1 研 1 团，即国家兴办的图书馆、博物馆、文化馆、科技馆、群艺馆、美术馆，党报、党刊、电台、电视台、通讯社、重点新闻网站、时政类报刊，少数承担政治性公益性出版任务的出版社，重要社会科学研究机构，体现民族特色和国家水准的艺术院团——前 6 类为公益性文化事业单位，后 10 类为实行事业体制且由国家重点扶持的单位；需要逐步转制为企业的 8 类，即一般出版单位，文化艺术生活科普类等报刊社，新华书店，电影制片厂，电视剧制作单位，文化经营中介机构，党政部门人民团体行业组织中的影视剧制作和销售单位。

④新出办 616 号文件——2006 年 7 月出台的新出办〔2006〕616 号文件，即《新闻出版总署关于深化出版发行体制改革工作实施方案》——在中发 14 号文件的基础上，明确了如何落实 16 字方针，明确了中央在京的书、报、刊社转企的节奏——第一批 2006 年制定改革试点工作方案：中国电力出版社等部委出版社＋2 报 2 刊 3 社 1 公司（中国计算机报社、机电商报社，中国国家地理杂志社、中国妇女杂志社，高等教育音像出版社、北京希望电子出版社、北京科海电子出版社，中国唱片总公司）→第二批接着制定改革试点工作方案：清华大学出版社等高校出版单位→第三批 2007 年转企改制试点：国家机关部委、行业协会、群众团体、科研机构出版单位→第四批 2008 年改革试点：中直机关、民主党派出版单位。

⑤财税 1 号文件——财税〔2005〕1 号文件，即《财政部　海关总署　国家税务总局关于文化体制改革中经营性文化事业单位转制后企业的若干税收政策问题的通知》——规定了试点单位和试点地区的免税、退税的范围。

⑥财税 2 号文件——财税〔2005〕2 号文件，即《财政部　海关总署　国家税务总局关于文化体制改革试点中支持文化产业发展若干税收政策问题的通知》——规定了试点单位和试点地区的新办文化企业、试点集团核心企业、进出口企业的免税、合并纳税办法，和政府鼓励的文化企业范围。

⑦总署 18 号令——新闻出版总署 2004 年 3 月第 18 号令，即《外商投资图书、报纸、期刊分销企业管理办法》。

⑧国发 10 号文件——国发〔2005〕10 号文件，即《国务院关于非公有资本进入文化产业的若干规定》——该文件规定：❶"鼓励支持非公有资本进入……书报刊分销、音像制品分销、包装装潢印刷品印刷等；……从事文化产品和文化服务出口业务。"❷"允许非公有资本进入出版物印刷、可录类光盘生产、只读类光盘复制等文化行业和领域。"❸"非公有资本可以投资参股……出版物印刷、发行，新闻出版单位的广告、发行……，上述文化企业国有资本必须控股 51% 以上。"❹"非公有资本不得投资设立和经营通讯社、报刊社、出版社……不得从事书报刊、影视片、音像制品成品等文化产品进口业务。"

⑨中宣发 15 号文件——中宣发〔2005〕15 号文件，即《中

共中央宣传部 文化部 国家广电总局 新闻出版总署 商务部 海关总署文件——关于加强文化产品进口管理的办法》—— 该文件规定：❶"国家继续对文化产品进口实行特许经营，对经营单位实行文化产品进口经营许可证制度。""书报刊、电子出版物、音像制品……等文化产品进口业务，须有文化部、广电总局、新闻出版总署指定或许可的国有文化单位经营。"❷"音像制成品进口业务由中国图书进出口总公司独家经营。音像出版单位可以在批准的出版业务范围内从事进口音像制品的出版业务。"❸"书报刊及电子出版物进口业务，须由新闻出版总署指定或许可的企业经营。……新闻出版总署可以禁止特定出版物的进口。"❹"中国图书进出口总公司独家经营原版进口报刊在涉外场所的销售业务，销售品种须经新闻出版总署核准。"❺"合作出版须经新闻出版总署批准。"❻"加强对年度引进版权的总量控制，并对出版社引进版权的数量进行限定，力争使进出口作品的品种及数量趋向平衡。"❼"重要文化产品进口以及重大商业合作项目立项,文化部、广电总局、新闻出版总署审批前要报中宣部同意。"

⑩文办发19号文件——文办发〔2005〕19号文件,即《文化部 国家广播电影电视总局 国家新闻出版总署 国家发展和改革委员会 商务部文件——关于文化领域引进外资的若干意见》——该文件规定：❶"在中方控股51%或中方占主导地位的条件下，允许外商以合资、合作的方式设立……书报刊分销……等企业。"❷"在中方控股51%或中方占主导地位的条件下，……

允许外商参与国有书报刊音像制品发行企业股份制改造。"❸"禁止外商投资从事书报刊的出版、总发行和进出口业务，音像制品和电子出版物的出版、制作、总发行和进出口业务，以及……互联网出版等业务。"❹"……新闻出版……申请设立外商独资和合资、合作企业依法进行前置性审批。""音像制品分销……书报刊分销……等引进外资，以及互联网……引进港澳地区资本，经省级行政主管部门审核报国务院行政主管部门前置性审批后，按照外商投资的有关规定，报相关部门审批。"

⑪中办发 20 号文件——中办发〔2005〕20 号文件，即《中共中央办公厅 国务院办公厅印发〈关于进一步加强和改进文化产品和服务出口工作的意见〉的通知》——该文件提出：要"进一步加强和改进文化产品和服务出口工作，推动更多优秀文化产品和服务走向国际市场。"

2. 有关劳动关系政策

①《中华人民共和国劳动法》——中华人民共和国主席令第 28 号，1994 年 7 月 5 日第八届全国人民代表大会常务委员会第八次会议通过——1995 年 1 月 1 日起施行。

②劳部发〔1995〕309 号文件——《关于贯彻执行〈中华人民共和国劳动法〉若干问题的意见》。

③国务院 117 号令——《中华人民共和国企业劳动争议处理条例》——1993 年 8 月 1 日起施行。

④劳部发〔1993〕244 号文件——《〈中华人民共和国企业

劳动争议处理条例〉若干问题的解释》。

⑤劳部发〔1994〕532号文件——《违反〈中华人民共和国劳动法〉行政处罚办法》——1995年1月1日起施行。

⑥劳部发〔1995〕223号文件——《违反〈劳动法〉有关劳动合同规定的赔偿办法》——1995年发布之日起施行。

⑦劳部发〔1994〕481号文件——《违反和解除劳动合同的经济补偿办法》——1995年1月1日起执行。

⑧北京市府91号令——《北京市劳动合同规定》——2002年2月1日起施行。

⑨劳部发〔1993〕301号文件——《企业劳动争议调解委员会组织及工作规则》——1993年颁发之日起施行。

3. 有关工资分配政策

①财税〔2003〕216号文件——《财政部 国家税务总局关于核定中国人寿保险股份有限公司计税工资税前扣除标准有关问题的通知》——规定2003年、2004年度的办法。

②财税〔2006〕43号文件——《财政部 国家税务总局关于核定中国人寿保险股份有限公司计税工资税前扣除标准有关问题的通知》——规定2004年度和2005年以后的办法。

③劳部发〔1994〕489号文件——《工资支付暂行规定》——1995年1月1日起执行。

④劳部发〔1995〕226号文件——《对〈工资支付暂行规定〉有关问题的补充规定》。

⑤北京市府 142 号令——《北京市工资支付规定》——2004 年 1 月 22 日起施行。

⑥财税〔2006〕126 号文件——《财政部 国家税务总局关于调整企业所得税工资支出税前扣除政策的通知》——规定自 2006 年 7 月 1 日起，将企业工资支出的税前扣除额，调整为人均每月 1600 元。

4. 有关养老保障政策

①国发〔2005〕38 号文件——《国务院关于完善企业职工基本养老保险制度的决定》——2005 年发布之日起实行。

②北京市府 2 号令——《北京市企业城镇劳动者养老保险规定》——1998 年 7 月 1 日起施行。

③京劳险发〔1998〕69 号文件——《北京市劳动局关于贯彻实施〈北京市企业城镇劳动者养老保险规定〉有关问题的处理办法》——1998 年 7 月 1 日起施行。

④京劳社养发〔2002〕117 号文件——《北京市劳动和社会保障局关于贯彻实施〈北京市企业城镇劳动者养老保险规定〉中有关问题处理办法的通知》——2002 年 10 月 1 日起实行。

⑤劳社部发〔2000〕2 号文件——《劳动和社会保障部 国家经济贸易委员会 科学技术部 财政部关于国家经贸委管理的 10 个国家局所属科研机构转制后有关养老保险问题的通知》。

⑥劳社部发〔2002〕5 号文件——《劳动和社会保障部 人事部 财政部 科技部 建设部关于转制科研机构和工程勘察设计单

位转制前离退休人员待遇调整等问题的通知》——2002 年下发之日起执行。

⑦劳社部发〔2001〕13 号文件——《劳动和社会保障部 财政部 人事部 中央机构编制委员会办公室关于职工在机关事业单位与企业之间流动时社会保险关系处理意见的通知》——2001 年下发之日起执行。

⑧京劳社养发〔2004〕161 号文件——《北京市劳动和社会保障局 北京市财政局 北京市人事局 北京市机构编制委员会办公室关于职工在机关事业单位与企业之间流动时社会保险关系处理办法的通知》——2004 年 12 月 1 日起执行。

⑨劳动和社会保障部 20 号令——《企业年金试行办法》——2004 年 5 月 1 日起施行。

⑩劳动和社会保障部 中国银行业监督管理委员会 中国证券监督管理委员 中国保险监督管理委员会 23 号令——《企业年金基金管理试行办法》——2004 年 5 月 1 日起施行。

⑪京劳社养发〔2006〕39 号文件——《北京市劳动和社会保障局 北京市财政局 北京市国家税务局 北京市地方税务局关于贯彻实施〈企业年金试行办法〉有关问题的通知》——2006 年 4 月 1 日起执行。

以制定和实施战略目标为己任★

集团公司在 2007 年 12 月正式组建了战略发展部。半年来，战略发展部的职能在实际工作中主要体现为以下几项：

一是研究国家重大方针政策、出版产业环境，编写专题研究报告。二是组织研究、编制集团中长期发展战略规划，负责集团整体战略实施的协调、监督、考核、控制、评估及战略规划的调整。三是参与拟定集团年度经营目标和计划，组织分解和落实集团的年度经营目标。四是整合协调内外部资源，推进集团战略目标的实现。五是负责集团重要报告（全局或综合性报告，包括集团公司转制工作报告）的起草。六是负责提供集团重大决策咨询意见。七是负责集团重大科研、学术活动组织实施。八是负责集团公司及全集团重大法律事务。

★　2008 年 7 月 31 日，在中国出版集团 2008 年上半年工作会议上的战略发展工作报告。

一、上半年的战略发展工作

主要包括以下几个方面。

1.组织编制集团五年规划，全面实施集团战略管理

（1）战略规划编制。战略管理是集团公司各项管理职能的核心部分，具体体现在集团中长期规划的制定、执行与考核上。2008 年上半年，战略发展部的重点工作之一，就是制定集团五年规划，并指导集团公司所属单位制定自身的中长期发展规划。战略发展部成立后即在原有规划的基础上，按照中央文化体制改革新的精神、新的进展、新的市场竞争环境，结合集团工作实际，对集团公司近期、远期的奋斗目标、发展战略、保障措施、重点经营项目进行调研、调整、修正、制定。全面编制《中国出版集团五年发展规划（2008—2012）》，并于 5 月份完成初稿。

6 月 12 ～ 13 日，战略发展部承办首次战略规划工作会议。会议围绕《中国出版集团五年发展规划（2008—2012）》及《中国出版集团发展战略和规划管理办法》《中国出版集团公司成员单位发展战略编制和执行情况考核办法》进行了讨论，大家在讨论中提出了许多非常好的建议和意见，并对各单位制订实施各自的五年发展规划提出了初步设想。本次会议既是一次战略规划工作会，更是一次集团战略管理工作会，开创了中国出版集团战略管理工作的新局面。

根据新一轮文化体制改革的新要求、新规划、新目标和新的

市场竞争环境，为进一步深入了解集团成员单位经营管理现状，征求成员单位对集团战略规划的意见和建议，从 7 月 7 日开始，集团公司各部门在围绕集团整体战略规划和成员单位快速发展，深入走访各成员单位，开展全面调研，听取成员单位意见和建议。

战略发展部正对此次调研过程中各单位提出的意见和建议进行梳理和总结，并在吸纳大家的合理意见和建议的基础上，结合新一轮文化体制改革要求，对《规划》做出全面、细致、深入的修订，并下发各成员单位。

（2）组织实施全面战略管理。一是制定《中国出版集团发展战略和规划管理办法》，为集团战略管理与规划编制建立制度基础。2008 年 9 月 30 日以前，各成员单位将把自己的五年发展规划报集团公司，集团公司将按照管理办法，通过对成员单位规划的批复、监督、管理和考核，全面推进集团的战略管理。

二是协助人力资源部起草制定《中国出版集团公司成员单位发展战略编制和执行情况考核办法》，为集团战略管理的实施提供保障。

2. 规划集团制度建设，推进各项制度制定

战略管理在本质上是制度化建设和实施过程。为保证集团各项战略规划高效有序进行，推动集团公司进一步按照现代企业管理要求，实现制度化、规范化管理，战略发展部研究国资委对中央企业的管理规范，对集团公司现有制度规范进行梳理，从战略规划管理及实施的角度，与相关职能部门共同提出集团制度规划

建议共计 50 余件，经总裁办公会讨论后现由战略发展部统一组织落实，各职能部门分别起草，预计在 10 月份能够全部出台。

3. 策划、组织大型论坛，促进产业发展研究及交流

战略发展部在 2008 年上半年负责筹备及举办了三大论坛，即积极筹备第三届香山论坛及其台北分会；举办"资本市场与出版产业的未来"高层论坛和"北大公益传播论坛"。

2006 年与 2007 年，集团公司成功举办了第一届和第二届香山论坛，引起了业内的广泛关注和强烈反响。考虑到前两届论坛的良好效果，集团公司领导决定在 2008 年择时召开第三届香山论坛，将本次论坛办成一个国际性的出版产业高峰论坛，并由战略发展部负责方案的拟定与论坛的筹备。经认真准备，战略部 3 月 5 日拿出了方案初稿，拟定了论坛举办的时间、地点、议题及邀请对象。同时，为进一步扩大香山论坛的影响，推进两岸四地出版产业的交流与发展，根据集团统一安排，战略发展部与出版外贸公司积极筹备在台北市举办"香山论坛"台北分会。

4 月 9 日，由集团公司联合中国银河证券股份公司、中央财经大学共同举办，战略发展部承办的"资本市场与出版产业的未来"高层论坛成功举办。新闻出版总署、中宣部出版局、中宣部改革办领导以及来自中国证监会、中国人民大学、国家发改委文化体改所、辽宁出版传媒等单位的专家学者各抒己见。近三十余家媒体进行了不同角度的报道，为集团进入资本市场做了较好的舆论准备。

2008 年 5 月 3 日，在北京大学成立 110 周年之际，集团公司与北京大学联合举办了"北大公益传播论坛"。原北京大学校长陈佳洱，北京大学党委副书记杨河，北京大学教授汤一介、张维迎、付军等出席论坛。聂震宁总裁在论坛上发表了题为"出版与公益精神"的主旨讲话。当天上午，中共中央总书记、国家主席、中央军委主席胡锦涛来到北京大学考察。世界图书出版公司北京公司出版的"北大影响力"丛书被北大校方作为礼物赠送给胡锦涛总书记。这套丛书包括《北大之精神》《大爱有行》《发现北大》（英文）三种，由中国出版集团公司与北京大学合作完成的。在"北大公益传播论坛"召开之前，举行了隆重的赠书仪式。境内外四十余家媒体对本次论坛进行了报道，较好地彰显了集团的价值观和企业文化。

4. 组织起草集团重要文件，做好集团决策参谋

战略发展部结合部门工作职能，努力做好领导和相关职能部门的参谋、资政。其一，起草或牵头起草集团重大文件、报告、讲话、外宣稿件，会签有关管理文件。上半年，战略发展部起草或牵头起草各类文件、报告、讲话、外宣稿件近 20 余件，10 余万字。

其二，战略发展部在原《中国出版集团出版信息》的基础上，组织编辑出版了《中国出版集团信息参考》。《信息参考》的创办是为了更好地服务于集团公司深化体制机制改革的大局，宣传贯彻集团公司战略规划，致力于企业文化建设；研究分析各类资讯，

为集团公司各级领导决策提供参考依据；突出出版主业发展、推进相关产业运营，深度分析报道集团各项工作，加强各部门、各单位之间的信息沟通。在充分吸收原《出版信息》各项优点的基础上，《信息参考》在栏目设置方面做出了适当调整，在保留原《出版信息》核心栏目的基础上，增设了"部委新政""产业传真""观察·声音""专题研究"及"本期人物"等栏目，以冀更加全面、更加深入地反映集团改革发展工作、服务集团公司各项工作的展开。目前刊物已出版 2 期。

其三，战略发展部承担着集团的法律事务工作，为集团重大决策，对外诉讼、合同签订及有关文件提供法律意见，并和法律界、法学界建立良好沟通合作关系。

5. 规划、落实与执行战略项目，参与集团有关专项工作

2008 年上半年，根据集团公司领导指示，战略发展部先后参与了《神州诗书画报》收购论证与谈判，"读者运营与文化广告项目"的调研、论证与规划，部委出版单位兼并重组事宜等重要项目，参与总店工作领导小组和集团发行整合工作。

《神州诗书画报》是甘肃日报报业集团主管的一份报纸。因区域原因，《神州诗书画报》未能办出自身的特色和发挥自身的优势。该报社领导希望与其他出版单位合作，摆脱经营困境。按照领导要求，战略发展部于 3 月份多次与该报社负责人进行谈判、沟通，并与荣宝斋公司就《神州诗书画报》收购事宜进行了市场调研和前景分析，提出了建议收购报告。

根据集团公司领导的构想，战略发展部对文化产业广告运营市场、读者终端市场、文化产品营销渠道等进行调研、论证与规划，起草并完善《读者运营与文化广告项目可行性计划书》，为集团打造广告资源、读者资源、终端资源共享平台提供了方案。

总体来说，作为集团的一个新部门，战略发展部成立半年来，较快地进入了工作角色，做了大量研究、规划和具体项目执行工作，出色地完成了领导交办的各项任务，为集团全面实施战略管理打下了坚实的基础。

二、下半年的战略发展研究

按照集团整体战略布局，战略发展部下半年要在做好日常性工作的同时，做好以下工作：

1. 完成一个基本建设

牵头组织集团公司各部门完成集团基本制度建设。

2. 做好两个层面的战略规划

一是修订完成并下发集团五年发展战略规划，二是督促、检查、批复集团成员单位制定五年战略规划。

3. 组织三个科研项目

发挥科研职能，为集团发展提供科学的决策依据，于下半年组织三个科研项目的招标和研究工作，分别是集团公司管理模式科研项目招标和研究；集团公司盈利模式科研项目招标和研究；

集团公司融资模式科研项目招标和研究。

4.推进四个建设工程

积极推进成员单位现代企业制度建设工程，集团风险防范管理制度建设工程，"香山论坛"品牌建设工程，集团公司文化产业园建设工程。

5.组织实施五个战略扩张

组织实施与地方出版集团战略合作扩张；组织实施与中央部委出版社战略合作扩张；选择投资及券商战略合作伙伴，组织实施资本市场战略扩张；组织实施荣宝斋、世界图书出版公司、国际商务出版公司战略发展扩张；组织实施外国文学出版社、知识出版社两个副牌出版社的改制、重组和对外扩张。

区别对待　分类指导　循序渐进　逐步推开

转企改制势在必行★

一、转制的基本政策（政策轨迹）

成立中国出版集团，再由中国出版集团整体转制为中国出版集团公司，这是我国出版业改革和发展的需要。

1. 中办发 17 号文件、16 号文件启动了新时期文化领域改革进程

中国出版集团正是在这样的背景下，经中央批准，于 2002 年 4 月 9 日成立的国家级出版机构。

2. 中办发 21 号文件、国办发 105 号文件正式启动文化体制改革

①中办发 21 号文件——确定了 35 个文化体制改革试点单位和 9 个试点地区。这其中，试点的出版单位 9 家，发行单位 6 家。

②国办发 105 号文件——确定了转制过程中涉及的有关授权

★　2008 年 8 月 20 日，向中国出版集团干部职工作转企改制中有关问题的说明。

经营、资产处置、财政税收、投资融资、收入分配、社会保障衔接、人员分流安置等方面的基本原则，是有关转制工作的基础性、纲领性文件。

③国函22号文件。2004年3月25日，国务院专门针对中国出版集团下发了22号文件，要求我们转制，就是由部分是企业单位、部分是事业单位企业管理的现状，整体转制为企业。

3. 中发14号文件，宣告文化体制改革由试点进入逐步推开

①中发14号文件——进一步确定了文化体制改革的指导思想、原则要求（16字方针——区别对待、分类指导，循序渐进、逐步推开）和目标任务（3点7系统）。文件还明确了文化体制改革中"事业"和"企业"的范畴——事业16类，其中需要逐步转制为企业的8类。

②新出办616号文件——在中发14号文件的基础上，明确了如何落实16字方针，明确了中央在京的书、报、刊社转企的节奏。

③财税1号文件——规定了试点单位和试点地区的免税、退税的范围。

④财税2号文件——规定了试点单位和试点地区的新办文化企业、试点集团核心企业、进出口企业的免税、合并纳税办法，和政府鼓励的文化企业范围。

⑤总署18号令——新闻出版总署2004年3月第18号令，即《外商投资图书、报纸、期刊分销企业管理办法》。

⑥国发10号文件——国发〔2005〕10号文件，即《国务院

关于非公有资本进入文化产业的若干决定》)。

⑦中宣发 15 号文件——中宣发〔2005〕15 号文件，即《中共中央宣传部 文化部 国家广电总局 新闻出版总署 商务部 海关总署文件——关于加强文化产品进口管理的办法》。

⑧文办发 19 号文件——文办发〔2005〕19 号文件，即《文化部 国家广播电影电视总局 国家新闻出版总署 国家发展和改革委员会 商务部文件——关于文化领域引进外资的若干意见》。

⑨中办发 20 号文件——中办发〔2005〕20 号文件，即《中共中央办公厅国务院办公厅印发〈关于进一步加强和改进文化产品和服务出口工作的意见〉的通知》。

⑩文化体制改革工作会议——2006 年 9 月，在文化体制改革工作会议上，确定了 113 个试点地区和 330 多个试点单位。至此，文化体制改革全面铺开，大势所趋，不可逆转。

二、转制的涵义

转制的涵义是什么？简单地说，转制，包括单位的转变和人的转变。

1. 单位的转变——由事业单位转变为企业

就单位而言，转制就是转变资产的组织、管理体制。就全集团而言，就是由一般意义上的集团转变为企业集团。

转制之后，中国出版集团以中国出版集团公司为母公司，以现有的十几家成员单位为子公司，加上控股公司、参股公司，形成企业集团。

国函 22 号文件，明确了中国出版集团公司的地位、性质、管理范围和权责。

《中国出版集团公司章程》明确规定了集团公司的宗旨，对集团公司与有关企业的关系也作了明确规定：集团公司享有国务院授予的出资人权利，即享有人事管理权、资产收益权、资源配置和重大事项决策权——三大权利。集团公司要按照国家规定的权限，统一配置全集团的资源，统一管理集团公司和子公司、控股公司的发展战略规划、重大投融资项目，依法决定其经营方式、分配方式和重大生产经营决策。子公司、控股公司应在集团公司的规划和指导下，开展日常生产经营活动。

要落实上述要求，全集团在组织形式、管理方式、人事劳资制度等方面，都要有相应的转变。

2. 人员的转变——改革人事劳资制度

体制改革中，发展是目的，体制机制创新是核心，人事劳资制度改革是前提、是保障、是关键、是根本。以人为本，人是根本。

人事劳资制度改革，一个问题实际上包含两个方面的内容。

①一个方面是人事制度改革

改革后的用工制度模式——

基本途径　考核→录用（原为聘用）→签订劳动合同→考绩→薪酬

改革后的干部制度模式——

途径之一 遴选→分级考核→干部聘任（原为任命）→任期
目标考绩→薪酬

途径之二 竞聘→组织考查→……

→群众评议→……

②另一个方面是劳资制度改革

改革前的事业劳资制度模式——

生是单位人→死是单位鬼——单位发放退休费 // 医疗费 //
住房补贴

改革后的企业劳资制度模式——

在职随单位→退休随社会——社会发放养老保险 // 医疗保险

两个"面"当中，难点是劳资制度改革。

通过人事劳资制度改革，人的身份由原来的事业人，转变为
企业人，退休后成为社会人。

改革劳资制度，必然要针对不同类型、不同状况的人员，采
取不同的办法，不可能一概而论，搞"一刀切"。为便于叙述，
权且把劳资制度改革中涉及到的人员分为以下 5 类。

第 1 类．老人。分为两种情况：

①转制前已经离休的人员；

②转制前已经退休的人员→仍按事业退休。

第 2 类．中人。分为三种情况：

①5 年转制过渡期内正常退休的人员，即 105 号文件规定的

5 年转制过渡期内达到法定退休年龄，且正常退休的人员；

②转制时工龄 30 年以上的人员；

③转制时工龄 20 年以上且距法定退休年龄不足 10 年的人员。

第 3 类.新人。也分为三种情况：

①转制时工龄 10 年以上、符合签订无固定期限劳动合同的人员；

②转制时的其他人员。

需要说明的是，在实际转制工作中，有些有条件的单位，把"新人①"也与"中人"一起考虑；有些单位则把所有转制前参加工作的人，一并考虑。至于，转制后参加工作的人员，则直接适用企业劳资制度，不属于转企改革中所要考虑的问题。

第 4 类.歇的人。不妨称之为第一类分流安置人员，指 5 年转制过渡期内提前离岗的人员。也即 105 号文件规定的 5 年转制过渡期内达到法定退休年龄，但因单位改革深化需要，在与本人协商一致的基础上提前离岗的人员。

需要特别说明的是，①提前离岗需要协商一致并经单位批准；②提前离岗期间享受国家关于同类性质事业单位工作人员工资福利的基本待遇；③提前离岗（有的单位称为内退）≠提前退休。提前离岗人员在达到法定退休年龄时，才能正式办理退休手续（由北京市社保发放养老金）。

第 5 类.走的人。不妨称之为第二类分流安置人员，指转制后按政策解除劳动合同的人员。也即 105 号文件规定的转制后根据经营方向确需分流〔一般理解为因单位改革深化需要分流〕的人员。

对于中国出版集团来说，为保障劳资制度改革过程中职工的基本权益，我们对老人和中人实行的办法是：职工享受所在企业待遇，集团公司依靠国家财政给予一定补贴，所在企业适当找补。

三、集团转制的基本进程

1. 第一阶段

自 2004 年 3 月～ 2007 年 7 月，集团的转制工作主要是：学习、动员、调研、讨论，摸清情况、搞清问题，争取资金支持、争取政策支持，完成转制基础文件，完成集团公司工商注册登记。简单地说，为转制准备必要的、尽可能好的基本条件：①资金支持方面。一是已经获得 4.36 亿元的转制支持资金；二是集团从发改委、财政部争取的 0.8 亿元办公楼建设资金已到账使用。②政策支持方面。一是新闻出版总署已经下达了《关于中央在京出版单位加入北京市基本养老保险有关问题的通知》，集团作为在京出版单位加入北京市基本养老保险的时机已经成熟（目前，集团正等待总署等有关部门与北京市确定我集团加入北京市社保的具体时点）；二是集团转制与职工身份转换相关的几个主要文件（《中国出版集团公司转企改制单位职工权益保障方案》《中国出版集团公司关于转企改制单位建立劳动合同关系的意见》《中国出版集团公司关于转企改制单位试行企业年金制度的意见》）已获得中宣部的批准；三是《中国出版集团公司转企改制专项资金管理办法》即将获得财政部的批准。③基本制度方面。集团作为企业主体、集团公司作为出资人的一系列基本制度、基础文件制定完毕，有的，早已开始执行。④集团身份转换方面。集团公司于2007年7月26日完成工商注册登记，原来是事业性质的集团总部转变成为母公司性质的企业法人。集团公司工商注册登记是各成员单位登记的必要前提。

2. 第二阶段

目前的第二阶段，主要是要解决人员身份转换问题。一是要普遍签订劳动合同，二是要完成社保接续。

做好这两件事的基础工作和要害工作，是保障好职工的基本权益，使广大职工的收入和待遇不因为转制而下降。随着《中国出版集团公司转企改制单位职工权益保障方案》的推出，问题可以说得到了基本圆满的解决。另外，集团还配套出台了《中国出版集团公司关于转企改制单位初次建立劳动合同关系的意见》和《中国出版集团公司关于转企改制单位试行企业年金制度的意见》，为更好地保障职工权益，同时又保障企业健康发展做了充分准备。

四、为保障转制职工基本权益而进行的待遇补差

待遇差是转制的难点。集团公司反复斟酌、痛下决心、慎重

决定：把争取到的转制资金，加上各单位的投入，将全部用于补足或补贴转制造成的待遇差，并适当补充住房补贴等本不是转制带来的问题，从而有效地保障职工权益。

补足——即补足企事业转变过程中形成的待遇差，包括——①已离休人员；②已退休人员；③五年过渡期人员；④工龄满30年人员；⑤工龄满20年且距法定退休年龄不足10年人员。

补贴——即对于上述5种情况之外的转企改制前其他职工，发放养老金补贴——其中重点补贴连续工龄满10年以上的职工。

1. 转企改制前已经离退休人员（老人）的待遇保障

原国家规定的离退休费待遇标准不变。

①能进社保的社保给，进不了社保的单位给。

②标准调高时，单位补。

③医疗保障——正常情况下单位解决，确实困难时集团公司酌补（限于离休）。

④住房补贴——集团公司统筹解决。

2. 在职正式职工（中人＆新人）的权益保障

①转企改制后5年过渡期内退休的职工——待遇差由社保计发、所在单位补足、集团公司补贴。

②5年过渡期以后退休，且转企改制时工龄满30年的职工，或者工龄满20年同时距法定退休年龄不足10年的职工——待遇差也由社保计发、所在单位补足、集团公司补贴。

③转企改制时连续工龄满10年以上的职工（不包括上面两

条所列人员）——由所在单位加发一次性补贴、集团公司适当补贴——适当弥补待遇差。

④转企改制前事业编制内的所有职工（含连续工龄满 10 年以下的，也含 10 年以上的）——由所在单位一次性补贴、集团公司适当补贴——10 年以下的适当弥补待遇差，10 年以上的再次弥补待遇差。

3. "歇的人"的权益保障

转企改制时距国家法定退休年龄 5 年以内的在岗职工，在与单位协商一致并经单位批准后办理提前离岗手续的，离岗期间，原事业工资福利基本待遇不变，各项社会保险及住房公积金照缴，不拿企业薪酬，到龄按企业退休。

4. "走的人"的权益保障

在职正式职工，因单位原因，转企改制后分流离开本单位的，单位在解除或终止劳动关系时，按照《劳动合同法》中的相关规定支付经济补偿金，所需资金由本单位承担。

5. 所有在职职工的医疗保障

根据国家和北京市有关规定，由基本医疗保险和补充医疗保险负担。所需资金，由所在单位和个人共同承担。

6. 所有在职职工的住房补贴

按照国家和北京市有关事业单位住房补贴政策执行。所需资金，由所在单位承担，集团公司（转企改制专项资金）给予适当补贴。

五、集团公司转企改制专项资金的拨付办法

集团公司转企改制专项资金的拨付，按照《中国出版集团公司转企改制专项资金管理办法》执行。主要有以下几点：

1. 补缴 2003 年 1 月～ 2008 年与社保接续当月的基本养老保险

集团公司向社保补缴，社保向集团公司返还。

2. 补足待遇差

转制单位当年呈报，集团公司给予补贴，所在单位予以补足（其中一部分通过企业年金实施）。

3. 补贴待遇差（关于企业年金）

转制单位一次呈报，集团公司给予补贴，所在单位相应予以补贴。

4. 住房补贴

离退休人员住房补贴，和在职人员住房补贴的一部分，由集团公司按照严格程序审定认可后拨付单位，再由单位支付给职工个人。

5. 离休人员医疗费补贴

在遇到离休人员医疗费用数额巨大，单位确有困难、难以解决的情况时，集团公司在转企改制专项资金中酌情补贴、当期补贴。

六、需要特别说明的几个问题

1. 关于转制时点

集团公司根据国家有关政策并且结合集团实际，确定：转制时点为 2007 年 7 月 26 日。转制前已离退休人员，指 2007 年 7 月 26 日前办理离退休手续人员；5 年过渡期人员，指 2007 年 8 月～ 2012 年 7 月期间退休人员。其他各类人员，依此类推。社保接续时点为 2003 年 1 月 1 日。因为我们确定的过渡期起点与社保接续时点不一致（往后延长了 5 年，对职工有利），2008 年 1 月～ 2012 年 7 月期间到龄退休人员的原应由社保发放的"9、7、5、3、1"补贴，由转制单位承担，集团公司适当补贴。

2. 关于住房补贴

住房问题本与转制无关，但是，集团公司还是争取部分解决这个问题。这个善意是否能够最终落实，还要取决于财政部是否同意。

关于在职职工的住房补贴，主要是想解决无房职工和住房未达标职工一次性补贴问题，解决办法是由各转企改制单位视经营情况分期分批酌情解决，集团公司转企改制专项资金给予适当补贴。

3. 关于提前离岗

①转企改制期间，只有在双方自愿、协商一致的情况下，职工才可提前离岗。

②提前离岗人员在离岗期间基本待遇不变。

③提前离岗不是提前退休。不存在"提前退休"的情况，只有 2003 年前病退属于"提前退休"，而且这种情况需要社保方面认可才能做到。

4. 关于离休人员的医疗

离休人员的医疗保障继续执行现行办法，所需资金由本单位按原渠道解决。只有在遇到离休人员医疗费用数额巨大，单位确有困难、难以解决的情况时，集团公司才可在转企改制专项资金中酌情补贴。转企改制单位应制定离休人员医疗管理规定并由专人负责。

5. 关于大百科出版社的特殊情况

大百科有可能选择差额补贴并准备以此方式进行。大百科的意愿能不能够落实，要由新闻出版总署等上级主管单位的同意。

中国出版集团的转企改制工作，我们准备了好几年，做出了巨大的努力，也争取到了一切可能争取的条件。现在，是全面完成转制任务的时候了。转制，是集团脱胎换骨、获得更大更快发展的必要条件。我们相信，从此以后，中国出版集团将迈入一个新的历史发展阶段！

出版产业改革发展七策★

  胡锦涛总书记在十七大报告中指出:"事实雄辩地证明,改革开放是决定当代中国命运的关键抉择,是发展中国特色社会主义、实现中华民族伟大复兴的必由之路"。如果说 1978 年以来的改革开放对当代中国具有历史性、抉择性的重大意义,那么,出版领域的改革,尤其是党的十六大以来加速推进的出版改革,对中国出版业同样具有历史性、抉择性的重大意义。30 年的改革开放,给出版业带来了多方面的变化,新闻出版总署领导将其总结为六个方面:"一是解放思想转变了工作思路;二是改革开放发展了文化生产力;三是创新体制营造了新的市场机制;四是实现了政府从办出版向管出版的转变;五是公共文化服务得到了加强;六是中国出版业正在走向世界。"通过不断的改革创新,出版业在 30 年间发生了巨大变化,但与其他领域的改革相比,出版改革还嫌滞后,因此党的十七大报告提出,要在时代的高起点上推

★ 2008 年 11 月 26 日,在新闻出版总署产业发展座谈会上的发言。

动文化内容形式、体制机制、传播手段创新，解放和发展文化生产力，增强文化软实力，推动社会主义文化大发展大繁荣。

对于出版产业的改革发展，我提出以下7条建议。

1. 强化战略意识，做好规划布局

总署要把出版产业的中长期发展规划作为一项重要工作来抓，要结合国际国内的宏观形势，针对我国出版产业改革发展面临的主要问题，做出战略布局。譬如我们究竟要成立多少出版发行集团？出版集团之外保留多少独立的中小出版企业？最终推动多少家出版企业上市？等等。尤其要做好规划的落实检查情况，要根据实际情况的变化，不断对规划进行调整和完善。

2. 消除地域壁垒，促进公平竞争

我国成立出版发行集团之后，原有的地域壁垒非但没有消除，反而有进一步加剧的趋势，尤其是大多数省市的出版集团与发行集团合二为一，地方保护主义色彩浓重，在生产、销售等环节人为设置地域壁垒，排挤外地图书进入，非常不利于出版产业的长远发展，不利于市场的公平竞争。建议总署扶持、打造全国性的发行集团、发行中盘。

3. 严厉打击盗版，保护知识产权

盗版对出版产业的危害毋庸多言。目前我们对盗版产品的打击力度远远不够，希望国家版权局能够与相关部委做好沟通协调，尽快形成一套行之有效的知识产权保护体系，维护广大出版企业的切身利益。出版产业是内容产业，原创性是保持产业活力、提高产业竞争力的重要源泉。但目前有些出版单位唯利是图，通过出版书名相同或相近的产品，仿冒其他出版企业多年积累、精心打造的品牌产品，一方面误导读者，另一方面破坏了产业发展环境，打击了产业创新激情。例如目前市场上就有一套汕头大学出版社出版的《新编中国大百科全书》，许多读者误以为是《中国大百科全书》的修订版或第二版，购买之后才发现上当，反而质问中国大百科全书出版社为何图书质量不过关。另外还有许多仿冒甚至抄袭畅销图书、品牌图书的行为。希望总署和版权局能出台具体措施，对这一行为进行严惩。

4. 做好行业标准的编制和实施

我国出版产业标准混乱，极大妨碍了产业的快速发展，尤其是数字出版缺乏国家标准；工具书出版、古籍出版标准虽有，但实施不到位、执行不坚决。建议总署建立一套严格、科学的标准体系及评价、管理机制。数字出版方面，以目前国内的电子图书存储格式为例，就有 SEP、CEB、PDF、CHM、EXE、TXT、NLC、PDG、WDJ、CAJ、DOC 等二十余种，令人眼花缭乱。这就导致了许多问题，一是读者在阅读时需要下载、安装不同的阅读软件，很不方便；二是造成了资源浪费；三是不便于机构采购和数据库检索，图书馆在建立电子馆藏时不知如何选择。希望总署牵头组织成立相关的委员会，尽快开展此项工作。

5. 打造领导型企业，提高竞争实力

与欧美等发达国家和地区的出版产业相比，我国出版产业的集中度远远不够。对作为国内出版市场竞争主体的出版集团而言，前十大集团的市场占有率之和，虽然从 2005 年的 24.6% 增至 2007 年的 25.0%，但增幅不大，且前十大集团中仅有一半集团的市场占有率取得了增长。而早在 1993 年，美国出版集团的 CR8 值和 CR4 值就分别达到 52% 和 30%。因此，我国出版产业中还缺乏领导型企业，这对我国出版产业的国际竞争是极为不利的。希望总署加大投入力度，在政策、资金等方面，向重点骨干优秀企业倾斜，全力打造几家领导型企业，进而带动整个产业竞争实力的提升。

6. 优化产品结构，满足受众需求

目前我国的出版产品结构还不尽合理，与广大受众的需求还有较大差距，希望总署能够充分发挥行业指导作用，通过市场、行政等多种手段，优化图书、期刊等产品的结构，更好地满足人民群众的需求。同时，与国外出版业相比，我国期刊数量明显太少，希望总署适当放开审批，适当增加资质优秀的出版集团的期刊数量。

7. 搭建公共平台，服务产业发展

我国出版企业普遍实力不强、资源有限，因此在面对数字技术和国外出版企业的冲击，往往心有余而力不足，难以在短期内迅速形成反应机制。建议总署在数字出版、动漫产业、网络销售等方面，牵头组织全国各大出版发行集团，搭建公共性的服务平台，为产业发展做好服务工作。中国出版集团公司目前正在筹建中国数字出版网，并且邀请了部分出版集团参与共建，希望总署能够给予有力支持，促成该网站早日建成，带动中国数字出版业务的发展。

企业发展　战略先行★

2009 年，中国出版集团战略发展工作包括以下 6 个方面：一是集团公司和成员单位两个层面战略规划的实施管理、中期评估、调整；二是集团公司有关战略项目的实施管理；三是集团公司和成员单位两个层面制度建设的组织、指导、监管；四是产业发展研究、产业交流；五是集团法律事务管理、风险防范；六是为集团公司领导、相关职能部门和成员单位提供决策咨询。

在上述 6 个方面工作的基础上，着重做好以下重点工作。

一、组织制定并实施"创建国际一流出版传媒企业计划"，即"1216 计划"

确定研究团队，已确定主要研究合作者为中央财经大学以及北京大学、清华大学、中国出版研究所；制定研究方案；建立国

★ 2009 年 2 月 12 ~ 13 日，在中国出版集团 2009 年年度工作会议上阐述战略工作的重点。

际一流出版传媒企业的指标体系；提出创建计划即创建国际一流企业的时间表和路线图；组织实施创建工作；进行项目动态监管和阶段性评估。

同时，还进行其他 4 项研究：中央部委出版社、地方出版集团与集团公司的战略合作研究；数字出版与按需印刷前景研究；集团公司优劣势比较分析研究；金融危机下我国出版业的对策与发展模式创新研究。

二、组织成员单位的股份制改造工作，组织相关单位的股改上市工作

战略部门与资产、财务等部门一起，在集团领导班子领导下，具体组织、推动集团成员单位的股份制改造；推动商务印书馆、荣宝斋、人民音乐出版社三家单位的股改上市。

一是上市调研。到安徽时代出版传媒股份公司、辽宁北方出版传媒股份公司、中国石化股份公司等上市单位进行调研。

二是制定集团公司股改上市方案。引进券商，设计股改上市方案；对集团内相关单位的业务进行重组；从集团外引进战略投资者；以上述三单位为（二级）母公司，分别成立股份有限公司；进入上市培育期；争取 2010 年先有 1 ～ 2 家公司上市。

商务股份——重组商务、世图、东方、中译、商务国际的出版业务，并引入集团外战略投资者，总注册资本 10 亿元人民币。

荣宝股份——重组美术、音乐、商务、中华在琉璃厂地产3500平方米，重组美术、东方的艺术品经营业务，并引入集团外战略投资者，总注册资本8亿元人民币。

音乐股份——在引入集团外战略投资者的基础上，形成音乐演出、培训、经纪人、出版、乐谱租赁、影视传媒的核心业务组合，总注册资本5亿元人民币。

总的来说，商务股份、荣宝股份是先在集团内进行业务重组，整合集团相关资源，再引入战略投资者；音乐股份则是联合业内有效资源，并引入战略投资者。

三是确立上市相关机构：组织荣宝斋股改上市中介机构"一券三所"（包括券商，律师事务所、会计师事务所、评估师事务所）招投标工作，确定中介服务机构；集团有关部门完成集团上市办公室组建工作。

四是建立信息沟通机制，建立与中宣部、新闻出版总署、证监会等领导机关的不定期汇报沟通渠道，及时汇报沟通集团公司股改上市情况。

三、推进集团的战略合作和规模扩张

一是开展跨媒体、跨地域合作。完成与江苏省委宣传部、江苏文化产业集团等单位联合投资拍摄电视连续剧《决战南京》；与广西出版总社谈判、协商跨地域战略合作事宜。

二是开展京内出版资源合作。与中华全国工商业联合会书业商会洽谈战略合作；与中国经济报刊协会洽谈《今日信息报》变更主管主办事宜，研究报纸未来发展规划及组织机构设计，对报社现有各地记者站（办事处）进行清理等；参与丰台区文化产业园战略合作项目的谈判与推进。

三是争取国家主管部门支持。成建制吸纳中央部委优秀出版社加盟，同时积极邀约地方出版集团加盟。

四、战略管理工作

一是集团层面的战略管理。对集团公司五年规划中的重大战略项目进行梳理，与有关部门共同制定实施细则，推动五年规划的实施及重大战略项目的落实；量化战略管理考核办法，确定成员单位领导班子成员三年任期战略考核项目及指标体系。

二是成员单位层面的战略管理。规划和监管成员重大战略项目。督促修改、审核及批复集团公司各成员单位五年发展战略规划。筹备《集团公司五年发展规划》知识竞赛。

五、法律事务

推动集团制度建设，对制度建设计划进行及时沟通与督促。对成员单位重大诉讼案件进行备案管理及相关协调、维权等工作。

制定集团法律培训方案，安排两次法律培训，重点培训《企业国有资产法（2009 年 5 月 1 日实行）》《民法》《刑法》《合同法》《著作权法》《劳动合同法》6 部重要法律，保障全集团规范运营、预防风险、自我保护、健康有序发展。《企业国有资产法》是一部十分重要的法律，对于履行出资人职责的机构、出资人权利、改制、评估、转让、经营预算、资产监督等，都有明确规定。

建立成员单位选聘法律中介机构的数据库；准备新华出版物流通公司重组的有关法律事务。

六、为改革发展及重大决策提供咨询意见

一是每周编辑一期改革快报，及时向中宣部报告集团重大改革发展情况，争取中宣部领导对有关改革发展工作的支持与指导。二是撰写《中国出版集团公司近期改革重点工作汇报》《金融危机对我国文化发展的机遇》《中国出版集团公司加强传播能力建设的报告》等报中宣部，为领导决策提供材料信息。三是完成《中国出版集团公司信息参考》改版工作，以《信息参考》为平台，建立为全集团员工建言献策"发展论语""改革建言"等座谈或访谈活动，推出"团队写真"图文互动栏目，展现全集团各层面团队建设风采，倡导积极阳光的企业团队文化，培育更浓厚的改革发展氛围。

建设主业突出、人才汇聚的出版集团★

一、改革发展的进展情况

最近两年，中国出版集团按照"高举旗帜、围绕大局、服务人民 改革创新"的总体要求和中央文化体制改革工作的总体部署，紧紧依靠中宣部等有关部门的领导和支持，加大改革力度、加快发展速度，全力推进各项工作，在以下几个方面取得了实质性进展。

一是坚持深化改革，重塑市场主体。

全集团转企改制工作平稳进行。2007 年 7 月完成集团公司工商注册登记；2009 年 2 月，除大百科和东方出版中心外，所有出版社均完成了"组织机构代码证书"事业向企业的变更，完成了"事业登记证"的注销，中央编办正据此办理"撤销事业单位编制"

★ 2009 年 4 月 29 日，在中国出版集团改革发展座谈会上的讲话。

的手续。与此同时，集团通过建立转企改制专项资金，做到政策到位、资金到位，保证了转制工作顺利进行。

坚定不移地推进了第一批战略重组工作。2009 年年初，完成了荣宝斋从中国美术出版总社分立，为实现荣宝斋上市融资、加速发展创造了条件；中国图书进出口（集团）总公司与中国出版对外贸易总公司完成合并重组，进一步巩固了集团在出版物进出口和海外经营方面的优势地位。

大力推动资源整合和集约化经营。加强图书产品线建设，优化产品结构，突出了重点品牌；完成纸张业务整合，降低成本，形成了规模效益；组建中版教材公司，加强了教育读物市场的整体实力；积极探索并逐步推进集团公司发行业务整合；以股份制形式组建数字传媒有限公司，形成有效机制，全面进军数字出版。

二是转变发展方式，增强竞争优势。

积极开展跨地区跨行业经营。与江苏省文化产业集团共同投资拍摄了电视连续剧《决战南京》；与山东出版集团、江苏文化产业集团等签署战略合作协议，通过多种资本形式进行深度合作；文学社、商务馆、中译公司、中图总公司等单位，在跨地区拓展经营方面实现新的突破。

统筹规划，加强市场营销力度。创造性地实施"畅销书推广计划"和"常销书推荐计划"，市场营销产生集约效应；首创全国书博会"读者大会"，引起业内外关注；中图总公司奥运赛时书报亭经营业务获得良好"双效";东方出版中心和中译公司，勇于进取，分别获得上海世博会授权出版业务和指定翻译资格；主办的"香山论坛"扩展为国际论坛，影响越来越大。

积极盘活资产存量。完成了总部大厦、荣宝大厦、上海东方维京大厦和上海中国出版集团蓝桥创意产业园的4大资产运作，壮大了整体实力。

三是坚持导向方向，加快主业发展。

自觉地围绕中心，服务大局。2008年，集团公司所属企业为反击"藏独"势力、支援抗震救灾、服务北京奥运会残奥会以及为纪念改革开放30年作出了应有贡献。5天出版《谎言与真相》，7天出版《西藏今昔（中英文版）》，16个小时出版《抗震救灾自助手册》，围绕纪念改革开放30年等主题先后出版了一大批双效俱佳的优秀出版物。

着力抓好标志性出版物。顺利出版了《中国文库（第三辑）》《中国大百科全书（第二版）》《"四个一批人才"文库（第一批，20种）》；全面启动了《中国文库（第四辑）》《世界历史文库》编辑出版工作。

出版一批优秀畅销书和常销书。出版了《藏獒3》《农民帝国》《于丹〈论语〉感悟》《马未都说收藏（系列）》《听杨绛谈往事》等优秀畅销书，当年销量在5万～52万册之间，有力拉动了全集团本版图书的销售。出版了《中国当代作家——韩少功系列》《康熙大帝》《乔冠华与龚澎：我的父亲母亲》《去圣乃得真孔子》《经济学的思维方式》等优秀常销书。

四是积极布局海外，加快"走出去"步伐。

坚持在海外创建出版发行实体。相继建立中国出版巴黎公司、悉尼公司、温哥华公司和新华书店纽约店。上述合资地海外出版公司全年出版法文、英文图书 61 种，并通过海外渠道进入西方主流市场。

成立中国出版国际公司。2008 年 9 月 1 日在香港注册成立的国际公司，将实现对海外业务的资源整合、统筹管理、整体运作和国际化经营。

版权贸易输出引进比继续缩小。2008 年，集团出版单位开展版权贸易计 1361 项，同比增长了 50%。输出和引进之比为 1:3.6，同比缩小逆差 0.8。

五是加快企业建设和全面发展。

集团公司编制了《五年发展规划（2008 ～ 2012)》，并组织编制所属各企业的发展规划，明确了各级企业的主要发展指标。加强各级领导班子建设，积极开展企业文化建设，下大气力培养人才，不断壮大人才队伍。

在集团公司广大员工的共同努力下，2008 年以来集团公司取得了良好的社会效益和经济效益。

在新闻出版总署第二届"三个一百"原创出版工程中，集团有 15 种图书入选；在第二届"中华优秀出版物奖"中，集团有 21 种作品获奖；在总署向青少年推荐的"百种重点图书"中，集团有 12 种图书入选；在总署庆祝新中国成立 60 年"百种重点选题"中，集团入选 14 种（《中国文库·新中国 60 年特辑》《鲁迅大辞典》《开国》《汉译世界学术名著丛书（典藏版，400 种）》《新中国 60 年文化经典珍藏文库·中国古籍总目》《中国大百科全书（第二版）》《中华人民共和国国史百科全书》《共和国 60 年社科理论发展史》《历史性的飞跃——共和国 60 年科技事业发展史》《新中国美术发展 60 年》《新中国出版 60 年》《童音 60 年——新中国儿歌集》《亲历者的记忆：变革年代》《邮票上的新中国》）；在总署庆祝 60 年"辉煌历程系列丛书（60 种）"中，集团入选 4 种（《亲历者的记忆：协商建国》《国韵华章——新中国音乐 60 年》《飞天圆梦——共和国 60 年航空航天史》《共和国 60 年文化发展》）。

2008 年，全集团出书 8000 余种，动销品种 3.7 万种，国内零售市场占有率保持领先。全年主营业务收入增幅 8.6%；利润增幅 38%；资产总额增幅 11.9%；净资产增幅 15.5%；绝大多数单位资金周转情况良好，银行贷款逐年下降。

2008 年 9 月到 2009 年 2 月，全集团开展深入学习实践科学发展观活动，提升了科学发展、加快发展的意识和水平，取得了实效。2008 年 12 月，中央领导两次到集团公司视察指导，对集团改革发展所取得的成绩给予高度肯定，对今后的改革发展提出了更高要求、寄予了更大期望，全集团广大干群备受鼓舞和鞭策，集团公司站到了创建国际一流出版传媒企业的新起点上。

二、下一步改革发展的工作重点

集团公司改革发展的总体要求是：高举中国特色社会主义伟大旗帜，以邓小平理论和"三个代表"重要思想为指导，深入学习实践科学发展观，按照中央的一系列重要指示和部署，在中宣部、新闻出版总署的领导下，进一步解放思想、转变观念、改革创新。以围绕大局、服务人民为根本任务，坚持方向导向，大力挺拔主业，加快"走出去"步伐，开拓国内国际市场；以体制机制创新为主要途径，建立现代企业制度，重塑市场主体，推进集约经营和跨国跨地区经营；以科技创新为重要手段，巩固行业优势，培育新兴业态，实现产业升级；以人才队伍建设为本，大力实施人才战略，推进企业文化建设。振奋精神，团结一心，为创建国际一流出版传媒企业而奋斗。

集团公司下一步的工作重点主要在以下几个方面。

一是积极推进股改上市，加快企业扩张。

集团公司成立了股改上市工作领导小组和上市办公室，前期的调研工作、沟通工作已经基本完成，上市方案正在抓紧推进。通过股改上市，加快集团资本总量和经营总量的扩张，早日将集团打造为具备国际竞争能力的大型出版传媒企业集团。

全面推动跨地区经营。按照集团发展战略，鼓励条件较好的成员单位跨地区经营，设置分支机构，对同类或相近出版发行产业进行兼并重组。集团公司要求各成员单位全面规划，制定跨地区经营的实施方案，包括思路、方法、目标和任务。力争今年在跨地区经营方面要有实质性的进展。

二是坚持方向导向，进一步挺拔出版和进出口主业。

把坚持正确方向导向作为集团出版工作的生命线，坚持不懈地抓紧抓实；把庆祝新中国成立 60 周年的出版工作作为集团公司出版工作的重中之重，抓出突出成效；把理论普及和文化普及作为集团公司出版工作的长期任务，持之以恒地抓好抓实；以产品线建设和优化业务结构为抓手，切实布局产品研发和生产；以《三联生活周刊》的国际版出版发行为切入点，打造具有国际影响力和竞争力的时政名刊，带动集团期刊的创新发展；以推进精品战略为主导，大力抓好重点产品开发和品牌建设；以实施"双推计划"为龙头，大力开展好市场营销。要形成中图、版图的战略重组效应，新的中图公司首先要实现业务板块的整合，着力做大书刊出口和会展业务，同时要谋划新的增长点，继续做强做大。

三是加强渠道建设，推进发行业务整合。

注册成立中国出版集团发行股份有限公司，整合所属各出版社的发行力量，实现全集团公司图书发行物流、信息流、资金流、商流的统一并轨，形成对第三方业务合作的吸引力和服务能力，提高市场竞争力和控制力。

四是积极应用新技术，努力培育新业态。

集团公司 2009 年二季度将实现中国数字出版网开网运作；加快 3G 内容创新基地建设；购置即时印刷设备，开展即时印刷业务；大力扶持集团现有的数字出版业务，培育出一批标志性数字出版产品；以部分成员单位为试点，进行信息化业务指导及数字资源整合的分析。

五是全面实施"走出去"战略，提高国际传播能力。

继续加大实体走出去力度，全年争取在海外再成立 3 ～ 5 家合资出版社；争取获得资金到欧美国家购买中型出版机构的控股权；加快海外代表处分公司改造工作；增加海外书店布局，提高海外书店的经营能力，提高中文图书海外覆盖率；大力培育具有国际影响力的重点产品，全年版权贸易输出引进比达到 1:3，争取 1:2。

六是继续推进战略规划和管理。

坚决贯彻落实中央领导提出的"要把中国出版集团公司打造成跨国经营、具有国际影响力和竞争力的国际一流出版传媒企业"的指示，组织有关专家、组成课题小组，研究和制定"创建国际一流出版传媒企业计划"（即"1216 计划"），突出前瞻性和宏观视野，带动新一轮的发展。各成员单位战略发展规划的修订工作正在切实进行。

精心维护业已形成的名社、名刊、名公司和标志性出版物、知名文化产品的品牌影响力，把名牌企业做强做大，不断提升国际影响力和竞争力。

七是加强制度化建设，全面落实科学管理要求。

集团公司要管理好全集团出版经营的方向，管理好中央的各项方针政策和要求在全集团的贯彻落实，管理好国有经营性资产并实现保值增值，管理好全集团的发展战略，还要管理好各成员单位领导班子的建设。各单位也要按照出版发行企业的管理要求切实抓好管理。全集团要向管理要秩序，向管理要效益，通过管理使企业升级上水平。

2009 年起对各成员单位领导班子主要负责人实行三年任期目标双效业绩考核，现在考核办法已经成形，进一步征求意见后即可实施。

八是大力实施人才战略，加强领导班子和人才队伍建设。

切实加强领导班子建设。目前各成员单位领导班子的配备基本到位。下一步，要重点加强各级领导班子的思想建设、作风建设和能力建设，提高其决策能力和业务水平；要积极推动优秀人才的轮岗交流和挂职锻炼工作。

积极建立健全人才培养机制。加强后备干部的培养和使用；启动人才梯队建设，2009年在全集团范围内遴选第一批100名左右的优秀人才，建设集团公司人才梯队信息库；加大干部员工培训力度，办好以经营管理骨干、中青年编辑骨干和数字出版人员为重点的各类专题培训班；有针对性地组织人才特别是经营管理人才到知名企业学习管理经验；继续做好新员工培训工作。

切实做好转制单位员工身份社保接续工作。要认真细致地做好转制前已经离退休的老同志待遇标准转接工作，要科学准确地做好转制时各类在职员工的待遇差测算、补贴发放和企业年金的安排。

九是进一步解放思想，实现大气魄、大动作、大跨越的改革发展。

只有思想解放，行动才能迅速；只有思想扩张，实力才能扩张。集团上下要进一步推进思想大解放，尤其是要推进各级领导班子的思想大解放。要通过思想大解放，形成大思路、大气魄，实现大动作、大跨越，创新体制机制，打造新型市场主体；要在股改上市、集约经营、多元经营方面尽快突破；要立足国内、着眼世界、全面布局，稳步推进跨国跨地区跨媒体跨行业跨资本经营，实现与国际接轨、向国际一流出版传媒企业迈进的目标。

集团公司的改革发展工作虽然取得了一定的成绩，但与中央的要求、与中宣部的要求相比，还存在不少差距。主要表现在：

运用科学发展观推动改革创新的自觉性和紧迫感还不够强，领导班子建设和领导作风以及职工队伍建设和职工素质还不适应改革发展的新形势新要求，体制改革机制创新的力度还不够大，发展壮大的速度还不够快，与国际一流出版传媒企业的目标还有很大差距。针对这些问题，集团公司领导班子从思想观念、领导科学发展的能力和体制机制等方面进行了深入分析，已经制定了全面整改措施，在今后一个时期内将认真切实地加以解决。

我国出版产业正面临前所未有的机遇和挑战，中国出版集团公司必须抓住机遇而不可丧失机遇，必须开拓进取而不可因循守旧。我们要继续深入贯彻落实科学发展观，解放思想，锐意进取，团结一心，共同奋斗。我们有信心、有雄心、有决心，义无反顾，努力工作，决不辜负党中央、国务院所给予的深情的厚爱、热切的期望。我们一定要按照中央领导同志对我们提出的更高要求，把中国出版集团建设成为主业突出、多元经营、人才汇聚、实力雄厚，具有创新能力和可持续发展能力，跨国跨地区的国际一流出版传媒企业，为中国出版业的发展，为推动社会主义文化大发展大繁荣，作出应有的更大贡献！

文化"走出去"与出版创新★

第四届"香山论坛·黄山峰会"共邀请了35家单位的60多名中外嘉宾与会。论坛上,先后有17位中外嘉宾,围绕"文化'走出去'与出版创新"这个主题,作了精彩的发言,大家听了以后,觉得内容深刻、信息丰富,感到如沐春风。

下面,我分5个层次进行总结。

一

本届论坛得到了中宣部、新闻出版总署一如既往的大力支持,论坛的主题"文化'走出去'与出版创新",也得到了主管部门领导的充分肯定。本届论坛上,中宣部、新闻出版总署与会领导发表了热情洋溢的讲话,对论坛的参与层次和探讨内容给予了充分肯定,对出版企业领导人更好地履行民族文化责任给予了热情

★ 2009年10月29日,在第四届香山论坛·黄山峰会上的总结发言。

的鼓励，对出版单位要勇于面对现实、加快转企改制、加快"走出去"步伐给予了中肯的建议。黄山市委宣传部的领导向我们热情地介绍了黄山，同时欢迎我们参与黄山的文化建设。这些，对于提振我们做好出版工作的信心和信念，起了积极的引导作用。

二

大家对本届论坛的总体印象或者说宏观感受，归纳起来，至少有这么四点。

印象之一，大家通过讨论交流，对发展理念、发展思路和创新发展的方式方法有了新的认识。

中国出版集团公司聂震宁总裁，对"走出去"的各种现象进行了分析，提出了在出版企业输出版权过程中，应该注重效率，处理好质和量的辩证关系，强调要重效果、重影响。同时，聂总裁从出版企业"走出去"过程中的角色定位、人才战略及如何顺应数字化时代的发展等方面，都提出了内涵丰富的见解。他强调，要践行"走出去"的文化责任，就要"走出去"主体市场化、"走出去"人才本土化、"走出去"产品和传播适应数字化的理念。

我们的友人，澳大利亚 DA 信息服务公司的总裁瑞愚公先生，强调了"需求拉动企业发展"，应当预测需求而不是被动适应需求的经营理念。大百科出版社的社长龚莉通过《城市周刊》英文版的例子，提出了"走出去"是一种形式，"走进去"、走到国际读者的心中才是实质的经营理念。

印象之二，大家对企业的"走出去"的实践和实际经验，进行了很好的总结和归纳。

中国出版科学研究所郝振省所长，通过所掌握的大量的资料，向我们提供了各方面的出版经验，同时对于未来出版集团的发展创新提出了八点建议，对我们每个与会代表都启发甚多。江西出版集团公司曾少雄副总经理，介绍了他们在内容创新、渠道创新、人才创新和出版方法创新等方面的有益经验，同时也介绍了他们在"走出去"方面新的有益的尝试。陕西出版集团总编辑张炜，向我们介绍了集团转企后的新举措，特别是在数字出版方面大到制定规划、小到尝试电子书包这样一系列的积极的探索和相应的收获。中央编译出版社社长和龑，刚刚从法兰克福书展回来，他们在 FBF 组织的中国非物质文化遗产的图书和相应的表演，为主宾国活动大大增色，也为中国文化"走出去"在方式方法上提供了成功的经验，向我们展示了发挥翻译优势、突出民族特色的思考和成果。人民音乐出版社的副社长、副总编莫蕴慧，就音乐出版领域的特殊性、音乐出版与音乐界的关系，介绍了他们把音乐出版与乐谱租赁、音乐创作、演出、乐器行业展览、音像制作这些活动结合起来，扩大市场影响力、强化国际交流和合作的探索。三联书店的总经理樊希安，介绍了在图书输出方面一系列的经验，归纳出"走出去"产品要做到软化、优化、强化、美化的"四化"经验。

印象之三，大家对产业的形势、产业发展的趋势，作出了理性分析与判断。

时代出版传媒股份公司总经理田海明提出，出版业当前进入了产业大转型的关键时期，面临着文化资源大整合、文化与科技加速渗透、文化产业融合、与装备制造业联姻、出版国际化五大趋势的考验，他特别阐述了企业多元化与出版主业的关系。中国科学出版集团公司董事长柳建尧提出，我国的出版业在金融危机冲击下面临着严峻的挑战，也面临难得的机遇；与此同时，在新业态飞速发展、民营出版业异军突起和信息技术不断革新等一系列因素的推动下，出版业将会进入行业并购、重组和整合的新时代。澳大利亚 DA 公司的瑞愚公先生，以黄山"四绝"和瑞士军刀比赋出版发展合作中迅速变化的形式和多样的机会，强调出版业要保持个性和独创性，以适应复杂多变的新形势。

印象之四，大家对"走出去"过程中的问题进行了剖析，对其解决之道进行了积极探索。中国出版集团公司党组书记李朋义，通过对华文出版领域的一些共性问题的长期研究，提出了从加强华文教育出版的研究到整合资源携手合作的六点建议，对于如何从全世界的华文出版大视角看待出版"走出去"提出了自己深刻的见解。英国波特尔·米切尔公司的合伙人威廉姆·米切尔，从国际出版的并购渠道方面，提出了十大并购策略，以及并购的类型、评估的方式，为我们提供了出版业通过并购发展壮大的国际经验。有的发言者对资本扩张时代和数字化时代，"走出去"的新特点、新路径，进行了积极有益的探索。有的发言者还提出了思想文化"走出去"和民间文化"走出去"的过程中，企业自主和国家资助之间的关系。

三

在丰富多彩的演说过程中，本届论坛形成了一些基本共识，主要有这么三个方面。

共识之一，"走出去"是出版产业发展的必然趋势。"走出去"既是国家赋予中国文化工作者的光荣使命，是企业经营者的社会责任，同时也是企业自身发展的内在要求，是关系到企业未来发展前景的必由之路。

共识之二，创新是加快产业发展、加快"走出去"步伐的根本动力。只有不断推进传播内容与传播方式的创新，不断推进管理模式与经营方式的创新，不断适应资本时代、信息化时代的新特点新要求，才能加快出版"走出去"的步伐。

共识之三，文化"走出去"是一项长期而艰巨的任务。我们要统筹规划、科学安排、稳步推进，处理好其间的各种复杂关系和矛盾。只有求真务实、注重实效、注重市场规律、借鉴国际经验、联系企业实际，才能真正走得出去；只有抓住人才、看准市场、理顺体制、搞活机制、顺应资本运作特点、适应数字化竞争潮流，才能走得快、走得稳、走得好，才能在国际出版市场真正形成竞争力和影响力。

四

与往届相比，"香山论坛"这个品牌本身在本届论坛上得到了进一步的提升和丰富。表现在三个方面：

第一点提升，论坛的开放性越来越强。这个论坛过去是由中国出版集团公司一家主办，本届改为两家联合主办。本届，安徽集团带了头；下届，申请联合主办者踊跃。重庆集团的罗小卫罗总，黑龙江集团的李久军李总，广西总社的杜森社长等，都提出了强烈的主办愿望。也就是说，我们未来论坛的举办地将会越来越丰富多彩，越来越吸引大家去参加。从根本上来讲，论坛的开放性与我们产业本身的开放性相一致，相得益彰。

第二点提升，论坛平台得到了扩展。大家在台上坐而论道，共享思想盛宴；在台下商谈具体项目，勾画产业未来。论坛已兼具思想交流、信息沟通、战略合作等多种功能，在注重思想创新、理论创新的同时，更加贴近生产实际、契合发展节奏，更加关注具体操作。这次安徽集团和中国出版集团的战略合作，就是在筹办论坛的过程当中，两位总裁碰出了火花。

第三点提升，"香山论坛"的品牌价值还有望得到更为充分的开发。两家主办单位这次提出了关于打造"香山论坛俱乐部"的建议，这个建议立足于充分融合中央企业和地方企业各自的优

势，特别是各地政府部门基于对文化产业的支持，而可能在土地
资源等方面给予各省集团的支持，这是一个很重要的优惠政策。
利用好这个政策，以各地的土地资源和各集团的资金投入为纽带，
进行集团间的资产运作，打造实体化的"香山论坛俱乐部"，能
够更有效地促进企业间的资源合作与发展，能够更好地获得优质
资源，发挥品牌影响力。

五

本届论坛的成功举办，是各方面共同努力的结果。既离不开
上级部门的关怀，离不开兄弟集团的积极参与，也离不开记者朋
友及时、全面的深入报道，离不开主办单位的会务人员以及酒店
工作人员的辛苦工作。会务人员基本上做到了有求必应，遇到困
难，基本都上能够及时解决，得到了与会嘉宾的高度赞扬。这里，
我代表全体与会嘉宾，向全体工作人员辛勤的劳动和周到的服务，
表示衷心的感谢！

大家对今后更好地举办论坛，除了刚才提到论坛的地点选择
之外，还提出了不少有益的建议。比如说有同志提出来，下次论
坛的时间、顺序的掌控，大家的发言预先都做成 PPT，这样效果
可能就会好得多，也可以提高效率。过去的每届论坛，我们都把
论坛的发言结集出版，出版的时间还可以再及时点，因此大家整
理发言和交稿的时间也要抓紧点。总之，有益的建议不少，我们

将认真记取，努力改进。

　　各位领导、各位专家！转眼之间就到了本届论坛结束的时间。我们刚刚来到黄山市黄山区，走进黄山峰会的会场，刚刚亲近美丽的黄山，就要依依惜别了，这不仅让我们心生无限惆怅。但一想到我们来年还会重逢，还会有同样的美丽的地方值得我们期待，我们又觉得非常高兴。虽然论坛只有短短一天半的时间，但论坛之内的畅所欲言、思维碰撞、相互启迪，论坛之外的太平美景、黄山险峰、屯溪老街，足以令我们回味无穷！我们大家"走过来"到这里开会的时候，都很顺利；我们祝愿大家回程的时候、"走回去"的时候继续顺利，更祝愿大家回去以后在推动我们的文化"走出去"方面更加顺利、成果更加辉煌！

科技创新和资本运营推动出版产业延伸发展★

当前出版业发展的重要特征是延伸式发展，推动延伸发展的两大动力是科技创新和资本运营。

一、延伸式发展是当前出版业发展的重要特征

2007 年召开的党的十七大，把我国文化体制改革带入新的历史进程。十七大号召，要"在时代的高起点上推动文化内容形式、体制机制、传播手段创新，解放和发展文化生产力"，要"推动社会主义文化大发展大繁荣"，"提高国家文化软实力"，要"培育文化产业骨干企业和战略投资者，繁荣文化市场，增强国际竞争力"。

这其中，内容形式、传播手段的创新，离不开科技的应用。只有通过科技创新，才能有效地推动出版的内容、载体形态、生

★ 此文撰于 2010 年 11 月。

产技术、传播手段、服务方式、阅读形式的创新。体制机制的变革、骨干企业的培育、出版战略投资者的打造，则离不开资本的运营。只有通过资本运营，才能有力地促进文化资源与社会资源、金融资本的对接，推动出版企业内部结构重组、国内市场兼并重组、海外市场设点布局的工作，推动企业的体制创新、流程再造和战略变轨。

科技创新和资本运营，推动着出版产业的延伸发展。

一是推动产品线延伸。即从图书、期刊、报纸、音像制品、电子出版物等传统出版产品，向电子图书、电子词典、互联网期刊、按需出版（按需印刷）、在线数据库、在线教育、在线音乐、手机报纸、手机杂志、手机小说、以电子书为代表的手持阅读器、iPad 等数字产品延伸；从传统出版领域的产品，向电影、电视、通讯等相关领域的相邻产品延伸。通过产品线的延伸，实现出版的内容数字化、传播网络化、经营集约化、交易电子化。

二是推动产业链延伸。即打通出版上、中、下游的藩篱，实现纸张材料企业、印刷企业、出版企业、物流企业、中盘发行商、销售网点（书店）、用户之间的无缝衔接；进行多元经营，实现出版产业由产业核心层向着传媒产业、文化消费产业、商业服务业（如旅游、宾馆、写字楼）等更广阔的产业延展。

三是推动市场延伸。即拆除原有的行政划分的地域壁垒，重构各区域同一的、平等竞争的国内市场；拆除原有的政策分隔的境域壁垒，构建境内外融通的、有序竞争的国际市场。通过市场竞争的方式，推动教育出版市场、专业出版市场、大众出版市场在全国范围内的布局调整，推动城镇市场与乡村市场、一般市场与特殊人群市场的融合，推动国内销售网点与海外销售网点的连通，打造统一、竞争、有序的国际化的出版物流通市场。

四是推动产业延伸和事业延伸，这是最终目标。通过科技创新和资本运营，实现各种内容资源、各种技术手段，以及国有、民营、境外的各种资本形态的有效整合，实现出版产业延伸发展、不断壮大，与其他文化产业一起成为国民经济的支柱产业；实现出版事业延伸发展、不断繁荣，成为提高人民素质、引领社会进步的崇高事业。

二、科技创新对出版业延伸发展的引导作用

人类的文化传播史上，媒体品种呈现出累加式的发展趋势，即虽然每一种新媒体的出现都会对原有媒体产生较大冲击，但原有媒体并不会因此而销声匿迹。但不可忽视的是，报纸的出现对出版，广播的出现对报纸，电视的出现对广播，网络的出现对印刷媒体与影视媒体等，都造成了很大的冲击。尤其是在受众的争夺方面，新媒体往往会迅速扩大自己的受众群，而原有媒体的受众规模与经济规模则会明显缩水。

随着互联网和相关高新技术的快速发展，包括书籍、报纸、杂志、音像制品等在内的传统出版物近年来在不少国家和地区都

出现了经营滑坡的趋势，而以互联网为基础的数字媒体则呈现出强劲的发展势头。由于世界范围内数字时代的到来，大众的阅读方式已经不再局限于传统纸质媒体甚至光存储媒体，众多新兴的阅读载体和阅读方式正在蔚然兴起、日新月异，不断地对传统媒体的生存提出挑战，不断地冲击着人们的听觉、视觉神经。

科技创新对出版业产生的最大挑战，主要在于数字出版的快速发展及网络销售商对图书发行话语权的掌控。

新兴的数字出版以电子图书为主要形式。截至 2009 年，我国电子书交易册数为 5300 万册，实现销售收入 14 亿元；与此相适应的，则是电子书读者群的不断扩大，已达到 1 亿人。截至 2010 年，美国电子书销售额达到 10 亿美元，美国读者手中有专用电子书阅读器 1050 万台，平板电脑 1000 万台左右，大多为 iPad；在拥有 iPad 的人群中，1/3 同时拥有 Kindle 电子书阅读器。

随着数字出版日新月异的发展，网络销售商对出版发行渠道的话语权也越来越大。以亚马逊、当当网等为代表的网上发行机构越来越成为当代图书消费者的首选购书渠道，一些传统出版发行单位也开始纷纷借助亚马逊、当当网的渠道推广产品，或者直接投资建设网络销售渠道。传统出版业在发行方面对网络的依赖已经越来越严重，而这一趋势在短期内仍无改善的趋势。在我国，一些出版社对当当网的依赖与日俱增，一些出版社通过当当网销售的码洋已占其销售总码洋的 30% 以上。

如果出版企业不能尽快建立起强有力的网络销售渠道，来自亚马逊之类的网络书店的逼迫就只会加强而不会减弱，其最终结局很可能是出版企业丧失产品定价权，读者资源也将逐渐聚集于网络书店之手。到那时，传统出版企业就彻底沦为亚马逊等新企业的打工者了。

1. 国际数字出版的特征

世界电子书大会（DBW）的发起人麦克·沙特金预言：未来10年内，出版业的数字化程度将达到一半。未来5年内，实体书店里的书架空间将缩减一半；未来10年内，缩减90%；实体书店最终将消亡。然而，Verso数字公司于2010年11月对消费者图书购买行为的第四次抽样调查，其结果则温和得多。调查显示，2010年电子书阅读器的拥有量比上年增长了两倍，但电子书阅读器拥有者购买电子书和纸质书并不互相排斥，90%的阅读器拥有者认为还会购买纸质书。

从国际上看，数字出版有如下基本特征。

第一，传统出版已经开始全面向数字出版转型。

近几年的法兰克福书展上，30%的展品都是数字产品。目前，从数字出版物类别来看，百科全书、工具书、专业图书、专业杂志占主流，小说及文艺类则是纸质出版物居多。全球数字出版占整个出版销售收入的比例，大众类数字出版所占的比例为4%～5%，教育类数字出版的比例为30%～40%，专业类数字出版的比例为60%～70%。爱思唯尔、施普林格、汤姆森、麦格劳希尔等公司已初步完成了向数字出版的转型，无论是在服务模式、服务效率、服务质量上，还是增值服务的延展性上都取得了很大的成效，数字业务在总收入中所占比重不断增加。

关于数字出版物的定价，工具书和学术专著的数字版比纸质版更贵，大众图书和教科书则不同。牛津大学出版社的工具书电子版定价为纸质书的 150%，学术专著为 135%，大众出版物为 75%，而大学教科书仅为 50%。

中国出版科学研究所发布的《2010 中国数字出版产业年度报告》显示，2009 年我国数字出版产业的收入达 799.4 亿元，比 2008 年增长 50.6%，继续保持高速增长。其中，电子书收入 14 亿元，占比 1.75%；数字期刊收入 6 亿元，占比 0.75%；数字报收入 3.1 亿元，占比 0.39%；手机出版（包括手机音乐、手机游戏、手机动漫、手机阅读）达到 314 亿元，占比 39.26%。与此同时，中国出版科学研究所自 1999 年以来连续发布的《全国国民阅读与购买倾向抽样调查报告》显示：中国国民图书阅读率持续 10 年下降，网络阅读率持续 10 年上升。2008 年网络阅读率已经首次超过图书阅读率，分别为 36.5% 和 34.7%。

第二，数字出版的盈利模式正在积极探索之中，盈利水平逐步提高。

在美国，大众出版的数字化转型仍然在隧道里潜行，数字产品收入金额均还没有超过总营业收入的 1%；专业出版及教育出版是数字化转型中商业模式成功的第一缕霞光，已在很大程度上实现了盈利。

汤姆森集团在 2007 年出售了旗下的汤姆森学习出版集团后，绝大部分的销售额来自电子产品和服务的盈利，这部分的收入所占比例已经达到 80%。

麦格劳希尔集团近 20 年来进行了一场战略性变革：它重新审视自身的业务，进行大规模的业务重组，剥离了在情感上非常难以割舍的资产，包括在 2009 年 12 月将已有 80 年历史的《商业周刊》出售给彭博资讯公司，最终将业务的重心聚焦在数字化时代更具成长性的教育出版、金融信息和媒体三大核心业务上，从一个出售信息的传统出版商转型为数字时代的信息服务供应商。经过 20 年的持续战略转型，现在麦格劳希尔成功地摆脱了数字时代媒体业利润流沙化的厄运。在过去 10 年里，麦格劳希尔股东的年回报率增长了 17.85%，超过了同业 14.6% 的水平。

日本的电子书市场也呈现出风起云涌的景象。在硬件方面，几家公司在 2010 年陆续推出新款阅读器。比如索尼的"Reader"卖点是"文库本的大小、可容纳 1400 册图书"，读者可以用电脑连接索尼公司的"Reader Store"并下载。日本电信服务公司 KDDI 发布的阅读器是"Biblio Leaf SP02"，能存储约 3000 册图书，读者可通过手机或无线网络，从该公司的网络书店"Lismo Bookstore"下载购买。夏普公司则推出了两款平板电脑"GALAPAGOS"，有报纸和杂志的定期自动下载功能，其下载中心有 3 万多种图书。在内容方面，不少出版社开始筹建电子书库。比如角川集团推出"混合型媒体（media mix）"和电子书交易平台 Book Walker，作为纸本和电子书的共存系统，向纸本读者送出限定版插图这样的电子赠品。角川集团下属 10 个出版副牌都有产品上传平台，内容包括轻小说、杂志、文艺书和漫画、实用图书、历史图书等，品种繁多。在销售方面，与索尼"Reader"相配套的网络书店已经上线，拥有 10500 个品种。

2009 年，亚马逊公司推出了 Kindle 阅读器，苹果公司推出了 iPad 阅读器，逐渐成为全球电子阅读器市场的主导品牌，并占据绝大部分市场。

第三，传统出版发行企业在数字化进程中暂时落后于信息技术企业。

目前，谷歌（Google）已进军数字出版领域，与美国纽约公共图书馆等图书馆合作，将这些著名图书馆的馆藏图书扫描制作成电子版，包括 100 多万本书籍，并研发了"Google 学者"搜索引擎，放到网上供读者阅读，读者能够免费搜索到图书的相关数字内容。目前，全球有上万家出版社已经加入谷歌的图书搜索合作项目，如牛津、剑桥等学术出版社。

与此同时，传统的实体书店在数字化进程中遭受很大冲击。由于在线书店和电子书的日益普及，美国第二大连锁书店集团、在美国拥有 642 家连锁书店的鲍德斯集团（Borders）濒临破产[1]。反观美国最大的连锁书店巴诺（Barnes & Noble），因为及时调整战略，于 2009 年推出了自己的 Nook 阅读器以及同它配套的电子

1　鲍德斯集团已在 2010 年 2 月 16 日宣告破产。——作者补注

书，此后其在线销售额中，电子书所占比重已经超过纸质书籍。巴诺如今在电子书市场的份额已达到20%。

中国的数字出版最初是由技术提供商推动的，现在它们已大多发展为数字媒体提供商兼数字内容提供商，在提供技术的同时与出版社合作，购买出版社的内容资源，进行数字化后放到自己的内容发布平台上。这些数字媒体提供商主要包括：传统期刊互联网出版和在线数据库领域的清华同方知网、万方数据、维普资讯、龙源期刊等；多媒体期刊互联网出版领域的 XPLUS、VIKA、ZCOM 等；数字图书馆或电子图书领域的北大方正、超星、书生、中文在线等；手机出版领域的数码超智、银河传媒等；出版类网站如起点中文网、榕树下等，也都是以数字媒体的形式从事数字内容的提供和发布；百度、新浪、搜狐、网易、盛大、TOM、腾讯等网站或搜索引擎也开始互联网出版业务。汉王、易博士、翰林、博朗、方正、易狄欧则成为国内知名的电子阅读器生产厂家。其中，汉王科技因成功开发出电子书，并持续保持国内第一的出货量，很快于2010年3月在国内创业板市场成功上市。

2. 中国数字出版产业发展的制约因素

就中国的情况而言，数字出版产业发展的主要制约因素有以下方面。

一是观念和认识。传统出版企业在数字出版的概念、特点、发展趋势、对内容优势的认识等方面存在着许多观念和认识上的误区。

二是主导权。现代信息技术正在重组甚至将来有可能颠覆传统出版产业链，出版企业正逐渐由传统出版的"强势"地位变为数字出版领域的"从属"地位，面临着丧失主导权的危险。

三是发展战略。目前，中国大型出版企业和企业集团明确提出数字出版战略的还不够多，更不用说绝大多数中小出版单位。

四是体制机制。出版企业的现行体制、运作模式、业务流程、管理机制、人才知识结构、激励机制等等，很难适用于新兴的数字出版产业。

五是人才队伍。数字出版横跨 IT 和出版、教育、图书馆等多个行业。而传统出版单位目前的人才知识结构中，既懂信息技术，又懂出版业务的复合型人才很少，而集掌握互联网和信息技术、熟悉出版业务、具备企业经营管理经验等于一身的数字出版行业领军人物则更是凤毛麟角。

六是出版标准。纵观数字出版的各个环节，从元数据到编码，再到产品格式，都存在严重的标准不统一的问题，仅电子书就有 CEB、SEP 等 20 余种格式。

七是发展资金。中国出版企业相对于技术提供商和国外出版集团，投入资金的绝对数字和相对销售收入的比例都很小。

八是版权问题。传统出版单位开展数字出版，面临着补签历史出版资源合同（《信息网络传播权授权合同》）、盗版侵权、数字版权保护技术不完善等诸多障碍。

九是商业模式。传统出版单位的数字出版还很少有成功的盈利模式。目前，只有少数几家出版单位主动探索工具书检索、POD、多媒体数字平台、二维码等新的盈利模式。

十是法律法规。目前，中国政府已经颁布了《信息网络传播权保护条例》等关于数字出版的法律法规，但相对于技术的高速发展，政府监管的技术手段还相对落后，相关的政策法规还有待完善。

前面说过，科技创新对出版业产生的最大挑战，在于新兴的数字出版的快速发展及网络销售商对图书发行话语权的掌握。面对这两个挑战，出版单位一是要加大数字出版产品的研发和推广，二是要加快自身网络渠道的建设步伐。

各大出版集团，不论是数字出版、网络渠道建设还是盈利模式的创新，都需要投入大量的启动资金与发展资金，而出版行业利润率普遍偏低，依靠自身的资金积累难以完成巨额投资。因此，出版企业在这轮科技创新大潮中的转型成败，在很大程度上取决于资金的运用和资本的运营。

三、资本运营对出版业延伸发展的推动作用

近年来，随着一大批出版发行集团纷纷成立，以及政策对外资和民间资本进入出版发行业的逐步放开，我国出版产业的竞争趋于激烈，并有进一步加剧的趋势。

1. 文化产业投资政策逐步放宽，驱使资本运营日益活跃

2001 年 11 月 10 日，中国正式加入 WTO，在此后的 3 年多时间内，书报刊分销、广告、电影、节目制作等纷纷加大开放力度。

2004 年 12 月 22 日，北青传媒股份有限公司在香港联合交易所正式挂牌上市，作为内地传媒公司境外上市的第一只股票，引起香港当地媒体的极大关注。

2005 年 8 月 8 日，国务院颁布《非公有资本进入文化产业的若干决定》，鼓励和支持非公有资本进入文艺表演团体、演出场所、博物馆和展览馆、广告、书报刊分销、音像制品分销、包装装潢印刷品印刷等领域；鼓励和支持非公有资本从事文化产品和文化服务出口业务；允许非公有资本进入出版物印刷、可录类光盘生产、只读类光盘复制等文化行业和领域。

2006～2007 年，上海新华传媒股份有限公司、四川新华文轩连锁股份有限公司、辽宁出版传媒股份有限公司等 3 家出版发行企业先后挂牌上市，揭开了出版行业进入资本市场的序幕。随后，中国出版业开始掀起一股进军资本市场的上市热潮。截至 2010 年 8 月，我国已有 41 家图书、报业、互联网出版等传媒企业成功上市，总市值达到 2900 亿人民币，是国内股市上最好的一个板块。

2. 我国出版业市场集中度偏低，呼唤市场领导型企业集团

国内出版业亟待形成具有绝对竞争力的领导型企业。2005 年我国图书定价总金额 632.28 亿元，2009 年为 848.04 亿元，增长 34.12%。但出版社普遍规模小，力量分散，相互之间差异不大，

出版业内部面临结构性布局调整。2005 ～ 2009 年，社科等 8 类主要图书 CR5（行业集中度，5 个最大企业占有相关市场的份额）及 CR10 值均呈增长态势，但总体市场的 CR5 值却由 2005 年的 10.03% 下滑至 2009 年的 8.86%，CR10 值则由 2005 年的 16.14% 下滑至 2009 年的 14.49%。

从 1999 年开始，国内开始组建大型出版发行集团，以增强出版业竞争实力，应对经济全球化与文化全球化的来临。截至 2010 年 12 月，新闻出版总署正式批准的各类出版集团共有 36 家，这些出版集团已经成为国内出版竞争的主体。然而，在作为竞争主体的这些出版集团中，前 10 大集团的市场占有率之和虽然从 2005 年的 24.61% 增至 2009 年的 26.69%，但增幅不大，且前十名中仅有一半集团的市场占有率取得了增长。

市场集中度低，尤其是市场绝对集中度低的根本原因，在于缺少具备绝对竞争力，能够主导和引领市场的领导型企业集团。

3. 领导型企业集团的打造，依赖于资本运营

领导型企业集团的缺失，既有产业准入门槛高、地域壁垒强大等行政因素，又有市场化程度低、集团本身由行政捏合产生等内生因素。一方面，现已成立的出版集团都是行政推动的结果而不是市场自身整合资源的结果，出版集团的扩张也就难以逾越区域行政的藩篱；另一方面，严苛的市场准入政策限制了非公有资本进入出版内容产业的渠道，大量民营资本和外国资本虽对出版领域虎视眈眈，也只能通过各种非常途径和手段直接或间接地进

入出版领域。

地域壁垒、行政壁垒和资本壁垒，导致我国的出版集团很少能像国外出版集团那样，通过资本运营，进行跨行业、跨地区的并购重组，来扩张企业规模。即便是上市融资，融来的资金也是主要用于企业自身的内涵式发展，而不是企业之间的兼并重组和企业边界的外延式扩张。

反观国际上的出版企业巨头，基本上都是通过资本运营、市场运作，以兼并或重组等手段来迅速扩大规模，获得超强的领导市场地位的。如果我们目前的这种状况不能变革，就很难产生能够同跨国出版巨头相抗衡的具有强大竞争力的领导型、航母型企业。从这个意义上说，通过充分、有效的资本运营，进行跨区域、跨行业、跨所有制的兼并重组，无疑是扩大企业规模、打造领导型企业、提高市场集中度、优化市场竞争格局的最佳选择。

四、科技创新和资本运营的经验和启示

1. 传媒型集团的延伸发展

今天的国际大型传媒集团已经通过科技创新和资本运营，形成了完善的传媒产业链，将电视、电影、报纸、期刊、音像、互联网、图书出版等统一纳入麾下，发挥各自的竞争力，最终通过各领域企业集团密切配合产生超强的协同效应。坦率地说，出版尤其是图书出版在这一产业链中属于相对稳定的一环，但其经济规模和

盈利能力在整个传媒集团中占据的份额并不大。

维亚康姆传媒集团，下辖以派拉蒙电影公司为主体的电影业务，以哥伦比亚广播公司电视集团、维亚康姆电视集团、派拉蒙电视集团、联合派拉蒙电视集团为主体的广播电视业务，以MTV音乐电视网、MTV2有线网、尼克罗迪恩儿童电视频道、黑人娱乐电视网等为主体的有线电视业务，还拥有无线广播公司和维亚康姆户外广告集团等广告业务，以及派拉蒙主题公园、维亚康姆连锁影院集团等零售业务。在出版业务方面，则辖有西蒙与舒斯特出版公司、MTV.com、CBS.com、CBSNEWS.com、著名音乐出版公司（Famous Music Publishing）等出版业务。其中，西蒙与舒斯特出版公司是世界畅销书领域中的领跑者。

在维亚康姆传媒集团的产业链中，西蒙和舒斯特的出版业务与电影、电视等业务分享畅销书的延伸开发。如《阿甘正传》《第一夫人俱乐部》由派拉蒙电影公司拍摄，图书则由西蒙与舒斯特出版。派拉蒙电视集团公司还授予西蒙与舒斯特"特许经营权"，授权其销售电视作品的图书版以及其他延伸版权。比如针对派拉蒙电视集团的《星球大战》，西蒙与舒斯特开发了大批相关书籍，从而使"星球大战"系列图书成为出版史上最畅销的系列书。

在哈珀·柯林斯从组建到发展的整个进程中，更能看到母集团——新闻集团的资本力量。哈珀·柯林斯出版集团脱胎于James & John Harper兄弟于1817年在美国纽约创建的哈珀出版社。1990年，默多克掌控下的新闻集团为开辟美国市场，将哈珀购入，并与英国的威廉·柯林斯出版社合并，从而形成世界性出版巨头哈珀·柯林斯出版集团，业务拓展到美国、加拿大、英国和澳大利亚等世界各地。

2. 综合性出版集团的延伸发展

综合性出版集团，顺应全球化布局、多媒体融合的文化产业发展浪潮，以出版主业为核心，以"内容为王"为核心理念，以打造价值链为出发点，以资本运作为手段，从而形成了先"出版"后"传媒"的综合性出版传媒集团。这方面的典型代表为贝塔斯曼集团。

贝塔斯曼的历史可追溯到 1835 年，印刷商卡尔·贝塔斯曼在德国小镇居特斯洛创建的图书印刷公司，最初只是出版圣经和圣歌集。1941 年，贝塔斯曼为希特勒的纳粹党印制宣传品，获得了极大的收益。1950 年，贝塔斯曼创建了书友会俱乐部，成为二战后再次复兴的基础。此后的 60 年里，贝塔斯曼始终以"出版"核心，进行各种收购、兼并、业务拓展。今天的贝塔斯曼集团，已经成为全媒体的综合性出版集团，其业务包括古纳亚尔的杂志出版、兰登书屋的一般图书出版、施普林格的 STM 专业出版等传统出版，包括卢森堡广播电视公司（RTL）、贝塔斯曼音乐娱乐集团（MBG）等音乐出版和电视娱乐，还包括贝塔斯曼直接集团掌控的贝塔斯曼图书俱乐部，以及贝塔斯曼阿多瓦集团为国际媒介提供的印刷和制作等。

这类出版企业集团，一是拥有稳定的以出版为核心的业务，并通过收购、兼并、重组等手段不断完善和延伸产业链；二是大力开展包括电视、杂志、广告等多媒体经营，但这种多元经营并不跨出文化产业的边界；三是在数字化浪潮中积极推进技术平台建设、提供更好的信息服务，成为科技创新的领跑者。

3. 专业性出版集团的延伸发展

培生集团基本上属于典型的专业性出版集团。培生集团主要集中于三大出版，一是培生教育集团的教育出版与培训，二是金融时报集团的财经杂志及信息服务，三是企鹅出版集团的英语大出版。三家子集团服从于专业性、全球性、价值链多维延伸的原则。就专业性来说，培生教育集团是全球最大的教育出版集团，以"帮助所有人发挥其最好的潜质"和"终生教育"为宗旨，专门针对各种年龄段提供完善的教育服务。迄今为止，培生集团出版的图书达35万多种，在高等教育、中小学教育、专业教育、科技、工具书、流行读物等方面占有主导地位。金融时报集团则以打造权威、真实的《金融时报》为中心，为商业人士提供全面的商业信息和服务，是世界领先的商业信息服务公司。企鹅出版集团集中于大众图书出版，涉及的出版类别包括小说与非小说、获奖文学作品和儿童图书。在大众图书方面，企鹅出版集团旗下进一步做出专业化细分，企鹅出版社主要出版传记、侦探小说、文艺小说、旅游图书等；DK出版主要出版插图书，并且专门为企鹅的各类图书尤其是儿童图书出版插图版。教育学习、财经、大众，三家子集团分别以强大的实力为培生集团打造了三条产品线。以产品线来构建全集团的核心产业，这是培生集团在世界大型出版企业集团中最大的特色之一。

近些年来，培生集团为全面进军数字化出版做了充分准备，要求旗下分布在全球各地的所有分公司共同建立"数字仓库"，储存所有的数字化图书，以满足顾客的多媒介需求。培生还有专门的家庭教育网络公司、培生宽带公司，来提供软件生产、网络服务、电子图书等全方位的与教育相关的数字化业务。

4. 国际出版企业科技创新和资本运营的经验对于促进我国出版业延伸发展的启示

以上几种类型的传媒或出版集团在科技创新和资本运营方面的经验，对于我国出版企业，有以下几个方面的启示。

其一，打破资本的边界壁垒，引入实力超强的业外资本，对出版企业集团跨越式发展所需要的资金和拓展市场所需要的管理运作手段，将非常有利。但业外资本能否进入出版企业，需要政策松绑；而业外资本究竟将出版企业视为怎样的战略角色，更是考验。

其二，媒体集团将出版企业纳入旗下，在挺拔"内容"核心和形成优秀的价值链方面有其益处，这也符合当今世界多媒介融合的文化产业发展趋势。至于，是由媒体企业来操控出版，还是由出版企业来操控媒体，这要看谁最具有资本优势及"内容"优势、技术优势。

其三，专业性出版集团如培生集团堪称当前国际出版企业集团的标本，也是我国众多出版企业集团正在遵循的方向。但国际专业性出版集团所拥有的全球化布局和经营的先发优势，又是摆在我们前面的需要克服的一道屏障。

我们的目标是，努力发挥科技创新尤其是数字出版对出版业的引导作用，依托传统出版、擘画数字出版、延伸企业内涵，释放出版生产力；充分发挥资本运营对出版的推动作用，依托资本运营、开展兼并重组、延伸产业边界，实现出版产业和文化产业的大发展、大繁荣。

科技、资本与出版创新★

第五届"香山论坛·重庆峰会",在中宣部出版局,新闻出版总署产业司,重庆市委、市政府、市人大、市政协以及市委宣传部、市出版局的指导、支持下,在东道主重庆出版集团的悉心安排下,在各位海内外嘉宾的共同努力下,在众多工作人员的辛勤劳动下,就要圆满结束、落下帷幕了。临别之际,我们感慨良久、收获良多。我在这里代表两家主办方——中国出版集团公司和重庆出版集团,与大家一起,对此次论坛作一个简单的回顾。

本届论坛是一次友谊之旅——

本届论坛邀请到了 100 多位中外嘉宾、故友新朋,怀着同样的目标、共同的希望,朝夕相处、亲切交流,加深了了解、增进了友谊。

★ 2010 年 11 月 27 日,在第五届香山论坛·重庆峰会上的总结发言。

我们共同参加了重庆出版社和重庆出版集团的隆重庆典，一起回顾了 60 年来特别是文化体制改革以来，一家出版企业由小到大、由弱到强的辉煌历程和成功经验；我们共同参加了"绿化长江，重庆行动"，亲手种下友谊林，让滚滚长江见证了出版人的社会责任。我们欢聚一堂，踏浪而来，顺风而下，从重庆行至宜昌，一起走过了昨天，来到了今天，并怀着浓浓的友情一起迎接更加美好的明天。

本届论坛是一次快乐之旅——

"两岸猿声啼不住，轻舟已过万重山。"时间过得真快，我们在这艘满载着歌声与欢乐的游轮上，不顾风急天高，冒着晨雾暮霭，三天之内，饱览了三峡、小三峡、小小三峡三个三峡两岸鬼斧神工之自然造化，尽赏了高峡平湖之人间奇迹。不知不觉中，我们忘却了工作的劳顿，增进了身心的健康，展开了思想的翅膀，自由自在，无拘无束，于"无边落木萧萧下"的季节里，释放出"不尽长江滚滚来"的智慧。因此，我们是快乐的出版同道者。

本届论坛更是一次思想延伸之旅——

江流不息，思想无涯。在轻松、开放、热烈的论坛上，我们或演讲，或主持，或提问，或聆听，敞开心扉，知无不言、言无不尽，每个人的思想疆界都得以拓展与延伸。

我们交流了出版产业发展的态势和走向，探讨了产业规划、战略与布局。"踱方步"的心态提醒我们更加注意从战略视角思考问题，集团化的再思考使我们居安思危常怀忧患，泛政治化、泛市场化、泛数字化的提醒使我们更加沉着冷静。我们的视野在交流中得到了延伸。

我们交流了科技应用对出版的引导作用，交流了资本运作对出版的推动作用，交流了改革创新对出版的支撑作用。在"竞合"的旗帜下，我们出版人联合起来，依托传统出版，擘画数字出版，探讨了两种出版形式之间的变与不变；探讨了股份制与解放生产力、资本运营与战略选择、选题来源与网络资源之间的互动。我们的方法和路径在交流中得到了延伸。

我们交流了国内市场的区域特点与区域壁垒，交流了亚洲市场与欧洲市场、中文市场与英语市场的差异，交流了国际版权贸易与国际出版合作的实务和经验。我们对于市场的认知在交流中得到了延伸。

我们交流了单体出版社与出版集团的衔接，国有出版与民营出版的衔接，产业上游和产业下游的衔接。我们对于产业结构和产业链的认识在交流中得到了延伸。

我们交流了传统的有偿阅读与新兴的免费阅读、大众出版与小众出版、传统服务与现代服务的种种见解。我们对于服务的理念在交流中得到了延伸。

我们交流了传统出版产品、数字出版产品及各种相关产品的最新研究成果和实践体验。我们提到传统出版可能会浓缩但不会萎缩，我们既对数字出版的未来乐见其成，又对传统出版阵地执着坚守。我们对于产品和生产的理念在交流中得到了延伸。

概而言之，通过交流与探讨，我们的思想得到了延伸，我们的创新能力得到了提升。我们的目标，是将包括出版在内的文化产业打造成国民经济的支柱产业，促进文化大繁荣、推动产业大发展，更好地发挥出版产业引导社会、教育人民、推动发展的功能。通过几天来的论坛交流，我们的思想认识离这个目标越来越近。

佛家有言，众生的"未知"世界永远大于其"已知"世界。当一个人说"不知道""不可能"时，只是表述了他当下的极限、个体的极限。但是，当我们把别人的经验和智慧化为自己的"已知"时，我们的已知世界就大大拓展了。而这点，正是我们主办"香山论坛"的目的所在——我们就是要通过"香山论坛"这个平台，凝聚产业智慧，推动出版繁荣。

各位来宾，迄今为止，"香山论坛"已举办了5届。从2006年开始，第一届的主题是"图书选题与出版创新"，第二届是"文化软实力与出版创新"，第三届是"科技发展与出版产业创新"，第四届是"文化'走出去'与出版创新"。2010年的第五届，正值出版业"十一五"规划即将收官，"十二五"规划正在谋划之时，大家选择"科技"和"资本"这两个当前出版业的关键词，来讨论它们与"创新"的关系、与今后一个时期出版发展的关系，应当说，是切中时势、切中肯綮的。

正是因为"香山论坛"一直把"创新"作为自己的主旨，为大家在创新中延伸思想提供平台，论坛才能引起大家的关注，才能吸引海内外嘉宾积极参加，才能在业内外产生极大反响。"思想有多远，步伐就有多大，事业就有多么的辉煌"，这个，就是大家参加这个论坛的意义所在。我想化用600多年前罗贯中在《三国演义》中引用的杨慎的开篇之词，来记录本届论坛：

> 滚滚长江东逝水，
> 一时多少英雄。
> 坐而论道未必空。
> 青山依旧在，
> 几度朝阳红。
> 官商学研江渚上，
> 人人如沐春风。
> 一壶美酒喜相逢，
> 出版多少事，
> 都在论坛中。

最后，我代表论坛主办方——中国出版集团公司和重庆出版集团，对各位嘉宾的积极参与表示衷心的感谢！同时，我还要代表与会嘉宾，对重庆出版集团作为东道主的热情接待、悉心安排，对两个集团及世纪游轮上众多工作人员的辛勤付出和妥帖服务，表示衷心的感谢！祝全体来宾身体健康、事业发达！回程顺利、前程光明！

苦练内功树品牌　创新发展增效益★

这次调研的目的，是研究如何发挥好集团大社名社的品牌优势、品牌影响力和号召力。品牌优势是集团最重要的优势，我们要把这个优势保持好、发挥好。

这次调研还有个背景，就是中央新闻出版单位目前都在开展"走基层、转作风、改文风"活动，我们集团的 52 家报刊单位已经分编成三个团（采风团、采编团、采访团）走下去了。我们这次调研也是"走转改"的一个内容、一个抓手。

这次调研的结果，将作为集团下一步召开改革发展务虚会，制定明年出版计划、工作计划，乃至完善发展规划的重要依据。

一、人民文学出版社

文学社虽然面临长江文艺、作家等社的激烈竞争，但从品牌

★　2011 年 10 月 9 日至 11 月 25 日，在中国出版集团成员单位调研时的讲话。

优势、资源优势、市场优势等综合因素来看，目前还是行业老大。市场规模方面，文学社 2010 年市场占有率是 1.2%，全国排名第八，集团排名第二（第一名商务是 2.59%）；2010 年动销品种 3100 种，全国总排名 28，集团排名第二（第一名世图是 4700 种）；2010年收入 1.60 亿，占集团 3.6%，排名第五；全集团收入 45 亿，出版约占 1/3 为 13.5 亿，文学社占集团出版企业收益比重为 12%，在集团所有企业中排名第二（第一名商务是 26.4%）；在行业和社会影响方面，文学社承担的国家项目、获得的国家奖励（比如获得了 2/5 的茅盾文学奖）和国家资助、"走出去"的作品等等，都走在前列。

必须看到，目前的行业竞争非常激烈。几乎所有出版社都出文学作品，几家大的文学出版社如长江文艺、作家、译文、译林等社之间的竞争尤其激烈。此外，网络文学作品的影响越来越大；国际版权的竞争也日趋激烈，优秀作品的引进已经成为一些出版社新的竞争优势，如中信出版社、机工出版社等等。

对于文学社今后的工作，我认为要增强以下几个意识。

一是导向意识。文艺一直是个敏感领域，文学性与思想性、政治性紧密关联。所以你们要时刻绷紧这根弦，不要犯导向错误。

二是品牌意识。文学社既是集团的品牌，又是行业的品牌，既是作者心中的品牌，又是读者心中的品牌。一定要坚持品质，坚守格调，抓好质量，弘扬传统。

三是大局意识。要积极主动围绕中心、服务大局，弘扬主旋律，为读者服务、为大局服务。

四是改革意识，这主要来自忧患意识。要在竞争机制、激励机制、人才引进等方面积极探索。文学出版的市场化程度极高，竞争激烈，改革的力度也可以大些。

五是国际意识。文学作品是最容易、最应该"走出去"的，"走出去"的效果好，但难度也大。

六是创新意识。要抓住数字化、网络化这条主线，研究落实好专业拓展问题、版权经营问题、与社会上有关机构合作的问题。

二、商务印书馆

商务印书馆是中国出版业历史最悠久、影响最大的品牌社，是集团的骨干企业。市场规模方面，2010 年占有率为 2.59%，9 月份达到 5.88%，全国第一、集团第一，其中工具书市场份额达到 70% 以上，处于绝对领先位置。2010 年动销品种近 3000 种，在集团内位列第三（仅次于世图和文学）。2010 年收入 3.57 亿，占集团 45 亿的 8%，占集团出版企业收入 13.5 亿的 26.4%（1/4 强）。2010 年利润 7400 万，占集团 2.85 亿的 26%（1/4 强），占集团出版业务利润 1.85 亿的 40%。

总体来说，工具书产品线处于绝对领先地位，学术著作产品线优势明显。但是要注意到，数字化、网络化对工具书的冲击最大；内容生产机制对外部竞争的适应能力还不是很强。因此，商务要有危机感、紧迫感。必须认识到，在新的发展环境中，商务要保持领先地位就要有创新进取的决心，就要更好地发挥国际影响的优势和内容资源的优势，就要加大力度构建数字出版优势。商务要有在集团内率先做大做强的信念，在行业中进一步扩张、争做标志性企业的雄心，要努力成为具有强大国际竞争力的出版企业。

商务要进一步做大做强，可以从几个方面拓展。

一是产品线的拓展，要从高端向普及、畅销方向拓展。

二是内部生产能力的拓展，要提高合作机构、分支机构的盈利能力。

三是国际拓展，要进一步开展国际版权输出、业务合作和产品营销，提高国际影响力。

四是媒体拓展，要抓好以工具书在线、电子书等为重点的数字化新兴业态。

五是产业链拓展，可以向综合书店、印务中心、办公楼等相关业务发展。

要充分认识商务的地位和作用，不仅是在历史上的地位，更重要的是在当下和今后的地位。要努力成为国内出版业的龙头和标杆企业，成为国际上有影响力的企业。要认识到，有低端才有高端，有大众才有大市场、大规模；商务不仅是学术出版社、工具书出版社，不仅是高端出版社，更是综合性出版社。

三、中华书局

中华书局作为老牌名社，近年来的发展有新的突破。

一是班子有凝聚力。在集团所属企业中，中华的领导班子阵容最整齐，发展目标高远（做古籍出版的龙头、学术出版的大牌），发展思路清晰（有所为有所不为），进取心强。

二是团队有战斗力。企业文化深厚（爱企业、爱出版事业），队伍有朝气、有活力、有创造力，机制好。

三是企业成长性好。以前是老牌、名牌的穷社，现在逐步发展为名牌强社、大社。截至 2011 年 8 月，集团市场占有率 7.82%，中华为 0.47%，在集团内排名第 5、全国第 59 位。集团动销品种率 4.8%，中华 2887 种，占集团 9.83%，在集团排第 4（次于世图、商务、文学），在全国排 37 位。销售码洋方面，中华占集团 5.97%，排第 5 位。而在 2010 年，中华销售收入 1.24 亿，在集团总排名第 9，集团所属出版社中排第 5；利润 2034 万，在集团总排名第 5，出版社里排第 3（次于商务、音乐）。

四是出版优势明显。产品线清晰，常销与畅销、学术与普及结合得很好；书、刊结合得好；资源利用得好。同时国际合作突出，国际影响逐步提高。《于丹〈论语〉心得》出版了 28 个语种、33 个版本，海外发售 24 万册。国家级重点项目多，全国古籍整理项目 2011 年共 91 个，中华等集团单位 29 个占 32%。

接下来谈几点建议。

一是把握好发展定位。继续做学术出版的主阵地、古籍整理的主阵地、文化普及的排头兵，做畅销书制造者和国际合作领跑者。

二是积极稳妥地开展多元经营。研究好教育培训业务的发展思路，做好文化地产开发和文化用品经营。

三是跨国跨地区发展。跨地区经营方面，要伺机在上海、成都、武汉、西安、广州等地开设分局；跨国经营方面，先设立海外办事机构；要逐步恢复在台湾的机构。

四是办好 2012 年百年大庆。通过论坛、沙龙、展览、出版物等形式做好纪念活动；大会堂的庆祝大会时间很紧，要做好统筹。

五是推动体制机制创新。积极探索分社实体化经营，《文史知识》《月读》也可以进行实体化经营的探索。

四、中国大百科全书出版社

先谈谈对百科社现状的认识。

一是目前处在恢复增长期，势头良好。截至 2011 年 8 月，集团市场占有率 7.82%，百科 0.37%，集团内排名第 6，全国第 87 位。集团动销品种率 4.8%，百科 1986 种，集团内排名第 7，全国第 75 位。销售码洋方面，百科占集团 4.69%，排第 6 位。2010 年，百科销售收入 1.28 亿，在集团总排名第 8（前中华 1 位），集团所属出版社中排第 4 位。百科利润 529 万，在集团总排名第 11，出版社中排第 8（成本费用相对较高）。

二是在围绕中心、服务大局方面表现突出。国家级项目数量以及主题出版方面，都表现优异。

三是出版特色鲜明、行业地位特殊。在出版百科全书，推动学术研究、学科建设，汇集国际学术成果，保存、传承、弘扬文化科学知识方面地位特殊，具有不可替代性。在总结中国大百科全书第二版、规划第三版方面，已做了许多积极有效的准备，有创新性的设计和谋划。近年来，除各种百科类图书外，在百科史学、地图地理知识、古代诗词知识、学生工具书等板块，形成了新的产品线和增长点；在"走出去"、数字化建设方面，与商务印书馆一起，在集团保持领先地位。

对今后的工作，有几点建议。

一是要抓好三版立项、编辑出版总设计、出版机制设计。时代不同了，百科三版的编辑出版也与过去有所不同，要努力顺应潮流，勇于创新。

二是以百科全书为龙头，带动相关工具性、知识性产品的出版。

三是发扬再创业精神，再出发，再奋斗，再铸丰碑。百科社的第一次创业是 20 世纪 80 年代初，开编百科全书，团结学者，惠及读者；第二次创业是 20 世纪 90 年代初，实行部门承包责任制，率先走向市场；第三次创业就是现在，要扩大市场，提高效益。

四是处理好文化事业建设（文化价值取向）与企业发展（市场取向）的关系。

五、生活·读书·新知三联书店

三联近年来的发展，有以下几个特点。

一是班子的创新力、战斗力、凝聚力很强。领导班子里都是专家，具有很强的经营意识和国际视野。

二是企业核心竞争力、品牌竞争力很强。这一点是三联的核心优势。

三是企业发展势头好。截至 2011 年 8 月，集团市场占有率 7.82%，三联占全国 0.26%，集团内排名第 8，全国第 115 位。集团动销品种率 4.8%，三联 1640 种，集团内排名第 8，全国第 103 位。销售码洋方面，三联占集团 3.3%，排第 8 位。2010 年，三联销售收入 1.6 亿，在集团总排名第 6，出版社中排第 3（次于商务、文学）；利润 2000 万，在集团总排名第 6，出版社中排第 4（次于商务、音乐、中华）。个人、产品和企业连续获奖，给人的感觉是扬眉吐气。

四是出版物品质好，品牌保持好。多年来一直是"读者最爱"的出版企业之一。

五是书刊共同发展，社办期刊集团第一。《三联生活周刊》每年 8000 万收入、2000 万利润，为集团其他 40 多种报刊之和。

六是书、店一体化发展，韬奋书店已经成为北京文化地标。

对于今后的工作，提几点建议。

一是要扩大品牌优势，提升品种规模。三个分社要逐步实现实体化，在三个独立社的基础上形成三联出版集团。

二是要扩大合作。通过国际合作提升国际影响力，同时积极与民营企业合作。

三是扩大《三联生活周刊》的带动作用，推动周刊实现自身裂变。

四是广纳人才，壮实肌体，为今后的发展储备一批优秀人才。

六、荣宝斋

荣宝斋是中国现存的历史最悠久的文化品牌企业。前身是1672年的松竹斋，1894年改名荣宝斋，2012年是创立340周年。

荣宝斋是集团三大方面军之一。集团业务有三大板块，出版、进出口、文化产品经营，荣宝斋独占其一。

荣宝斋是集团成长最快、前景良好的企业。当初与美术总社分立时，每年才200多万的利润。2009年利润达到2700万，2010年达到5000万，2011年将超过1亿元。

荣宝斋是内部业务板块最多的企业。这些板块包括一般文化产品经营、高端字画经营、木版水印、拍卖、创作（画院）、典当、出版、装修等等，具有很好的板块布局。

关于今后的发展，概括起来，就是扩大品牌影响，多开分店、分号，提升品牌的集群效应，同时也要注意把控风险。

七、东方出版中心

东方出版中心 2010 年收入 7400 万，其中图书 2671 万、刊物 1500 万，出版共计 4000 万，出版业务在经济规模上名副其实地成为主业了。相对集团其他单位，东方出版中心有几个特殊性。

一是区位特殊。地处上海，有区位优势。这里的海派文化独具特色，这里还是中国近代、现代、当代史上许多重要事件的发生地，是中国的经济中心。当前，东方要服务好上海世博会，为集团争光。

二是经营特殊。出版是主业，房地产则是经济支柱，两者相辅相成。东方的市场占有率、动销品种，在集团排 13 和 14 位，这几年还是有所增长的。

三是历史遗留问题不少，困难不少。工厂人员、内退人员规模最大时 500 多人，现在还剩 150 人；在编 260 人，离退休 450 人，负担较重。

这几年，东方还是取得了不小的成绩。主业站起来了——出版收入占总收入的比重过半了，同时妥善处理了人的问题，人心稳定了，心向集团，愿意为集团大局服务，也更愿依靠集团。接下来，要认真思考东方的竞争优势是什么，定位尤为重要。房地产养出版主业还是主业为主？房地产还有多大空间，有何举措？主业有什么资源优势，如何配置人力资源？作为集团在上海的办事处，是定位大办事处还是小办事处？希望你们能够认真研究，拿出方案。

对于今后的发展，有两条建议。

一是经营指标方面。收入建议设置为 9540 万到 1.5 亿，利润 1300 万到 2000 万，总资产 3 亿到 5 亿，出版品种 220 种到 500 种、收入 3500 万到 5000 万。东方有这个经济基础，也有区域资源优势，要努力成为中等出版强社。

二是体制机制创新方面。目前的三个资产公司，中心都要派人兼任职务，参与管理，不能放任不管；三个公司的业绩要能够合并报表。与盛大集团的合作目的要搞清楚，要有利于做大出版业务，要设定合作目标，这需要中心的领导班子进行深入论证、作出科学决策。

八、人民音乐出版社

音乐社是由小到大快速发展的典型。

一是由小到大的典型。过去是小社，规模很小，在集团各社中是垫底的。现在是大社，2011 年音乐社前三季度收入 7100 万，在全集团排名第 12 位，在集团所属出版企业中列第 8 位；利润 3100 万，全集团排名第 4 位，在集团所属出版企业中列第 2 位；

专业教材出版方面，占全国 70% 的市场份额。

二是由不太知名到国际知名的典型。音乐社在国内是行业领先，在国际上是音乐出版的三强之一。

三是全面、协调发展的典型。出的是好书，赚的是大钱，同时在企业文化建设、队伍建设、党的建设、班子建设方面都取得了好成绩，是全国先进出版单位，不少人获得了先进个人称号。

四是改革创新的典型。音乐社在管理机制、运行模式方面进行了不少创新，集团在音乐社开过现场会，交流过经验。

今后，音乐社要进一步科学发展，要继续领先发展。

一是要发挥品牌优势，推动大众音乐出版；二是要发挥跨界优势（教育界、音乐界、出版界），带动出版产品多元化、系列化、数字化（数字音乐图书馆）；三是要发挥音乐语言的表达优势和企业的品牌优势，让更多的中国旋律、中国文化"走出去"；四是要发挥管理、组织、专业人才优势，多搞文化活动，成为先进文化阵地和生力军；五是要发挥机制优势、经济优势，在多出好作品的同时，多出优秀人才，为可持续发展奠定人才基础。

九、中国图书进出口（集团）总公司

（一）对中图公司的认识

中图公司是大企业、大品牌，具有很大的影响力，在全行业有不可替代性。具体表现在：

中图公司是集团主体业务经营的方面军。从集团三大业务板块的角度讲，三分天下有其一。

中图公司是集团国际化经营主力军。公司在海外的网点布局是集团国际化战略的重要支点，公司主办、参办的各大国际书展是集团国际化战略的主要平台。

中图公司是集团多元化及跨国、跨地区、跨所有制经营的集团军。公司不但在全国有较好布局，在全球亦有好的布局。除了进出口业务外，中图还有出版发行、资产运作、资本（证券）运营、会展服务等多元业务。

中图公司是集团大客户服务的野战军。中图公司面对大客户，打的是战役，而不是小规模战斗（与其他单位面向个体读者不同）；面对的是全体客户，而不仅是普通读者；面对的是中、外两种读者，而不仅是国内读者。中图公司保持了集团在各大机构的知名度、影响力。

中图公司是文化安全的国防军。在进口出版物审查把关方面，中图做了大量工作。

中图公司是国家出版贸易和服务的正规军。在这一方面，中图公司在全国文化行业有不可替代性。

能做好以上各个方面的工作，殊为不易。

（二）中图公司面临新形势的挑战，面临转变发展方式的问题

对此，今后应当做好以下六个方面的工作。

1. 做集团数字化的先遣队

进口业务，要抓紧向数字化转型。数字化对中图的冲击最为直接。内容、传播方式、产品、文献、专业技术信息的变化，导致中图的经营方式要随之变化，不然就会被市场边缘化。

2. 做集团跨国经营的突击队

集团的国际经营业务主要依靠中图，集团要成为国际化集团、跨国集团，也主要依靠中图。中图要进一步提高海外网点效益，进一步打造有影响力的海外机构。

3. 做集团改革创新的联合舰队

在新形势下，别人是不创新难发展，中图则是不创新难生存，唱片业就是前车之鉴。

4. 做中国出版走向世界的服务队（服务平台）

中图要进一步向服务要效益。一方面为集团服务，服务集团大局；另一方面要为行业服务，服务行业大局。

5. 做中国文化影响世界的宣传队

中图的实力越来越强，集团的影响就越来越大，离国际一流的目标就越来越近，中国文化在世界上的影响力就越来越大。

6. 要在稳定中求发展

要解决好一系列历史遗留问题。要在转型中发展，在安全中发展，在服务集团、服务全国的大局中求得更大发展。

十、中国对外翻译出版公司

中译公司有三个特点。

一是单位不大，但贡献不小。奥运会、世博会上，都能够为国家出力、为集团争光。

二是经济实力不强，但资源优势独具。是联合国主要翻译商之一，有特殊的翻译人才资源（有很多一流翻译家）、国际机构信息资源。

三是两翼齐飞，互相促进。在国际出版合作、版权贸易方面有明显优势。2011年9月的市场情况：按集团17家出版单位统计，中译公司的市场占有率0.1%，位列集团第13位、全国第220位；动销品种数954种，居集团第11位、全国第202位，占有率0.15%。2010年输出版权37个（集团总计412个），排第4名（美术54，世图48，百科40）。此外，中译公司还与集团总部合作，在英国办了一家合资出版公司，有较多的双语图书、国际合作图书。

四是在数字化方面也有特色。听书独具特色，有一定规模；多语种翻译系统，已经有了实用性很强的数据库。

提几点建议。

一是做好海外畅销书的引进和出版，这是中译公司独有的优势，要争取在这方面取得突破。

二是实现翻译与出版互动。目前看来还是两张皮。

三是翻译业务要做大做强。要扩大社会翻译业务，多承接大宗翻译业务如会议、培训、同传等；要承担出版社翻译业务，或转手业务（毕竟比中小出版社对翻译界更了解）；多语种翻译数据库最有实用价值，要继续建好。

四是出版业务要形成规模，做出特色。中译公司出版过中外名著双语版、养生书，但总的来说选题内容还比较杂，要尽快形成出版特色品牌；要与外语培训机构（比如新东方等）合作，一开始吃点亏，不赚不赔都值得，这需要高投入，要舍得。传统出版方面，要继续抓好重点产品线，包括：教材、翻译理论；引进版社科文艺类图书，如《中亚文明史》《非洲通史》《拉丁美洲通史》；少儿图书，如《希腊神话》《欧美童谣》《苏斯博士》；助学读物，如《新课标双语》阅读等等。数字出版方面，要做好苹果 APP 产品《中华文明博物馆》《故宫》《中国帝王图》《中国通史》等重点项目。

十一、现代教育出版社

现代教育出版社有几个特点。

一是集团成立后组建的第一家出版社。现代教育社是随着集团的发展而成长；没有集团，就没有教育社。因此，与集团的感情更深一些，归属感、集团意识更强一些；说起事情来也就更直接一些。

二是白手起家。因为是新生出版社，没有积累，需要从零开始，艰苦创业。因此，困难会多一些，同志们更辛苦一些。发展到今天，有几十人，每年出几百种书，有赢利，不容易。

三是发展前景广阔。因为还处在积累资源、开拓市场的成长期，所以，发展的空间、余地要大一些，同志们特别是年轻的同志，通过这个平台建功立业的机会也多一些。现在大家的精神状态非常好。

对今后的发展，有几点建议。

一是要积极进取，不要着急上火。要沉下心来，努力开发若干个骨干产品、常销当家产品，能产生现金流的产品，攒上家底。

二是要继续积极开拓教材、教辅市场。特别是地方教材教辅市场。把品牌擦亮些。

三是要创新体制机制。船小好掉头。要借助外力，与民营机构搞些合作，成立合资机构也行，这些都是借力发力。

四是要创新服务模式。尝试为有关部委、系统定制产品，贴近服务。在服务大局、服务部委的同时，用一点渠道资源，扩大一点收入来源。针对总署、国新办、集团的各种基金项目，对口策划选题，用一点政策资源，扩大一点收入来源。

十二、中国民主法制出版社

民主法制出版社是第一家合并到集团的出版社，如果发展得好，就有示范意义；如果发展得不好，也会有警示作用。截至

2011 年 9 月，法制社的市场占有率、动销品种占有率在集团垫底，但销售收入、利润水平较高。这说明单品种销量、效益尚可，或说生产效益水平大于生产能力水平。2011 年 1 ～ 9 月，全集团（按 25 家单位，14 家出版社计）收入 39 亿元，利润 3.6 亿元，法制社的经济排名是靠后的。但从队伍建设看，目前状态良好，职工思想稳定，有进取心。

对于今后的发展，谈几点建议。

一是依靠全国人大办公厅，服务好人大代表，发挥立法领域专业出版特色。分别针对人大代表、干部读者、基层群众读者，做足法制普及和公民权利保障的大文章。

二是面向当代社会，关注热点选题，形成特色产品线。目前的产品线还不够清晰。

三是做好版权输出和数字出版。这方面，大牌出版社有资源、有底子，但不一定有强烈的紧迫感，不一定指望得上；对小出版社来讲，无论是传统出版还是数字出版，是对内出版还是对外输出，都需要从头开拓，不如多花点力气，把版权输出和数字出版做成新的增长点。

十三、华文出版社

华文出版社有几个特点。

一是牌子好。"华文"含义丰富，又背靠统战部这个优质资源，能团结和依靠一大批民主党派、华侨、华裔，进一步挖掘出版资源的空间大，是一个先天的大牌子、有市场的大牌子。

二是市场占有率相对较高。零售市场占有率达到 0.43%，在集团排名第 6，全国排名第 61 名；动销品种 1178 种，占有率为 0.17%，集团排名第 10，全国排名第 158。问题在于，合作出版的图书很多，自主创新的很少。所以要进一步加强创新，同时合作优势不要丢。

三是经济实力弱。前三季度实现 650 万收入，利润不足 1 万元，合作出版的钱主要是合作方赚走了，有增收而不增利的问题。

目前，班子和队伍的精神状态好，总的感受是干劲足、起步高，对环境、对手分析比较实在，定位比较明确，目标清晰。

关于未来的发展，这里提几点建议。

一是创新选题、内容、品牌，形成清晰的产品线，把"华文"的品牌做起来。

二是依靠统战部，继续发挥民主党派、民族团结、民族文化、民营机构、民族大家庭的选题资源优势。

三是让机制活起来。要大胆进行机制创新，与民营展开有利、有效的合作。要总结合作经验，规范合作出版，发挥民营的活力，提高合作安全性和经济效益。合作是互利，但是要做好内容把关，要做到以我为主。要通过合作，建立新机制，从而更加注重市场绩效。

四是要把资源整合起来。通过资源整合，使得优势集聚，要立志做大华文教育、面向海外的华文教育。

五是要宣传优秀的中华文化、中华人物。要面向全球华人，让全球了解华文、华人。

十四、中国美术出版总社

先谈一下对美术社的认识。

美术社作为老社、大社、名社，有丰富的资源优势。作为老社，美术社历史上积累的出版资源很多。作为大社，美术社现在占有的出版资源很多。拥有两个出版社号、10 个刊号；在大众出版和教材出版方面积累较多；银冠电子作为音像电子出版社起步较早。作为名社，拥有一批名编辑、名出版家、名书画家（例如沈鹏、黄苗子、程大力、郜宗远），对作者有吸引力，在市场上有号召力。

这几年，美术社利用这些资源优势，加快改革发展，取得了成效。一是出版了一批标志性的、有重大文化价值的力作和服务大局的作品，例如《中国美术全集》《中国碑刻全集》《中国美术百科全书》《任伯年全集》《大红袍系列》等等。二是在激烈竞争中，保持了 40% ～ 50% 的美术教材市场份额。三是大众出版保持了较强的影响力。动销品种 2500 种，集团内部名列第 5，全国排在第 50 名。四是美术刊物，从不同层次影响着广大读者，并且书刊互动。五是"走出去"有所作为，扩大了知名度。2010 年输出版权 48 种，居集团第一。六是"抽了一次血"（荣宝斋析出）之后，能够顾全大局，保持美术出版健康良性发展。

美术社的资源优势还有待进一步挖掘，经济发展还有很大空间。目前美术社的经济实力在集团出版社中处于中游，在"十二五"期间要力争上游。

今后要研究如何进一步发展。

一是抓住教材这条生命线。这是美术社事业发展的基石和保障，能带来稳定的现金流。

二是抓住住时代特征，创新内容，创新产品。现在的趋势是：进入读图时代、浅阅读时代——视觉艺术需求在增长；进入以人为本时代——人们更加注重提高自己的艺术素养；进入休闲娱乐时代——艺术读物、艺术品收藏、艺术品赏的需求在增大；进入快捷时代——用数字方式储存、欣赏美术作品，比以往便捷得多；进入国际化时代——美术出版物的语言障碍少，便于转换，世界性强。

三是进一步拓宽思路。要从美术出版向美术服务拓展，创新产品结构；要延伸产业链，积极稳妥地向研发、培训、出版、展示、艺术经营等业务发展，研究出版印刷高仿美术作品、个性化美术作品，研究参与美术品的市场鉴定、交易，参与个性化装潢设计。

四是加大资源整合和对外合作力度，形成美术出版、服务的专业化集团。可以拿出一两个期刊，大胆改造，引入合作机制，成为创利大刊；要发挥美联体的优势，开展与各地美术社的资源整合、出版联合、品牌组合；积极与美术馆、艺术馆、画廊合作，收藏、经营不太知名、将会知名的中青年书画家作品。

五是要催化内部裂变。10种期刊中,有条件的可以实行实体化运作;推动出版与教育结合(产学结合),与人大美术学院合办动漫专业,与日本讲谈社合办动漫培训部;推动出版与研究结合(产研结合),成立艺术教育研究中心、美术教育研究所等等。

总之,希望到"十二五"末,美术社不仅是老社、大社、名社,而且能做到国际影响一流,经济实力领先,进入全国出版百强社。

十五、中国图书商报社

商报这几年发展得不错,体现在如下几个方面。

一是品牌经营好。作为集团的独立大队、行业的主要媒体,为行业、企业,为政府、机构都作出了突出贡献。从地位来讲,称为行业第一媒体不为过。

二是政治导向好。前几年出现过导向问题,近年来明显好转,在服务企业、引导市场方面的影响力越来越大,能够主动关注市场问题,推出许多专刊、专栏、专文,针对性很强。

三是服务大局好。能够积极服务行业大局和集团大局,并且这两个大局结合得较好。

四是专和博、深和浅结合得好。做到了信息传递与产业研究的结合,有深度,也有高度。

希望商报社的班子能够重视以下几个问题。

　　一是转型问题。出版在新的历史条件下，出现了全媒体、大出版的发展趋势，"书"已经不仅是原来的纸书，而且还是电子书、多媒体书；市场也不全是实体市场，还包括了电商平台。商报要通过转型适应新形势、服务新市场。

　　二是拓展经营问题。要做好报刊互动，首先努力争取刊号，先把刊办起来，找总署或者通过合作经营获得刊号；还可以向行业活动、行业培训方向努力拓展。

　　三是合作问题。要搞好与开卷公司的合作，与新闻出版研究院的合作——不少研究机构有研究能力，却没有发布研究成果的大平台；搞好与各大出版集团的合作，他们有许多经营业绩，没有发布业绩的专门通道，如中南、凤凰等集团，可以辟出专版做上市公司信息披露；搞好与总署培训中心的合作，主要是针对岗位、职称考试的培训；搞好与大的民营文化公司、国外集团驻京机构的合作，在帮助他们宣传自己的同时扩大商报的影响力，提高商报的经营效益。

士不可以不弘毅　任重而道远[★]

今天，我们召开专题会议，集中研究全集团的战略发展问题，很必要、很及时。从宏观形势看，党的十七届六中召开了，文化改革发展进入新阶段，我们应当在总结经验的基础上，根据新形势、新要求擘画未来。从集团实际看，集团搞了 9 年多，有成绩、有经验，也有需要改进和完善的地方，需要更大地、更快地发展，才能不负中央要求、不负业界期待；集团各单位、各部门对集团更大、更快、更好的发展，也有许多想法、建议，需要集思广益，统一思想，形成共识。下面我讲几点意见。

一、集团要按照中央要求加快改革发展

我们要清醒地认识到，对照十七届六中全会提出的进一步推进改革发展的要求，对照中央领导同志提出的建设国际一流出版

★　2011 年 10 月 20 日，在中国出版集团改革发展座谈会上的讲话。

传媒企业的要求，我们还有很大的差距，需要加快改革发展。

（一）对照中央领导同志要求，我们在发挥国家队作用上有差距

2008 年 12 月 6 日和 16 日，长春、云山等领导同志两次来集团视察工作，明确提出了建设"国际一流出版传媒企业"的要求。首先，集团是国家队，就要在国家出版文化改革和发展中起到带头、表率、引领、示范作用，体现国家意志，反映国家关于文化体制改革的要求，为文化大发展大繁荣作出突出的、重要的贡献。第二，既是国家队，就要能够代表国家，参与国际竞争，并在国际上占有一席之地。对照中央领导同志的这些要求，我们还需要付出很大努力才能达到。

（二）对照国务院授权文件和集团公司章程，我们在做大做强上有差距

2004 年 3 月 25 日的"国函 22 号文件"，2004 年经国务院原则同意并由国家发改委印发的发改经体〔2004〕1269 号文件——《中国出版集团公司章程》，都要求集团：完成转企改制；实施国家重大文化工程；增值国有资产，提升企业实力。在提升实力特别是在做大规模、做强实体、提升经济实力方面，我们还需要付出很大努力。

（三）对照既定目标和行业发展要求，我们在实现目标上有差距

1. 过去"三个重要"的集团目标

一是成为引领和促进中国出版产业发展的重要力量，二是成为建设和传播社会主义先进文化的重要阵地，三是成为开拓海外市场、推动中华文化"走出去"的重要渠道。

我们在引领和促进产业发展方面，还不是最重要的力量，还需要付出很大努力。

我们的优势体现在：一是出版（特别是传统出版、大众出版）的优势——在动销品种（2010 年集团 4.5 万种，全国 105 万种）、市场占有率（7%）、品牌影响力、国家立项、获得国家级奖励等方面，继续领先；但也面临威胁，尤其是在市场占有率方面，竞争者与我们的差距在缩小。二是"走出去"、进出口方面的优势——版权输出保持第一（2010 年 275 个），出口占全国的 1/3（但面临其他竞争者的威胁），进口占全国的 2/3（但面临数字产品的威胁）；虽然继续领先，但面临较大威胁。三是文化艺术产品经营的优势——增长迅速，领先优势明显。

我们的不足体现在：规模化发展的任务很重，资产经营、资本运作能力有待提高，企业规模和经济实力方面还有很大提升空间，集团化建设任务仍很繁重。

2. 现在的新定位和新目标

新的战略定位是，努力成为世界一流的大型国际化出版传媒集团。新的战略目标（2020 年）是，努力成为综合竞争力、文化影响力、国际传播力领先，在国内出版业导向示范作用和发展引领作用突出，国际影响力日益彰显的大型跨国出版传媒集团。

需要强调的是，没有一定的规模、经济总量，没有一定的体量，要继续发挥引领、带头、示范作用就很困难，原有的优势也可能逐步丧失。

二、集团实现跨越发展的基本思考

（一）从战略、结构、资源配置考虑

战略方面有 6 个环节——定位、思路、目标、重点项目、力量、举措；结构方面有 5 个要点——产业链结构、产品结构、业务结构、人才结构、市场结构；资源配置方面有 6 个要素——内容、作者、人才、品牌、国家项目、地产。

（二）从内容生产方式考虑

一是单位企业化。包括法人治理结构的创新等等，重点是创新用人机制、决策机制、运行机制、激励机制。

二是企业专业化。要走专业化发展道路，发挥好品牌、产品线、细分市场等竞争优势，多数细分市场要做到前三名。

三是整体集团化。要建立健全多级法人治理结构。要做好 6 个重要的制度化决策：战略制定、投资决策、资源配置（兼并重组）、考核奖励（干部资源）、数字化统筹和国际化布局。

（三）从发展途径考虑

总的思考是：保持优势——主要是出版、"走出去"、进出口三大业务板块的优势，进而扩大优势——主要是文化产品经营，再进而创造优势——主要是资产经营、资本运作、数字出版、国际化等方面。关键是创造优势，具体说就是在进一步鼓励、支持各单位主业经营、发挥品牌的前提下，沿着以下 6 个途径创造新的优势。

1. 进一步做好集约经营

要进一步做好纸张印务整合；加快发行业务整合步伐，实现物流、商流、资金流的整合；做好新教材开发；有条件的报刊实现实体化运营；有条件的副牌出版社、音像电子出版社实现实体化运营，同时与社会机构合作，走混合所有制发展道路。

2. 统筹规划，做好资产经营

集团在马连道有 40 亩土地，在顺义有 320 亩，在总店 135 号院有 45 亩，在天津蓟县有 200 亩，在丰台世界名园有 200 亩（可以开发，非产权所有）；同时，集团在上海东方出版中心有 4 栋楼 6 万平方米的物业，在上海中图公司有 3.2 万平方米的物业，在广州、西安等地也有地产。对这些宝贵的房地产资源，要统筹布局、规划、设计、开发，做好全集团的资产经营。

3. 审慎选择，做好兼并重组

一方面要开阔思路，有杀伐决断的勇气；另一方面要审慎选择好对象，利用我们的品牌优势和品牌价值，重点兼并重组资产优良、效益优良的企业。

4. 排忧解难，解决困难企业问题

要做好止血工作，然后再想办法造血。总店、中新联公司如何转型、扭亏，要作为集团的重点工作对待。总店的问题已在解决之中，但是力度和效果还不够。

5. 摸底清理，明晰直属公司及三级以下公司的定位和目标

集团目前的直属公司有 8 个：中新联科技、中版联印刷、中版数字传媒、中版数字设备、中版教材、中版国际、中新华旅行、中版科贸。对这些企业，要明确定位、目标、投入产出效益，建立健全用人机制、花钱机制，要有经营部门统筹，集团领导不再兼任法定代表人，而由专业人员从事专职经营管理。对于三级以下公司，也就是集团所属各单位的下级公司，各单位也要对其清晰定位、管理到位、考核到位。

6. 尽快组建股份公司，实现主板上市

要紧紧抓住上市机会，机不可失，时不再来。同时，要明确上市目的是打造具有文化特色的现代企业，相应地认真做好制度化设计和安排。

三、集团推进品牌战略的"四出戏"和三个变革

（一）发挥既有品牌优势

集团最大的优势是品牌优势，发挥品牌优势要唱好以下"四

出戏"。

一是出彩。要坚持正确出版导向，积极围绕中心，服务大局、服务中央各部门、服务基层群众。中央领导同志在讲话中指出，要围绕十七届六中全会提出的新观点、新举措，围绕干群关心的问题，加强理论研究和阐释，策划一批重点选题，推出一批重要成果。

二是出众。要保证重点、标志性、带动性产品，多出精品、优秀产品，保持品牌影响力。要保持集团在国家立项、国家奖励、时代标志性产品、市场美誉度等方面的领先地位。

三是出新。要有新产品、新产品线、新创意。

四是出效益。要保持市场领先、国家项目领先、国家评奖领先，保持市场优势和两个效益。

我们目前的主要问题，一是市场占有率大，但动销品种少，新产品相对不足。二是市场占有率被吉林、凤凰、国际等出版集团追赶得很紧，领先优势不再明显。三是市场占有率的内部差异性大。市场占有率超过 1% 并进入全国出版 20 强的企业目前仅有 2 家（商务 2.88%、第 1，文学 2.21%、第 11）；进入全国 100 强的还有 5 家（华文 0.57%、第 45，世图 0.49%、第 55，中华 0.47%、第 59，百科 0.37%、第 87，商务国际 0.36%、第 88），以上 7 家共占 6.35%；进入全国 120 强的还有 3 家（三联 0.26%、第 115，现代 0.26%、第 117，美术 0.24%、第 120）。有的名牌社市场占有率不高，在提高占有率和两个效益方面还大有可为；有的出版社虽然占有率较高，但是效益不高，需要大力提高经营效能。总之，品牌优势要有效转化为市场优势和市场效益。

（二）通过机制创新，扩大品牌优势

要做到三个变革。一是裂变，实现报刊实体化，副牌社、下属社、音像电子社的实体化；二是聚变，小牌社向大牌社聚合，与社会机构（包括民营机构）合资、合营等等；三是衍变，大牌社有条件的，要开办分社、分店、分局。

四、集团推进人才强企战略的5个着力点

人才是生产力中最活跃、最有弹性空间的要素。目前，集团人才门类较齐全，人才层级较高，这是我们的优势。但是，经营型、技术型、复合型、开拓型、领军型人才还不能适应大改革大发展的需要，因此，有必要通过制度设计、机制创新，实施好人才强企战略。

一是把握好人才标准。对各单位负责人、集团公司各部门负责人的选用，是人才战略的重中之重，也是当务之急。我认为选用标准主要有三条：一要有道德高度，要正派、正直，切忌溜须拍马、两面三刀、投机钻营。二要有境界高度，想做事、思进取，有大局观、集体观。三要有能力高度，忌平庸，有想法、有办法，能团结人、带领人。

二是创新人才激励机制。目前我们的激励力度还不大。国家对于文化产品有评价体系和激励制度，集团也有评价、激励的问题，包括对企业、对产品、对员工的评价和激励。集团相关部门要抓紧研究激励机制，特别是对人才的激励机制。

三是推动人才流动。要研究现有人才在全集团的大平台上合理流动及补偿措施。各单位之间，各单位与集团总部之间，特别是大单位、富单位与小单位、穷单位之间，要建立鼓励流动、适当补偿、越是艰苦岗位越有成长机会的机制。

四是新人新办法的招募和使用机制。对于数字出版人才、资本运作人才、国际经营人才等新进的特殊人才，要有一套切实可行的新制度，包括招募、使用、激励、提拔制度，采取新人新办法。

五是从观念上破除级别概念。企业做得越大，企业层级就越高，企业待遇就越好，人才发挥作用、得到成长的空间就越大。要改革、完善原有的双效考核办法，真正把激励的重点放在效益的提高上。将来划分企业的标准应当是：在管理层级上，分为二级企业、三级企业……；在规模体量上，分为一类企业、二类企业……；不再划分什么局级企业、副局级企业。

五、改进集团总部工作的 4 个问题

伴随改革发展的需要特别是上市工作的需要，集团要进一步改进总部工作，加强总部建设。

一是调整、完善总部机构设置。要加强面向发展需要、开展资产运作与资本运营等部门的职能建设；对于发展有需要但重点在下属单位的部门，要减少编制。

二是提高总部人员素质，特别是业务素质和服务意识。加强与下属单位交流，在总部工作的，原则上需经过基层的历练；在基层做得好的，也需要经过总部的历练，以增强全局观念。

三是提出管理与服务要求。减少公文、简报的数量，减少会议次数，尽量开视频会议。

四是提高管理技术水平。要提高信息化水平，重点解决各种材料、统计报表、审批文件的数字化办公问题，提高管理技术水平和科学决策能力。

建设世界一流的大型国际化出版传媒集团，目标高远，使命光荣。作为集团公司及各单位的经营管理者，我们深深地感到，"士不可以不弘毅，任重而道远"。

精品成就文化影响力　品牌造就文化竞争力★

一、关于文化强国

党的十七届六中全会"吹响了向文化强国进军的新号角"（李长春同志的话）。

文化强国是相比较而言的。一个国家的文化，在国内有很强的覆盖率、吸引力、凝聚力、社会推动力，在国际有很强的辐射力、竞争力、影响力、吸附感召力，这样的文化就是强势文化，这样的国家就是文化强国。

实现文化强国的目标，从主题主线上说，就是要坚持中国特色社会主义文化发展道路、推动社会主义文化大发展大繁荣；从指导思想上说，就是要做到四个"以"——以科学发展为主题，以建设社会主义核心价值体系为根本任务，以满足人民精神文化需求为出发点和落脚点，以改革创新为动力，发展面向现代化、

★　《中国出版》"推动社会主义文化大发展大繁荣"笔谈，刊载于 2012 年 7 月第 13 期。

面向世界、面向未来的，民族的科学的大众的社会主义文化，培养高度的文化自觉和文化自信，提高全民族文明素质，增强国家文化软实力，弘扬中华文化，努力建设社会主义文化强国；从方针政策上说，就是要做到五个"坚持"——坚持以马克思主义为指导，坚持社会主义文化前进方向和"二为"方向"双百"方针，坚持以人为本和"三贴近"，坚持把社会效益放在首位、社会效益与经济效益有机统一，坚持改革开放、推进文化体制机制创新；从主要任务上说，包括六个方面——推进社会主义核心价值体系建设，巩固全党全国各族人民共同奋斗的思想道德基础；全面贯彻"二为"方向"双百"方针，为人民提供更多更好的精神食粮；大力发展公益性文化事业，保障人民基本文化权益；加快发展文化产业，推动文化产业成为国民经济支柱性产业；进一步深化改革开放，加快构建有利于文化繁荣发展的体制机制；建设宏大文化人才队伍，为社会主义文化大发展大繁荣提供有力人才支撑。

换一个角度说，实现文化强国的目标，从内在要求、精神层面看，对内，要推动文化发展和繁荣，满足人民精神文化需求、提高民族文明素质；对外，要提升中华文化影响力，提高国家文化软实力。从外在要求、产业层面看，就是要推动文化产业成为国民经济支柱性产业，使文化产业的发展，与全面建设小康社会相适应，与坚持和发展中国特色社会主义相适应，与综合国力竞争相适应，与中华民族伟大复兴相适应。

二、关于出版强国

文化的涵义非常宽泛，大到社会意识形态、社会制度、民族精神、宗教信仰，小到社会风尚、生活习俗、娱乐方式。其中，包括哲学社会科学理论、文学艺术、广播影视、新闻出版这4个方面在内的文化，是可以作为"抓手"加以建设发展的、以有形达至无形的产业文化。

怎样看待出版？出版既是文化的重要组成部分，也是传播学术理论、思想精神、文学艺术等其他文化的重要途径。出版业作为古老的行业，在新时代新技术条件下，及时适应现代社会人们对各种信息、知识、文化、思想的渴求，获得了新的更大的发展生机。实际上，在最近十几年的文化体制改革和发展过程中，出版业一直走在前列，是文化改革的排头兵，文化发展的先锋队。

目前，我国出版业已经初步形成了适应社会主义市场经济要求的管理格局、市场主体、经营机制、竞争态势，初步具备了满足人们文化需求、参与国际出版竞争的能力，可以称得上是出版大国。然而，与发达国家相比，我国的出版业还有很大差距，我们还不是出版强国。国家要崛起，文化要昌盛，作为文化基础产业的出版业，必须要率先实现大发展、大繁荣，成为出版强国。出版强国的标志是什么？一是要有在国内外有强大影响力的精品图书、精品出版物，二是要有在国内外有强大竞争力的品牌企业、跨国企业，三是要有在国内外有强大号召力的大作者、大出版家。

三、精品成就文化影响力

什么是精品？我们认为，像《尔雅正义》《说文解字》《四库全书》《古今图书集成》《历代舆地图》《历代职官表》《康熙字典》《十三经注疏》《辞海》《辞源》《二十四史（点校本）》《现代汉语词典》《新英汉词典》《新华字典》《世界地名录》《中国大百科全书》那样的集成性、工具性作品，是精品。我们对它们，信得过、用得着、离不开；它们是我们综览古今的钥匙、吸纳中外的平台、相互沟通的桥梁。

我们认为，像《周易》《左传》《论语》《道德经》《孙子兵法》《朱子语类》《明儒学案》《天工开物》《农政全书》《本草纲目》《水经注》《独秀文存》《鲁迅全集》《钱钟书集》《叶圣陶集》《汉译世界学术名著丛书》那样的文化学术类著作，是精品。它们见前人所未见、发前人所未发、集前人所未集，看得准、想得深、说得透，它们参透世界、微言大义、独步古今、影响深远，从而撑起了中国人的思想天空。

我们认为，像《孔雀东南飞》《出师表》《桃花源记》《滕王阁序》《阿房宫赋》《答司马谏议书》《登泰山记》《少年中国说》那样诗词文章，像《静夜思》《将进酒》《黄鹤楼》《登鹳雀楼》《念奴娇·大江东去》《破阵子·为陈同甫赋壮词以寄之》《再别康桥》那样的诗词文章，像《封神榜》《西游记》《红楼梦》《孔乙己》《家》《春》《秋》

《子夜》《雷雨》《死水微澜》《老张的哲学》《青春之歌》《铁道游击队》《白鹿原》那样的小说，都是精品。它们，或者豪情万丈，或者柔情似水，人物活灵活现、故事神乎其神，读之不忍释卷、思之难以忘怀。它们有滋味、有趣味、有意味、有情味、有韵味、有品位，从而构成了中国人的精神家园。

对照前面所列举的作品，当下，我们每年出版几百种工具书，每年出版成千上万种文化学术著作，每年出版数万种文艺作品，每年出版 30 多万种各类图书，有多少算得上是精品呢？应当说，还是有一部分、有一小部分的，但是，精品确实不多。

不是精品力作，读者不爱看，看了也看不进去，勉强看进去了也得不到启迪，甚至留不下印象，何来文化影响力呢？

今天的时代与过去不同，我们不祈求每一本图书都成为精品，但我们还是希望精品的数量比例能够多一些、再多一些。

精品的产生有什么规律呢？

我们发现，先秦诸子、楚辞、汉赋、唐诗、宋词、元曲、明清小说中，很多是精品；近现代、现当代，一流学者和作家的作品，通常是精品；经过一流编辑慧眼识珠、修磨打造、加工锤炼的作品，往往是精品；品牌出版社精心策划、披沙拣金、编录集成的作品，很多是精品。

我们进一步发现，那些饱蘸了作者的激情、披沥了作者的智慧、浸透了作者心血的作品，才可能是精品。作为出版人，我们用同样的激情、智慧、心血，去寻找、去发现、去打磨，才可能生产出精品。

我们再进一步发现，精品，可以从作品本身的学术价值、艺术价值、知识含量、信息容量来衡量，还可以从编辑的质量、装帧设计的质量、印刷的质量来衡量，甚至还可以从出版社的品牌影响力来推断。

作为出版人，我们不可能代替作者进行内容创新，但我们可以发现和选择有创新能力的作者；我们不能创新内容，但我们可以创新形式、创新作品的传播方式，这也是生产精品的重要方面。

当我们的精品越来越多的时候，我们的文化影响力也就会越来越大。

四、品牌企业造就文化竞争力

我们不光要打造一两件精品，我们需要的是连续地打造源源不断的精品。这就需要形成生成精品的小环境、小气候、小空间，在这个精品生产空间里，有优秀的编辑出版队伍、良好的编辑出版机制，能够以自己的学识和服务，取得极少数一流学者的信赖，获得大多数普通读者的认可。这样，长此以往，良性循环，出版的好作品越来越多，赢得的读者就越来越多，吸引的优秀作者也就越来越多。于是，一个品牌企业就逐渐成型了。

像商务印书馆、中华书局、三联书店、人民文学出版社这样的出版社，之所以能够成为品牌企业，保持企业品牌，是与它们始终贴近时代要求，不断独自发掘新作者、维护老作者分不开的；也是与他们始终关注读者需求，不断满足读者的新需求、创造和引导读者的新需求分不开的。这样的品牌企业，无疑具有比其他企业更强的文化竞争力和市场竞争力。

品牌企业的文化竞争力，从内在修为和文化追求上说，应当体现在：关注信息的提供，能让读者越来越多地了解世界；关注知识和技能的传播，能让读者越来越多地理解世界、改造世界；关注情感的传递艺术的呈现，能让读者越来越好地热爱生活、丰富生活；关注学理、哲理、智慧的渗透和浸润，能让读者越来越好地适应社会、品味生活、享受人生。这样的有文化追求的企业，才是有灵魂的企业，才有可能成为品牌企业，才有可能铸就文化竞争力。

光有内在修为和追求是不够的。品牌企业的文化竞争力，从战略、组织和制度设计上说，还应当体现在：一是要有清晰的战略设计和定位，有所为有所不为，产品线清晰，产品集群关联度高，能够不断推出标志性产品，不断强化品牌特色；二是要有良好的组织结构和制度安排，能够适应现代企业制度和市场竞争的需要，不断巩固品牌优势；三是要有先进的运行机制和激励机制，保障经营管理的各个方面、各个环节，既有机衔接，又灵活运行，既有很强的执行力，又有很强的创造力，既能维持精品的复制性生产，又能促进精品的创新性生产；四是要有能够传承品牌文化精神的优秀的企业统帅和业务骨干，他们才是品牌的守护人、传承人。

良好的内在修为和高远的文化追求，良好的战略、组织和制度设计，这是保持品牌优势、弘扬企业品牌、成就文化影响力、造就文化竞争力的基本要求。

五、要打造精品、铸造品牌，就要培育一批大出版家

精品打造、品牌铸造的最根本的要素，是人，是优秀的出版人、出版家。

文化强国背景下优秀出版家的内涵，应当包括"三大三全"：从立意和起点来看，拥有大胸怀；从工作视野来看，立足大文化；从时代要求来看，面向大时代；从纵向的生产环节来看，参与全流程；从横向的表现手段、呈现方式、传播路径来看，涉及全媒体；从内在的素质和能力要求来看，具有全面的文化素质和文化创造能力。

优秀出版家的作用，主要体现在三个方面：第一是选择，第二是优化，第三是传播。

选择的过程，就是发现优秀作者，挖掘作者潜力，发掘市场的潜在需求，推出精品出版物的过程。好的作者，是好的出版家开发出来的；市场的需求，也是好的出版家发掘出来的。一般出版人追踪市场需求，一流出版人创造市场需求，这个意思，苹果公司的乔布斯就说过，"需求是创造出来的"。

优化的过程，就是把作者提供的原始稿件加工打磨成更具有阅读性、欣赏性、收藏性的过程，更具有市场适应性、社会传递

性的过程。世界上没有一部书稿是完美无瑕的。所谓的优化，就是要为书稿"把脉、诊断、看病、开方"，不断提高其水准和价值。这一过程，既是审稿、加工、校对、设计、印制复制、上网上线上终端阅读器的过程，还是协同处理文字、图片、声音、影像等视听效果的过程。

优化体现在审稿方面，是从大处着眼，侧重解决稿件的思想性、政治性、科学性、艺术性、知识性、独创性等问题，由此决定稿件的取舍、修改原则和基本品质。审稿过程至少要遵循以下四个原则：社会效益第一原则、质量第一原则、读者至上原则、尊重作者原则。 优化体现在编辑加工、校对、设计、印制复制、上网上线上终端阅读器的环节，是从小处着眼，侧重 解决体例、文字、图片、声音、影像的正误、优劣问题，侧重提高装帧、表达、呈现和阅读的效果。这些环节的要义，至少要做到"三改一提高"：改正错讹、改进表达、改善质量、提高可读性。

优化体现在协同处理文字、图片、声音、影像等视听效果方面，以及前面所说的上网上线上终端阅读器方面，还要从技术着眼，熟练运用各种编辑软件和数字处理平台，不断提高工作效率，提高综合表现和综合传递效果。这些方面的要义，在于做到三个结合：纸媒体表现与多媒体表现相结合，传统编辑与数字化编辑相结合，传统阅读方式与现代阅读方式相结合。

传播的过程，就是发行、发布、宣传、广告、营销和取得效益的过程，也是一个协调各种关系、优化配置资源的过程。为了让出版物传播成功，出版家必须当好"多面人"，在不同的工作对象面前扮演好各种不同的职业角色，运筹好各种社会资源，统筹好媒体、读者、作者、广告商、渠道商、发行商之间的各种关系，努力实现出版物的 5 个最大化：传播半径最大化，读者群体最大化，文化贡献最大化，社会影响最大化，经济效益最大化。

要培育具备以上内涵、发挥以上作用的出版家，应当可以从以下 5 个方面入手。

一是思想政治素质，它决定着出版的境界和方向。意识形态性是全球出版业的共性。美国的《时代周刊》和好莱坞大片传递的是西方社会的主流价值观。我们追求的品牌企业，自然也要很好地传播和构建社会主义核心价值体系。

二是科学文化素质，它决定出版的学术水平和品位。在人类文明史上，出版业肩负着普及知识、传承文化、积累文明的重要使命。宋朝的张载曾说过四句话作为知识分子的价值追求："为天地立心，为生民立命，为往圣继绝学，为万世开太平"。商务印书馆的创始人张元济先生也曾说过："昌明教育生平愿，故向书林努力来。"因此，出版人首先应当是文化人，要有远大的文化理想、崇高的文化追求和自觉的文化担当。

三是信息加工能力，它决定着出版的技术水平和质量。在信息化时代，出版人不仅要掌握传统出版的基本技能，还要掌握数字出版的相关技能、相关知识。在签订出版合同时，别忘了争取签下数字版权；在学习传统的线性编辑业务时，也要学会如何做一名非线性编辑；在做营销推广时，也要积极尝试把内容资源放到手机、移动阅读器、iPad 和网络上，全方位地推广运营。

四是生产作业能力，它决定着出版的效率。出版人应当了解出版生产的流程和环节，熟悉生产作业的程序和操作方法，熟悉生产设备和材料，熟练运用生产工具。

五是市场运作能力，它决定着出版的效益。出版企业不同于单纯的学术研究和教学机构，不能够只耕耘文化、不耕耘市场，而应当在赢得市场的同时赢得发展；出版人必须瞄准市场需要开发选题，按照市场规律开展营销推广，从而实现社会效益与经济效益的最佳结合。经济效益好了，企业才能立足进而做强做大，企业的品牌优势才能发挥，品牌企业的市场竞争才能增强，文化竞争力才能体现和扩大。

出版业是一个文化行业。出精品，做品牌，是出版人的文化使命和文化追求。我们的目标，就是不断超越自我，勇于创新开拓，瞄准当代海内外更多一流的专家学者，出版更多体现面向当代、面向现实、面向未来的精品力作，努力回答好当代中国社会发展的新课题、人民关注的新问题，让人民获取智力资源、享受文化成果，同时也提升思想文化素质；努力回答好世界瞩目的新难题、人类关心的新话题，为中国文化走向世界提供更多的选项，让世界了解中国、理解中国，同时，让世界也适应中国！

我以为，能让世界不得不适应的国家，就是文化强国；能让世界不得不关注的文化，就是真正繁荣昌盛的文化。

我国出版业改革发展的基本趋势与中国出版集团概况★

提　要

第一部分　我国出版业改革发展的八大基本趋势

（一）生产规模化

（二）企业集团化

（三）经营专业化

（四）竞争市场化

1. 出版能力趋于向大社集中

2. 出版物细分市场形成三大强势板块

3. "巨无霸"式的出版企业现出端倪

4. 出版集团逐渐主导市场

5. 出版集团逐渐成为行业经济的中坚

（五）市场国际化

1. 产品贸易

★　2011年9月22日，在2011年集团新进本科生研究生培训班上的报告。

2. 版权贸易

3. 出版合作

（1）产品合作

（2）版权合作

（3）合作企业

（六）内容数字化，传播网络化

1. 国际数字出版现状

2. 国内数字出版现状

3. 中国数字出版产业发展的制约因素

（七）管理规范化

1. 管而有据的问题

2. 管理对象的问题

3. 管理产品和管理产量的问题

（八）阅读大众化

第二部分　中国出版集团概况

（一）基本情况

1. 成立过程

2. 组织机构

3. 产业地位

4. 业务范围

（二）竞争优势

1. 优质品牌集中

2. 出版资源丰富

3. 产品线明晰

（1）一级产品线

（2）二级产品线

（3）三级产品线

4. 重大项目云集

（1）积极配合党和国家重大经济、政治、文化、社会活动的重点项目

（2）具有重大文化积累价值和文化创新价值的项目

（3）出版单位的重点项目和"走出去"方面的重点项目

5. 出版理念创新

（1）BIBF

（2）"双推计划"

（3）读者大会

（4）香山论坛

（5）国际出版家论坛

（6）《中国当代作曲家曲库》音乐会

6. 区位经营优势

（1）首都优势

（2）重点地区优势

（3）跨地域经营优势

7. 市场份额居首位

8. 跨国经营有基础

9. 数字出版和新技术应用领先

（1）数据库

（2）网站

（3）阅读器、手机报

（4）中版闪印王

（5）听书产品

（6）网络产品

10. 专业人才集中

（三）发展战略与目标

1. 战略地位

（1）政治地位

（2）历史地位

（3）产业地位

2. 经营管理定位

（1）三组中心

（2）四个方面

3. 三大着力点

（1）出版物进出口与品牌营销——增强国内外传播能力

（2）股改上市与资本运作——增强造血能力

（3）集约经营与兼并重组——增强扩张能力

4. 战略目标

附录 1：中国出版集团出版资质与能力

附录 2：中国出版集团所属企业与品牌

附录 3：中国出版集团海外机构

附录 4：中国出版集团主要出版机构概况

第一部分　我国出版业改革发展的八大基本趋势

（一）生产规模化

我国出版业目前的生产特点，是品种规模较大而企业规模不足。就品种规模而言，2010年，我国共出版各类出版物372937种，其中，图书328387种，期刊9884种，报纸1939种，录音制品10639种，录像制品10913种，电子出版物11175种，生产能力位居世界前列，成为名副其实的出版大国。但就生产企业而言，我国还缺少能够主导国内市场竞争、挑战国际出版巨头的大型出版实体。

国际大型出版传媒集团都是立足大文化领域的出版传媒综合体和经济实体，具有强大的经济实力和文化软实力。

2010年，培生集团（Pearson）以近81亿美元的总收入再次荣登全球出版业50强榜单榜首。全球排名前50位的出版机构总收入达690多亿美元（仅指出版部分）。2010年全球排名前10位的出版商销售额达到310亿欧元，比起2008年和2009年两年的销量均有所提高；排名前20位的出版商总销售额达到420亿欧元，打破2007年创造的400亿欧元的纪录。

而我国传统出版业2010年销售收入大约在700多亿元，合109亿美元，与排名第19位的施普林格科学商务传媒（瑞典、新加坡）和第20位的英富曼公司（英国）相当。

2010 年全球出版业 50 强

排名	公司	国家	2010 年总收入（亿美元）	2009 年总收入（亿美元）
1	培生（Pearson）	英国	80.9514	77.5640
2	里德·爱思唯尔 (Reed Elsevier)	英国，荷兰，美国	71.4712	73.6712
3	汤森·路透 (Thomson Reuters)	加拿大	56.3700	54.7000
4	威科集团 (Wolters Kluwer)	荷兰	47.1881	49.1077
5	贝塔斯曼 (Bertelsmann)	德国	38.4432	42.5695
6	阿歇特 (Hachette Livre)	法国	28.7296	32.9503
7	麦格劳希尔教育 (McGraw-Hill Education)	美国	24.3300	23.8800
8	行星集团 (Grupo Planeta)	西班牙	24.2708	25.8658
9	圣智学习出版公司 (Cengage Learning)	加拿大，美国	20.0700	19.5800
10	学士公司 (Scholastic Corp.)	美国	19.1200	18.4900
11	霍兹布林克 (Holtzbrinck)	德国	暂缺	18.7479
12	阿格斯蒂尼 (De Agostini Editore)	意大利	暂缺	18.4320
13	威利 (Wiley)	美国	16.9900	16.1100
14	霍顿米夫林哈考特 (Houghton Mifflin Harcourt)	美国，凯门群岛	16.7300	16.0000
15	集英社 (Shueisha)	日本	15.9173	14.4814
16	讲谈社 (Kodansha)	日本	14.9255	13.5207
17	小学馆 (Shogakukan)	日本	14.3620	13.8505
18	哈珀·柯林斯 (Harper Collins)	美国	12.6900	13.8800
19	施普林格科学商务传媒 (Springer Science and Business Media)	瑞典，新加坡	11.4918	12.2877
20	英富曼 (Informa)	英国	10.3898	10.7490
21	学研社 (Gakken)	日本	9.5288	8.4594
22	牛津大学出版社 (Oxford University Press)	英国	9.4171	9.3865
23	博尼尔 (Bonnier)	瑞典	9.2722	9.3771
24	桑蒂亚纳集团 (Grupo Santillana)	西班牙	8.5193	8.8450

（续表）

排名	公司	国家	2010年总收入（亿美元）	2009年总收入（亿美元）
25	RCS 利布里 (RCS Libri)	意大利	8.0456	8.2888
26	埃格蒙特集团 (Egmoint Group)	丹麦，挪威	7.9222	8.3877
27	角川出版社 (Kdokawa Publishing)	日本	7.9179	6.1467
28	西蒙与舒斯特 (Simon& Schuster)	美国	7.9080	7.9350
29	熊津出版社 (Woongjin ThinkBig)	韩国	7.2276	暂缺
30	大教出版社 (Daekyo Publishing)	韩国	6.9279	暂缺
31	克莱特（Klett）	德国	6.1745	6.6772
32	康乃馨 (Cornelsen)	德国	5.8388	6.1797
33	读者文摘 (Reader's Digest)	美国	5.8200	7.5800
34	蒙达多利 (Mondadori)	意大利	5.4925	6.1223
35	莫里斯帕奥尼尔出版集团 (Messageri Italiane–Gruppo Edicoriale Mauri Spagnol)	意大利	5.2536	4.9466
36	禾林出版社 (Harlequin)	加拿大	4.6753	4.6885
37	萨诺玛 (Sanoma)	芬兰	4.6445	6.1037
38	媒体参与出版集团 (Media–Participations)	比利时	4.3433	4.5695
39	勒费弗－沙闰 (Lefebvre-Sarruc)	法国	4.3048	4.5021
40	高等教育出版社 (Higher Education Press)	中国	3.9215	3.6791
41	马蒂尼埃集团 (La Mortinière Groupe)	法国	3.7687	3.7279
42	新潮社 (Shinchosha)	日本	暂缺	3.6234
43	威斯特曼教育出版社 (Westermann Verlagsgruppe)	德国	3.4237	3.5816
44	文艺春秋社 (Bungei)	日本	3.3539	3.2261
45	伽里玛集团 (Groupe Gallimard)	法国	3.2034	3.4798
46	四月教育出版社 (Abril Educação)	巴西	3.0771	暂缺
47	帕修斯 (Perseus)	美国	3.0000	暂缺
48	维卡 (Weka)	德国	2.7734	3.0081
49	金元 (Kyowon)	韩国	2.7280	3.6562
50	迈尔杜蒙 (MairDuMont)	德国	2.6540	2.5808

数据来源：《出版商周刊》

此外，以贝塔斯曼集团为例，该集团创立于 1835 年，经过 170 多年的经营，这个家族式企业已成为世界第五大出版传媒集团。主要业务涉及图书、期刊、报纸、电视、电影、音乐、音像、传媒服务、图书俱乐部等诸多领域，分支机构遍及 50 多个国家，下属公司达到 300 多家。而我国的高等教育出版社以 3.9215 亿美元的总收入位列榜单第 40 名，比 2009 年的排名退后一位。

在发行领域，超大型经济实体同样垄断了市场。如在美国，两家最大的连锁书店巴诺书店和鲍德斯书店（鲍德斯书店 2011 年 1 月宣告破产），2006 年的销售收入为 70 亿美元，占全美图书零售市场的份额高达 1/3。在英国，两家最大的连锁书店瓦特斯通书店和史密斯书店，2006 年的销售收入为 7.5 亿英镑，占全英图书零售市场的份额高达 35%。

（二）企业集团化

为适应国际大型出版传媒集团的强势竞争，我国自 20 世纪末开始推进出版体制改革。改革的核心内容，是企业集团化，培育大型出版竞争主体。

1999 年 2 月，成立我国第一家出版集团——上海世纪出版集团。

2001 年 8 月和 2002 年 7 月，中办、国办先后下发 17 号文件（中办、国办转发《中央宣传部、国家广电总局、新闻出版总署关于深化新闻出版广播影视业改革的若干意见》）和 16 号文件（中办、国办转发《中央宣传部、新闻出版总署关于进一步加强和改进出版工作的若干意见》)。

2002 年 8 月，新闻出版总署制发了有关出版、报业、发行集团建设的规范性文件(《出版集团组建基本条件和审批程序》《报业集团组建基本条件和审批程序》《发行集团组建基本条件和审批程序》等)。

这些举措，标志新闻出版业开始以推进集团化建设为突破口进行产业结构调整。

2003 年 6 月，召开了全国文化体制改革试点工作会议，出台了 21 号文件(《中共中央办公厅、国务院办公厅转发〈中共中央宣传部、文化部、国家广电总局、新闻出版总署关于文化体制改革试点工作的意见〉的通知》)。 21 号文件确定为文化体制改革试点单位的新闻出版单位有 26 家，其中出版单位 9 家，发行单位 6 家，新闻单位 11 家。

2003 年 12 月，出台了国办发 105 号文件(包括《文化体制改革试点中支持文化产业发展的规定(试行)》和《文化体制改革试点中经营性文化事业单位转制为企业的规定(试行)》)。这些政策，极大地推动了包括出版在内的文化体制改革和文化产业发展。

2004 年 3 月 25 日，国务院下发国函 22 号文件，授权成立中国出版集团公司，授予中国出版集团公司对所属成员单位占用的经营性国有资产行使出资人权利。中国出版集团公司成为我国第一家具有完全企业身份的出版单位和第一家获得政府授权经营的出版单位。

截至 2011 年 7 月底，我国共成立了 37 家出版集团。此外，还成立了 27 家发行集团、39 家报业集团、5 家期刊集团。

国内部分出版集团概况

序号	集团名称	成立时间	备注
1	上海世纪出版集团	1999.2.24	上海世纪出版股份有限公司前身
2	北京出版社出版集团	1999.7.7	
3	广东省出版集团	1999.12.22	广东省出版集团有限公司前身
4	辽宁出版集团	2000.3.29	
5	中国科学出版集团	2000.6.25	
6	湖南出版集团	2000.9.1	湖南出版投资控股集团有限公司前身
7	山东出版集团	2000.12.12	
8	浙江出版联合集团	2000.12.21	
9	江苏出版集团	2001.9.28	凤凰出版传媒集团前身
10	中国出版集团	2002.4.9	中国出版集团公司前身
11	吉林出版集团	2003.12.12	
12	中国作家出版集团	2003.12.22	
13	四川出版集团	2003.12.26	
14	河南出版集团	2004.3.28	
15	河北出版集团	2004.4.15	
16	上海文艺出版总社	2004.6.22	
17	湖北长江出版集团	2004.10.12	湖北长江出版传媒集团有限公司前身

（续表）

序号	集团名称	成立时间	备注
18	江西省出版集团公司	2004.12.31	
19	云南出版集团公司	2005.1.25	
20	重庆出版集团公司	2005.4.28	
21	贵州出版集团公司	2005.9.30	
22	武汉出版集团公司	2005.11.28	
23	安徽出版集团有限责任公司	2005.11.28	
24	读者出版集团	2006.1.18	
25	山西出版集团	2006.12.21	
26	北师大出版集团	2007.7.10	
27	陕西出版集团	2007.12.28	
28	青岛出版集团	2009.3.18	
29	黑龙江出版集团	2009.5.18	
30	黄河出版传媒集团	2009.9.9	
31	内蒙古出版集团	2009.12.10	
32	杭州出版集团	2009.12.18	
33	广西出版传媒集团	2009.12.22	
34	天津出版传媒集团有限公司	2009.12.29	
35	中国地图出版集团	2010.9	
36	中国教育出版传媒集团公司	2010.12.18	
37	中国科技出版传媒集团	2011.7.19	

　　出版集团的成立、转制和授权经营，使其逐渐获得了比过去的出版社大得多的权利和发展势能。集团的核心企业——集团公

司,得以按照国家规定的权限,统一配置全集团的资源,统一遴选、考核、任免、调配集团公司和子公司控股公司的管理人员,统一管理全集团的发展战略规划、重大投融资项目,依法决定子公司控股公司的经营方式、分配方式和重大生产经营决策;子公司、控股公司则在集团公司的规划和指导下,开展日常生产经营活动。

作为新生事物,目前一部分集团转变体制的任务还没有完成,集团的决策、管理、运行机制等还需要进一步探索、创新、完善。中国出版集团公司的转企改制任务已经完成,原定的转制时点是2007年7月26日,因社保接续问题,转制时点延到2010年7月1日。

(三)经营专业化

我国出版业目前的另一个特点,是企业普遍广种薄收而缺少专业化经营。

强化专业经营,垄断核心业务的细分市场,是国际大型出版传媒集团的基本战略。比如汤姆森集团,最初的经营横跨报纸、电视、石油勘探、旅游等多个行业。后来,汤姆森相继退出报纸、旅游、石油勘探行业,转向图书出版和信息服务行业,在教育方面重点发展以高等教育出版为重心的汤姆森学习出版集团,同时保持法律、金融、保健、科技等专业领域的出版领先地位。2007年5～7月,汤姆森再作惊人之举,将旗下的汤姆森学习出版集团公司以77.5亿美元出售,同时收购世界著名的路透集团。汤姆森之所以这样做,主要目的就是要通过"整合战略战术和商务模式"，确保自己在专业化经营领域的优势。

比较而言，我国出版企业缺乏通过市场竞争、自由选择而形成的专业化经营。行政管理上，我们有出版专业分工，但同时，每个省区都有相同专业的人民社、文艺社、美术社、科技社、古籍社，导致了产品雷同、生产跟风和同质竞争。2010 年，全国 90% 的出版社都参与文学市场竞争，但市场占有率超过 5% 的只有人民文学、长江文艺两家；参与社会科学图书出版的也有 568 家，市场占有率超过 1% 的只有 22 家；参与教辅读物出版的有 533 家，市场占有率超过 1% 的也只有几十家。

经营专业化，要求出版企业创新选题模式，根据自己的书稿资源、编辑资源、作者资源、生产能力，组织优势产品，寻找、选择、发现和创新细分市场，不断强化自己的目标市场。专业化经营，既要审时度势，勇于开拓新的出版领域、新的阅读形式、新的营销模式、新的服务方式，在开拓中有所扬弃；又要持之以恒、坚守阵地、精耕细作，不心猿意马、随波逐流。

（四）竞争市场化

通过这些年的市场化竞争，我国的市场格局逐步清晰合理，不再是行政资源为主的竞争。表现在：

1. 出版能力趋于向大社集中

2010 年全国 581 家出版社出版图书 32.8 万种，定价总码洋 930.9 亿元。就出版品种而言，2 成多的出版社出版了近 6 成的图书；就造货码洋而言，1/4 的出版社生产了 6 成的码洋。

2. 出版物细分市场形成三大强势板块

2010 年，社科、科技、综合 3 大图书类别的种数占到 8 成左右，造货码洋均占到 6 成半。文艺、美术、古籍、民族、少儿、旅游、综合等 7 个类别的种数只占 2 成左右，码洋只占 3.5 成。

3. "巨无霸"式的出版企业现出端倪

近年，高教社、外研社、人教社三大教育出版社，造货码洋占全国造货总码洋的 7%～8%，占全国教育类图书造货码洋的 4 成。2010 年中国出版集团的大众图书的市场占有率达到 6.61%，是第二名（吉林出版集团）的 1 倍多。

4. 出版集团逐渐主导市场

2010 年，全国前 10 家出版集团的市场占有率达到 28.56%，动销品种占有率达到 20%。

5. 出版集团逐渐成为行业经济的中坚

2009 年，总资产和销售收入均超过 100 亿的有 1 家，即凤凰出版集团（100 亿元/120 亿元）；两项指标超过 30 亿元的有 11 家（凤凰/浙江/湖南/山东/中原/江西/安徽/河北/中国出版集团/陕西/广东）。2010 年，中国出版集团的总资产近 80 亿元，利润总额超过 2.8 亿元。

但是，我国图书出版产业的集中度仍然偏低。2010 年，中国图书出版产业的 CR4（前 4 家市场占有率）和 CR8（前 8 家市场占有率）分别为 16.74%（中国出版集团 6.61%，上海世纪出版集

团 2.19％）和 24.97％，只相当于美国 17 年前的一半——美国在
1993 年的 CR4 为 30％，CR8 为 52％。

竞争市场化，就是：

（1）要通过转企改制，进一步把原来计划经济条件下的经营
性出版单位转到市场经济的轨道上来，成为市场主体；出版单位
完成转企改制和股份制改造，成为规范的公司制企业后，即具备
了上市资格，可以通过上市融资，加速发展。

（2）同时，把民营出版发行企业纳入平等竞争轨道。这是因为：
①目前民营出版发行公司已经有 1 万多家，一半在北京，总量很
大。②畅销图书中有一半是民营公司策划的，其中 70％ 的畅销小
说是民营公司策划的。几家大的民营企业年策划图书 1000 多种，
年销售码洋 5 亿～ 10 亿元，超过了许多大中型出版社。例如金
星教育、磨铁文化、聚星天华、新经典等。③目前它们是通过与
国有出版社合作，取得出版权。事实上，应该给予民营公司相应
的"国民待遇"。

目前，发行企业中已有上海新华传媒股份有限公司、四川新
华文轩连锁股份有限公司等在 A 股或 H 股上市（上市的新闻出
版企业还有：北京赛迪传媒投资股份有限公司、成都博瑞传播股
份有限公司、北青传媒股份有限公司等）；出版企业中辽宁出版
集团作为大陆第一家上市企业在 A 股上市，安徽出版集团（时代
出版传媒集团）也于 2010 年上市。中国出版集团公司将组建中
国出版传媒股份有限公司整体上市，同时集团成员单位荣宝斋将

单独上市。

（五）市场国际化

中国加入 WTO 后，出版业对外开放势不可挡，中国出版市场加速国际化。2003 年我国对外开放图书零售业务，2004 年对外开放图书发行批发业务。贝塔斯曼、施普林格、汤姆森、培生、讲谈社等世界出版巨头，纷纷在京、沪等地设立办事处或代表处。

在我国市场逐步国际化的同时，我国也加速"走出去"，走向国际市场。出版"走出去"，从政治上讲，是提高中华文化的国际渗透力、影响力和国家软实力的需要；从经济上讲，是积极参与国际竞争、争夺国际市场、打造出版强国的需要。为推动"走出去"，政府部门出台了一系列鼓励政策，提供了包括"中国图书对外推广计划"的翻译资助和参加国际书展的展费资助在内的各种资金支持。

市场国际化的体现是：产品贸易、版权贸易规模越来越大，国际合作越来越频密，合作方式趋于多样化。

1. *产品贸易*

即书、报、刊、音像、电子等出版物的进口、出口贸易，以及相应的出版服务。我国出口进口出版物数量比例，2004 年为 1:6.64，2005 年为 1:5.24，2006 年为 1:5.41，2010 年为 1:3.05。

2. *版权贸易*

即一方从境外的另一方有偿获得出版权利，所获得的授权通常在媒体形式、版本形式、文字种类、发行地区等方面都是有限的。我国输出引进出版物版权的比例，2003 年为 1:15.43，2004 年为 1:8.62，2005 年为 1:7.18，2006 年为 1:6.02——其中图书为 1:5.34。2010 年出版物版权贸易输出引进比进一步缩小为 1:3，而中国出版集团公司的版权贸易比是 1:1.94，位居全国第一名。

3. 出版合作

包括产品合作、版权合作和合作企业等 3 种形式。

（1）产品合作

即双方共同策划、编辑、出版产品，版权共享。比如人民文学出版社和希腊出版商合作，邀请两国最优秀的作家在同一题材、同一体裁之下进行创作，同时约请两国顶级翻译家与插图画家为对方国家作家的作品进行翻译和配图。最后，两部作品将被装订成一本完整的图书，分别以两个国家的语言在各自国家出版发行，使同一题材、同一体裁的作品在同一本书中实现跨语种、跨国界、跨艺术形式的立体演绎。

（2）版权合作

即双方事先签订战略性的一揽子版权协议，在版权受让过程中保持协商、调整，共同对新版本的内容及出版效果进行管理。又包括图书版权合作和期刊版权合作。

图书版权合作的例子，三联书店与 LP 旅游图书合作项目，三联书店通过引进澳大利亚 LP 的旅游图书，带动了三联书店本土原创旅游图书的出版，还是在世界各国中唯一取得 LP 授权、使用该公司统一装帧格式进行出版的单位。

期刊版权合作方面，成功的例子有美国《国家地理》杂志，中国《时尚》《瑞丽》《读者文摘》。再如，中国出版集团公司所属世界图书出版公司，与国外知名机构合作，共购权出版世界科技类等专业期刊 3000 多种。

（3）合作企业

即境内外企业合资创办新的出版机构。这主要为了"本土化"生产、销售和服务，着眼于适应当地文化的需要。

目前，中国出版集团公司已在海外成立 29 家分支机构，初步形成涵盖英、法、韩、德等多语种的国际出版格局，年出版图书 150 种以上；并在纽约、圣地亚哥开办了 2 家海外新华书店。

近年来，在国际文化出版活动中，中国出版频频亮相，产生了越来越大的影响。2004 年，我国首次作为主宾国亮相法国出版沙龙；2007 年，我国作为主宾国亮相第 20 届莫斯科书展；2009 年我国作为主宾国亮相法兰克福书展。2012 年，我国还将作为主宾国亮相伦敦书展。主宾国活动，掀起了强劲的"中国风"，促进了文化及出版交流与合作。

（六）内容数字化，传播网络化

随着互联网和高新技术的快速发展，包括图书、报纸、杂志、音像制品等在内的传统出版物近年来在不少国家都出现了经营滑坡的趋势，而新兴的数字媒体譬如新闻网站、电子图书、数字杂志、在线音乐、网络游戏，还有以手机为载体的手机报纸、手机小说、手机音乐等众多新的阅读载体和阅读方式正在兴起。

近几年的法兰克福书展上，30％的展品都是数字产品。2007年，汤姆森集团绝大部分的销售额来自电子产品和服务的盈利。在美国，2006年电子书销售收入已达到2000万美元。在日本，2006年手机小说的销售超过了8200万美元（100亿日元）。2007年上半年，进入日本10大畅销书排行榜的一半是由手机小说改编的作品。

截至2009年，我国电子书交易册数为5300万册，实现销售收入3.27亿元；与此相适应的，则是电子图书读者群的不断扩大，电子书读者规模达到10100万人。

美国弗雷斯特研究公司公布的报告指出，2010年美国电子书销售额达到了10亿美元，电子书阅读器价格降低到了100美元左右。目前美国读者手中有专用电子书阅读器1050万，平板计算机1000万左右，大多为iPad，在拥有iPad的人群中，1/3同时拥有Kindle电子书阅读器。按照最保守的估计，2011年电子书销售额将达到13亿美元。

亚马逊等网络发行商已经凭借其渠道优势，开始挤压传统出版商的利润空间，侵入他们的产业链条。创办于1995年7月的亚马逊公司依靠先进的技术优势成为全美最便宜的书店之一，同时也成为出版产业新型业态的典型代表。

国内出版社也是如此，一些出版社对当当网的依赖日增，有些出版社在当当网的销售码洋已占当期销售总码洋的 30% 以上。

总体来看，国际国内数字出版的发展趋势咄咄逼人，对传统出版形成了巨大挑战。

1. 国际数字出版现状

每年初在美国举行的 DBW 和 TOC 是国际电子书和数字出版界两个顶级大会。2011 年 1 月在纽约召开的第二届 DBW 电子书大会，有 1300 多名出版业人士参与探讨图书出版业的数字化转型之道，"欢呼出版业新黄金时代的到来"。 DBW 论坛的发起人麦克·沙特金预言：未来 10 年内，出版业的数字化程度将达到一半；未来 5 年内，书店里的书架空间缩减一半；未来 10 年内，缩减 90%；实体书店最终将消亡。然而，Verso 数字公司于 2010年 11 ～ 12 月对消费者图书购买行为的第四次抽样调查，其结果则温和得多。调查显示，2010 年电子书阅读器的拥有量比上年增长了两倍，但电子书阅读器拥有者购买电子书和纸质书是两回事，90% 的阅读器拥有者认为还会购买纸质书。

本人认为，国际数字出版有如下基本特征。

第一，从发展趋势看，国际传统出版商已经开始全面向数字出版商转型。

近几年的法兰克福书展上，30% 的展品都是数字产品。目前，从数字出版物类别来看，百科全书、工具书、专业图书、专业杂志占主流，小说及文艺类则是纸质出版物居多。从全球数字出版与纸介质出版的比例看，杂志高于图书，专业出版物高于通俗读物。从销售收入来看，大众类数字出版所占的比例为 4% ～ 5%，教育类数字出版的比例为 30% ～ 40%，专业类数字出版的比例为 60% ～ 70%。

关于数字出版物的定价，工具书和学术专著比纸质版更贵，大众图书和教科书则不同。牛津大学出版社的工具书电子版定价为纸质书的 150%，学术专著为 135%，大众出版物为 75%，而大学教科书仅为 50%。

第二，数字出版的盈利模式正在积极探索中，数字出版盈利水平逐步提高。

在美国，大众出版数字化转型仍然在隧道里潜行，数字产品收入金额还没有超过总营收的 1% ；专业出版是数字化转型中商业模式成功的第一片霞光，已在很大程度上实现盈利。

2007 年,汤姆森集团在出售了旗下的汤姆森学习出版集团后，绝大部分的销售额来自电子产品和服务的盈利。鉴于这部分目前正处在不断高速增长的状态，汤姆森 2007 年电子化收入所占比例由 2006 年的 69％增长到 80％。

在日本，用手机看小说已成新潮流。2006 年手机小说的销售超过了 8200 万美元（100 亿日元）。2007 年上半年，进入日本 10 大畅销书排行榜的，一半是由手机小说改编的作品。影响最大的手机小说网站 Mahoi － Land，能提供 100 多万部手机小说，已吸纳了 600 多万会员。然而，日本的电子书市场却是一派风起云涌的现象。2009 年，日本电子书销售达到 26500 部，销售额突破

500 亿日元（约 40 亿元人民币）；相应的，纸质图书销售比 2008 年减少 9138 亿日元（约 730 亿人民币），杂志销售减少 11272 亿日元（约 900 亿人民币）。

在韩国，包括电子书、电子词典、教育用 CD/DVD、学术论文库、电子杂志、图书正文搜索、数字教科书、Audio book、mobile book 等领域在内的电子出版产业增长迅速。2007 年的销售额达到了 5110 亿元（约合 36 亿元人民币）。此后，每年以百分之几十的速度快速增长。

2009 年，亚马逊公司推出了 Kindle 阅读器，苹果公司推出了 iPad 阅读器，逐渐成为全球电子阅读器市场的主导品牌，将占据绝大部分市场。

第三，出版企业在数字化进程中暂时落后于信息技术企业。

目前，Google 已进军数字出版领域，与美国纽约公共图书馆等图书馆合作，将这些著名图书馆的馆藏图书扫描制作成电子版，研发了"Google 学者"搜索引擎，放到网上供读者阅读。谷歌全球的多语言图书搜索已包括 100 多万本书籍，并已在 20 多个国家推出。

与此同时，传统的实体书店在数字化进程中遭受很大冲击。由于在线书店和电子书日益普及，2011 年 2 月 16 日，美国第二大连锁书店集团、在美国拥有 642 家连锁书店的博德斯集团（Borders）申请破产保护。反观美国最大的连锁书店巴诺，因及时调整战略，于 2009 年推出自己的 NOOK 阅读器及其配套的电子书，2010 年末其在线销售额中，电子书所占比重超过纸质书籍。巴诺如今在电子书市场的份额达到 20%。

2. 国内数字出版现状

中国的数字化产业近年来发展迅速，产业规模迅速扩大。中国工业和信息化部发布的信息表明，截至 2010 年底，中国网民数量达 4.57 亿人，居全球首位。根据易观智库发布的数据，截至 2010 年底，我国手机上网用户达到 2.88 亿户。根据中国互联网信息中心（CNNIC）统计，截至 2009 年底，国内网站数量达到 323 万个，年增长率为 12.3%；国际出口带宽达到 86.6 吉比特每秒，年增长率达到 35.3%。

中国出版科学研究所发布的《2010 中国数字出版产业年度报告》显示，2009 年我国数字出版产业的收入达 799.4 亿元，比 2008 年增长 50.6%，继续保持高增长速度。在 2009 年我国数字出版产业中，数字期刊收入 6 亿元，占比 0.75%；电子书收入 14 亿元，占比 1.75%；数字报（网络版）收入 3.1 亿元，占比 0.39%；网络游戏收入 256.2 亿元，占比 32.08%；网络广告达 206.1 亿元，占比 25.77%；手机出版（包括手机音乐、手机游戏、手机动漫、手机阅读）达到 314 亿元，占比 39.26%。网络游戏、网络广告和手机出版成为数字出版产业名副其实的三巨头（见图）。2010 年，我国数字产业收入预计超过 1000 亿元。

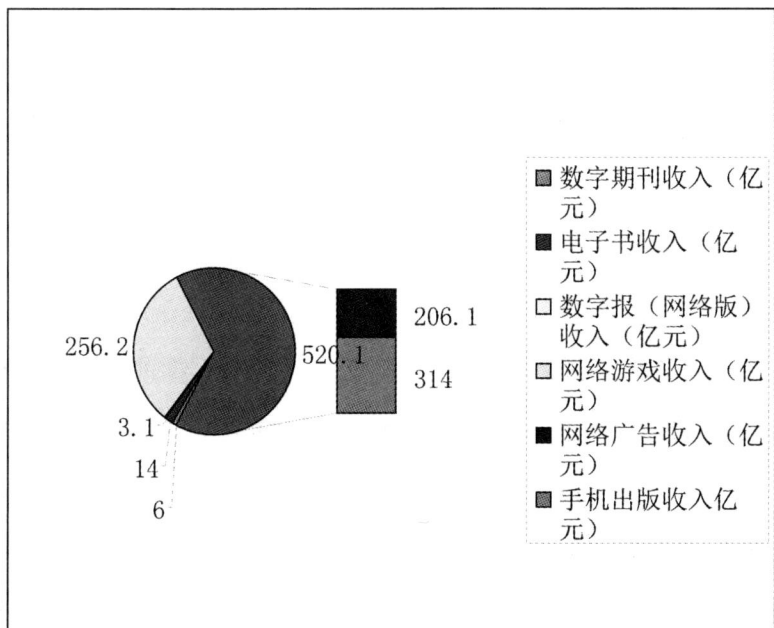

数字期刊收入（亿元）

电子书收入（亿元）

数字报（网络版）收入（亿元）

网络游戏收入（亿元）

网络广告收入（亿元）

手机出版收入亿元）

256.2 3.1 14 6 520.1 206.1 314

2009 年中国数字出版收入结构（单位：亿元）

中国出版科学研究所自 1999 年以来连续发布的《全国国民阅读与购买倾向抽样调查报告》显示：中国国民图书阅读率持续 8 年下降，网络阅读率持续 8 年上升。2008 年 4 月发布的最新数据显示：网络阅读率为 36.5%，图书阅读率为 34.7%，网络阅读率首次超过图书阅读率。

2010 年 5 月，由清华大学传媒经济与管理研究中心编写、社会科学文献出版社出版的《2010 中国传媒产业发展报告》（又名《2010 中国传媒蓝皮书》）在京发布。该书根据 2010 年 2 月为止收集的各种数据进行统计和计算，2009 年中国传媒产业的总产值为 4907.96 亿元，比 2008 年增长了 16.3%。2009 年，中国互联网经济整体市场规模达到 743 亿，同比增速为 30.6%，相比 2008 年 52.6% 的增长速度有所下滑。而在移动传媒产业部分，截至 2009 年 8 月底，移动用户累计达到 7.11 亿，普及率高达 52.5%。有专家表示，预计到 2013 年，中国手机用户将超过 10 亿。3G 时代的到来更为移动电信产业的发展提供了无限空间。

在创新阅读形式和传播方式方面，中国大力推进以数字技术和互联网技术为核心的文化生产和传播的新兴行业，加快传统发行业向现代发行业的转换，积极发展电子书、手机报刊、网络出版物等新业态，发展手机网站、手机报刊、IP 电视、数字电视、网络广播、电视电影等新兴的传播载体，并将其写入国家文化发展纲要当中。按照《中国新闻出版业"十一五"发展规划》，"十一五"期间，中国数字出版领域着力建设了 8 个重点工程（多媒体研发工程，国家数字复合出版系统工程，中华字库建设工程，国家知识资源数据库出版工程，国家动漫振兴工程，中国古籍数字化工程，国家版权保护技术开发工程，数字化文化传播工程）。

中国的数字出版最初是由技术提供商推动的，现在它们已大多发展为数字媒体提供商，兼任数字内容提供商，在提供技术的同时与出版社合作，购买出版社的内容资源，数字化后放到自己的内容发布平台上。

这些数字媒体提供商主要包括：

传统期刊互联网出版和在线数据库领域：清华同方知网、万方数据、维普资讯、龙源期刊等；

多媒体期刊互联网出版领域：XPLUS、VIKA、ZCOM 等；

数字图书馆或电子图书领域：北大方正、超星、书生、中文在线等；

手机出版领域：数码超智、银河传媒等；

出版类网站：起点中文网、榕树下等；

以上都是以数字媒体的形式从事数字内容的提供和发布。

门户网站：百度、Google、新浪、搜狐、网易、盛大、TOM、腾讯、九成等网站或搜索引擎。

电子阅读器厂商：汉王、易博士、翰林、博朗、方正、易狄欧。

2011 年 2 月，盛大集团内部人士透露，盛大无线将依托云中书城，力推一款纯手机阅读软件"云中书城"客户端，适用于 Android、iPhone、Symbians60、Java Brew 等多个手机平台，这是目前市面上支持机型最多的一款看书软件。

3. 中国数字出版产业发展的制约因素

我们认为，中国数字出版产业发展的主要制约因素有十个方面：

一是观念和认识。传统出版企业在数字出版的概念、特点、发展趋势、对内容优势的认识等方面存在着许多观念和认识上的误区。

二是主导权。现代信息技术正在重组着，甚至将来有可能颠覆传统出版产业链，出版企业正逐渐在由传统出版的"强势"地位变为数字出版领域的"从属"地位，面临着丧失主导权的危险。

三是发展战略。目前，中国大型出版企业和出版集团明确提出数字出版战略的还不够多，更不用说绝大多数中小出版企业。

四是体制机制。出版社的现行体制、运作模式、业务流程、管理机制、人才知识结构、激励机制等等，很难适应新兴的数字出版产业。

五是人才队伍。数字出版横跨 IT 和出版、教育、图书馆等多个行业。而传统出版企业目前的人才知识结构中，既懂信息技术又懂出版业务的复合型人才很少，而集掌握互联网和信息技术、熟悉出版业务、具备企业经营管理经验等于一身的数字出版行业领军人物则更是凤毛麟角。

六是出版标准。纵观数字出版的各个环节，从元数据到编码，再到产品格式，都存在严重的标准不统一的问题，仅电子书就有CEB、SEP 等 20 余种格式。

七是发展资金。中国出版企业相对于技术提供商和国外出版集团，投入资金的绝对数字和相对销售收入的比例都很小。

八是版权问题。传统出版企业开展数字出版，面临着补签历史出版资源（数字出版权、信息网络传播权等授权合同）、盗版侵权、数字版权保护技术不完善等诸多障碍。

九是商业模式。传统出版企业的数字出版还很少有成功的盈利模式。目前，只有少数几家出版企业主动探索工具书检索、POD、多媒体数字平台、二维码等新的盈利模式。

十是法律法规。目前，中国政府已经颁布了《信息网络传播权保护条例》等关于数字出版的法律法规，但相对于技术的高速发展，政府监管的技术手段还相对落后，相关的政策法规还有待完善。

其中，第一、四、六、八、十等5项因素可以通过行政立法等手段解决，其余5项因素则必须依赖一定规模的战略投资才能得以解决。

前面说过，信息技术对出版业产生的最大挑战，在于新兴的数字出版的快速发展及网络销售商对图书发行话语权的掌握。面对这两个挑战，出版企业一是要加大数字出版产品的研发和推广，二是要加快自身网络渠道的建设步伐。国内出版企业，尤其是中国出版集团公司等一批大型出版发行集团已经注意到这一点，并开展了各种各样的工作。

（七）管理规范化

管理规范化，也是出版创新的重要内容。

1. 管而有据的问题

国家对于出版的管理，从过去的政企不分、政事不分，逐渐过渡到政企分开、政事分开，政策引导、行业指导，宏观调控、依法监管。就法制建设而言，制定了一系列出版法规和相关政策，包括以下两类：一是出版相关法规。如《宪法》《刑法》《民法通则》《广告法》等法律的相关条款，以及《最高人民法院关于审理非法出版物刑事案件具体应用法律若干问题的解释》《国家通用语言文字法》等。二是出版法规。目前执行的比较重要的有一法五条例（《著作权法》；《著作权法实施条例》《出版管理条例》《印刷业管理条例》《音像制品管理条例》《计算机软件保护条例》）、六规四办法（《图书质量管理规定》并附《图书编校质量差错率的计算方法》《期刊管理暂行规定》《电子出版物管理规定》《互联网出版管理暂行规定》《出版物印刷管理规定》《关于严格禁止买卖书号、刊号、版号等问题的若干规定》；《图书、期刊、音像制品、电子出版物重大选题备案办法》《音像制品出版管理办法》（2004 年版《音像制品出版管理规定》取代）《音像制品复制管理办法》《计算机软件著作权登记办法》），等等。出版管理，基本上做到了管而有据，但还不够。我们常说的出版法规里，实际上还是有规而缺法。要不要制定《出版法》，如何制定《出版法》，何时出台《出版法》，似乎也要根据新形势、新要求，用创新的思维去研究、探讨。

2. 管理对象的问题

出版业要在保证公益性事业的同时，实行企业化生产和产业化发展。能不能将现行的出版企业审批制逐渐过渡到登记制，允许有条件的投资者组建出版实体，让平庸甚至濒临破产的出版企业淘汰出局，是创新宏观管理方式的重要议题。

截至 2010 年 10 月，全国 581 家图书出版社，除盲文、少数民族语言、军队等部分出版社保留事业性之外，有 528 家经营性出版社要转企改制，已经完成 435 家，93 家正在转企改制，转制率 99%。

3. 管理产品和管理产量的问题

出版企业化的一个重要课题，是企业根据自己的定位和市场的需求，决定生产什么和生产多少。生产什么出版物和生产多少个品种的出版物，应该完全由企业自己决定。政府主要通过国家出版规划、评奖奖励、出版专项资金运用、政府采购等措施引导好产品，通过加大监管力度，更加严厉地查处坏产品。能否有条件地放开书号管理？改事先备案审查为进一步明定出版法规、限定不可为和事后追究，是否值得探讨？

（八）阅读大众化

当前，我国出版业的一个重要现象，是生产的多，卖出去的少，读书的人更少。

到 2010 年年底，我国有史以来大概共出版图书 398 万种。其中，"八五""九五"期间的 10 年的出版量超过前 41 年，"十五"和"十一五"期间的 10 年的出版量是前 10 年的两倍多。中华人民共和国成立后 60 年的出版总量是之前 2000 多年出版总量的近 15 倍。年出版量从 1994 年跃上 10 万种台阶，2004 年跃上 20 万种台阶，2009 年跃上 30 万种台阶，三个大台阶只用了 15 年，发展速度惊人。

与此同时，图书的平均印数这些年却呈现逐年下降之势，总印数一直在 60 亿册左右徘徊。

图书阅读消费能力的低下，与提高民族文化水平、提升民族凝聚力和创造力的要求不相适应。因此，需要积极倡导全民阅读的良好风尚，举办各种读书节和读书活动，推动公共文化建设工程，建设"农家书屋"、职工书屋、农民工书屋、社区书店、万村书库等，让全体人民共同参与文化建设、共享文化发展的成果，这也是创新出版服务的重要内容。

党的十七大指出，将文化建设与政治建设、经济建设、社会建设作为四位一体的建设内容。2010年10月15～18日召开的中共十七届五中全会指出，"推动文化产业成为国民经济支柱性产业"。可见，出版业受到了国家的高度重视，逐渐上升到国家战略的层面，出版业前途广阔，出版业大有可为！

第二部分 中国出版集团概况

（一）基本情况

1. 成立过程

中国出版集团是适应出版业改革发展的需要，经中共中央、国务院批准，于2002年4月9日成立的国家级出版机构。2004年3月25日，国务院授权成立中国出版集团公司，在国家相应计划中单列，对原中国出版集团所属成员单位（当时13家，包括人民出版社，2006年分出）行使出资人权利，承担国有资产保值增值责任。2007年7月26日集团公司完成工商注册登记。

2. 组织机构

根据中国出版集团公司章程，集团公司实行总裁负责制，总裁为集团公司法定代表人。集团公司设副总裁若干名，副总裁根据集团公司章程的规定和总裁的委托履行相应的职责，协助总裁工作，并对总裁负责。

集团公司党组是党中央的派出机构，主要职责是保证、监督党的路线、方针、政策在集团的贯彻执行，参与集团重大问题决策，加强集团领导班子的思想政治建设和集团人才队伍建设，团结党内外职工，完成党和国家交给的任务，指导总部机关和直属单位党的组织工作。

集团公司下设办公室、计划财务部、出版业务部、资产经营部、战略发展部、对外合作部、信息技术部、人力资源部、党群工作部、教材开发中心等 10 个职能部门。

中国出版集团以中国出版集团公司为母公司，由人民文学出版社等 96 家子公司、控股公司、参股公司组成。员工 7500 人。

3. 产业地位

中国出版集团公司是全国最早成立的中央级出版集团（另两家是中国教育出版集团、中国科技出版集团），接受中央宣传部的指导、新闻出版总署的行业管理和财政部对其国有资产的监督管理。

中国出版集团拥有各级各类出版机构 42 家，每年出版图书和音像、电子、网络等出版物 1 万余种，出版期刊报纸近 50 种，出版资源在国内首屈一指。

中国出版集团公司自成立以来，出版物在全国零售市场占有率为 7% 左右，持续稳居第一；每年从事书刊版权贸易 1000 多种，拥有中国最大的出版物进出口企业中国图书进出口（集团）总公司，每年进出口各类出版物 20 多万种，书报刊进口和出口分别占据全国市场份额的 62% 和 30%；拥有海外出版社、连锁书店和办事机构 29 家，海外业务遍及 130 多个国家和地区（附录 1）。

4. 业务范围

集团公司以出版物生产和销售为主业，是集各种介质出版物的出版和销售、连锁经营、版权贸易、进出口贸易、印刷复制、信息技术服务、艺术品经营、科技开发、金融融资于一体的经营多元化的大型企业集团。

（二）竞争优势

1. 优质品牌集中

中国出版集团公司集中了一大批历史悠久、品牌优秀的出版发行单位，品牌影响力和集中度在国内出版集团中是最突出的。包括以下几个类型：

①百年老店：商务印书馆（1897）、中华书局（1912）、荣宝斋（1672）

②古稀老店：生活·读书·新知三联书店（1932）、新华书

店总店（1937）

③建国老店：人民文学出版社（1951）、人民音乐出版社（1954）、人民美术出版社（1951）、中图公司（1950）

④改革开放以来新军：中国大百科全书出版社（1978）、中国对外翻译出版公司（1973）、世界图书出版公司（1986）、现代出版社（1982）、东方出版中心（1978）

⑤集团新军：中国图书商报社（1995）、现代教育出版社（2004）、中国民主法制出版社（2009 年加入集团）、华文出版社（2010 年加入集团）

这些优秀的出版发行单位，以深厚的中华文化底蕴、严肃的出版文化态度和大量优秀出版物，得到各界专家学者的肯定、广大读者的认可和书业同行的尊重，赢得其一流出版企业应有的地位（附录2）。

2002 年以来，在历届国家级出版物评奖中，中国出版集团公司获得国家图书奖 71 项、"五个一工程奖" 12 项、中国图书奖48 项、中华优秀出版物奖 6 项、新闻出版总署"三个一百"原创著作奖 15 项、中国出版政府奖 59 项。获奖总数达 210 多项，在各出版集团中位列第一，体现了社会与业界对这些优质品牌的推崇与肯定。

2. 出版资源丰富

出版资源主要包括本版图书资源、报刊资源、作者资源、编辑资源和出版资质资源等。

①图书资源。集团所属单位本版图书资源的总量和质量，在各出版集团中无可争议地位列第一。集团公司的出版单位，在经典学术著作、优质工具书、珍本古籍和优秀文学艺术作品等领域积累大量出版资源；由集团公司组织策划的重大出版工程《中国文库》《大中华文库》就得益于集团的资源优势和品牌号召力，吸引和集中全国高品位、高质量图书品种。

②报刊资源。集团公司出版报纸期刊近 50 种。报刊中如《三联生活周刊》（周刊类第一）《中国图书商报》（报纸类第二）都已经成为行业领军品牌。丰富的出版资源是集团公司可持续发展和跨越式发展的重要基础。

③作者资源和编辑资源。集团公司拥有一大批国内一流作者队伍和编辑队伍，在出版业享有盛誉。王云五、张元济、陆费逵、邹韬奋等著名编辑家，胡适、鲁迅、陈独秀、郭沫若、茅盾等著名作者，都曾光耀史册。近年来，集团公司先后组建出版顾问委员会和学术顾问委员会，邀请宋木文、于友先、许力以、刘杲等 28 位行业权威人士担任出版顾问委员会委员；袁行霈、冯其庸、戴逸等 80 位在学术界卓有建树的著名学者担任学术顾问委员会委员。在组建两个顾问委员会的基础上，创立了出版单位首席专家制度。目前已有人民文学出版社、商务印书馆、中华书局、人民音乐出版社、三联书店等 5 家单位聘请了吴敬琏等 13 位首席专家。

3. 产品线明晰

中国出版集团公司从 2007 年起提出并明确以 15 条图书产品

线建设为抓手，挺拔主业、优化出版结构。产品线规划使得集团产品的整体市场竞争力得到大大提升。2009 年，集团公司对 15 条产品线进行优化，最后确立 13 条一级产品线、31 条二级产品线、15 条有成长性的三级产品线，即：

（1）一级产品线

一级产品线为全集团市场份额最高、产品最优的产品线，也是全集团整体出版格局中的优势板块，是统辖各社的基础性和根本性发展方向。

具体包括：工具书、文学、语言文化、学术文化、音乐、美术、少儿、教材教辅、动漫、生活、科技文化、古籍、外向型图书等。这 13 条产品线的市场占有率基本上都排在全国第一名。

（2）二级产品线

二级产品线体现了承担单位的品牌特色，是相应出版社延展性巩固、发展的重点产品线。目前 31 条二级产品线的市场占有率基本上都排在全国前三名，下步目标在于巩固优势，争取全国市场份额第一。

具体包括：汉语工具书、英语工具书、小说、历史、哲学、音乐理论、美术理论、少儿文学、成人绘本、旅游、影印科技书等。

（3）三级产品线

目前市场份额不足，但本单位具备一定优势，且成长性看好的重点产品线。目前这类产品线基本排在全国市场的前十名。下步目标在于发挥潜力，争取进入全国市场份额的前三名。

　　具体包括：文学理论、法律、经管、大众健康、心理自助等。

　　此外，集团公司还设立出版基金并创新运行机制，使新产品线迅速成长，如"走出去"的外向型图书屡次获得奖励。《于丹〈论语〉心得》更获得让国外出版界惊讶的高价版税。产品线对应集团公司的传统优势、品牌优势、资源潜力、出版能力，产品线的创新发展既体现集团公司作为国家出版主力的责任感，也体现集团公司的资源潜力和创新能力。

中国出版集团产品线布局

一级产品线13条	子产品线（二级）31条	主要承担单位	有成长性子产品线（三级）15条	主要承担单位
工具书	汉语工具书	商务 / 商务国际		
	英语工具书	商务 / 商务国际		
	百科工具书	百科		
	学生工具书	百科 / 商务国际 / 商务		
文学	小说	文学（天天）	文学理论	中华 / 文学 / 三联
	戏剧诗歌	文学		
	散杂文	文学 / 东方 / 三联		
	中国古典文学	中华 / 文学		
语言文化	英语学习	世图 / 中译 / 商务		
	汉语学习	商务国际 / 商务		
	小语种	商务 / 世图		

（续表）

一级产品线 13 条	子产品线（二级）31 条	主要承担单位	有成长性子产品线（三级）15 条	主要承担单位
学术文化	历史	中华	法律	百科 / 商务
	哲学	中华 / 商务		
	心理学	世图	经管	商务 / 三联 / 现代
音乐	音乐理论	人音	音乐赏析	人音 / 现代
	器乐			
	声乐			
美术	美术理论	美术 / 三联	美术赏析	美术 / 东方 / 荣宝斋
	艺术画册	美术 / 荣宝斋		
	绘画技法			
少儿	少儿文学	文学（天天）	少儿艺术	音乐
	少儿英语	世图	幼儿园用书	音乐
教材教辅	中小学教材	音乐 / 美术 / 中版教材公司	中小学教辅	百科 / 知识 / 世图 / 现代教育
	课外文教读物	文学社 / 中译	大中专教材	文学 / 音乐 / 美术 / 商务 / 中华 / 世图
动漫	成人绘本	现代 / 文学（天天） / 三联	卡通	现代 / 美术
生活	旅游	三联	大众健康	世图 / 中译
			心理自助	现代 / 世图
科技文化	影印科技图书	世图	医学	世图
			科普	三联
古籍	古籍整理	中华		
	传统文化普及（文普）	中华 / 文学		

（续表）

一级产品线 13 条	子产品线（二级）31 条	主要承担单位	有成长性子产品线（三级）15 条	主要承担单位
外向型图书	版权输出	集团各社		
	实物出口	中图公司		

4. 重大项目云集

中国出版集团在国家重点出版项目立项上的创新能力和竞争实力，位居中国出版业前列（占全国的 5% － 10%）。重点出版项目建设，凝聚着中国出版集团的责任意识、品牌意识，也使得中国出版集团无愧于中国出版"国家队""旗舰队"的称号。

中国出版集团的现有重点项目分为以下几个大的类别。

（1）积极配合党和国家重大经济、政治、文化、社会活动的重点项目

如纪念香港回归 10 周年、迎接北京 2008 年奥运会、改革开放 30 年、新中国成立 60 年、辛亥革命 100 年等重点系列产品。

（2）具有重大文化积累价值和文化创新价值的项目

包括国家重点出版项目，如列入国家中长期重点出版规划的项目和国家古籍整理出版项目；集团重点项目，如列入集团公司中长期重点出版规划的项目，集团公司主持、单位承担的重点项目，集团公司扶持并给予补贴的项目。

国家级重大项目《中国大百科全书（第二版）》出版后，迄今已累计发行 1.1 万套，收入近 5000 万元（码洋 1.1 万 ×8000

元＝8800万元，实洋×55％＝4840万元）。对于社会，影响大、贡献大；对于出版社，也从很大程度上扭转了经济形势。目前，多种媒体形式的《中国大百科全书（第三版）》的规划，已经初步形成，并已上报总署，继续作为国家重大出版项目立项。

国家级项目"二十四史"及《清史稿》的点校本修订工程，2006年开始启动，至2011年7月中旬召开了4次修纂工作会议，目前进展顺利，可望2012年出版第一批，2015年全部出齐。

其他国家级和集团级的重大项目，比如《任伯年全集（6卷）》已经顺利出版；《汉译世界学术名著丛书（第11辑，第12辑）》以及姊妹项目《中华现代学术名著丛书（第1批100种）》，《辞源（修订版）》等等，也都在顺利推进。

集团公司主持、集团内外100多家出版社加盟的《中国文库》，是由中国出版集团公司于2004年开始发起并组织实施的一项标志性出版工程，旨在整理总结20世纪以来中国优秀的文化成果和出版成果，包括哲学社会科学类、史学类、文学类、艺术类、科技文化类、综合普及类等六大类别。计划出版10辑约1000种图书。目前已经出版前四辑410种，2011年第五辑100种将体现"民国"和"辛亥革命"的概念，也即将全部出版。每辑基本做到收支平衡、有所盈余，主要效果还是出版后反响良好，比如应上级部门的要求，将整套图书赠与了中央领导同志，并作为国礼送给外国元首；铁凝、厉以宁等学者自己出资全套购买；第二外国语学院购买了其中《天安门诗抄》800本作为校庆礼物。这些购买行为，都按照合同交由商务印书馆处理。

集团公司主持，中国大百科全书出版社、东方出版中心和商务印书馆三家出版社承担的《世界历史文库》，从 2008 年开始启动，计划推出 80 本汉译国别史、地区史作品，打造目前国内最全面、最权威的一套世界历史译丛，是国内规模最大、翻译水平最高、出版质量最高的"国别史"著作。目前，已经出版近 40 种，余下的 40 种翻译稿基本交齐，正处于进一步的编辑加工和制作阶段。

获得集团出版专项资金项目支持的项目，也是集团公司关注的重点项目。上半年，集团公司对 2003 － 2010 年各社出版专项资金项目的落实情况进行了追踪调查。调查发现，总体落实情况较好，但也有少数项目延期太长、变更太大、问题突出，出版业务部已要求有关出版社重新制定执行计划，保证项目顺利完成。上半年，还对 2011 年的项目资金进行了拨付，通过签署并审核合同，共办理了 18 家单位 47 个项目 1014 万元的资金批复。2012 年专项资金项目的申报和专家论证工作完成，经集团总裁办公会讨论确定后已经公布。

人民文学的《古炉》《1911》《武昌城》，商务的《新华字典（第11 版）》《现代汉语学习词典》《信仰的力量——红岩英烈纪实》，中华的《姥姥语录》《走向辉煌》，百科的《中国儿童立体百科全书》《中国共产党与中国现代化使命丛书》，美术的《中国美术研究年度报告 2010》《庆祝中国共产党成立 90 周年百种红色经典连环画丛书》，音乐的《唱响中国——群众最喜爱的新创作歌曲 36 首集锦》

《中国当代作曲家曲库（辛亥革命专辑）》，三联的《金克木集》《鲁迅箴言》，东方的世博《纪念建党九十周年文库》《中国古代书画鉴定实录》，中译的《伟大的思想》系列，现代教育的《白话精华二十四史》系列，民主法制的《郦波评说曾国藩家训（上）》《重访·红系列》丛书，世图的《跟李准基一起学习"你好！韩国语"》，现代的《纪委书记》，华文的《中共党史简明读本》《中国西藏》，荣宝斋的《中国印论类编》，商务国际公司的《英汉多功能词典》等等。这些精品和畅销图书，与前面所说的标志性出版工程和重大出版项目一起，对于体现集团品牌特色，强化集团在业界的领军地位，起到了重要作用。

（3）出版单位的重点项目和"走出去"方面的重点项目

绝大多数项目都得到集团公司的重点扶持和资金补贴。

2011年上半年，6家出版单位（文学、商务、中华、三联、华文、黄河）共9个出版项目（文学《中国戏剧图史》《山楂树之恋》、商务《中国法学史纲》、中华《兵以诈立》、三联《毛泽东的读书生活（第二版）》《福建土楼——中国传统民居的瑰宝（修订本）》《何处是"江南"？——清朝正统观的确立与士林精神世界的变异》、华文《百年西藏——20世纪的人和事》、黄河集团宁夏人民《中国伊斯兰建筑艺术（英文版）》）获得资助，占全国入选图书的1/5，居全国出版集团之首，比第二名专门出版外宣出版物的中国国际出版集团多了3个项目。此外，在入选的9个项目中，文学《山楂树之恋》获得9个语种（英语、法语、意大利语、西班牙语、荷兰语、挪威语、希腊语、瑞典语、日语等）资助，华文《百年西藏》获得 2 个语种（英语、阿拉伯语）资助；三联申报了 3 个项目，全部入选、获得资助。

中国出版集团公司实行重点项目责任制，包括年度审批和验收制度，将重点项目完成情况纳入全集团的"双效业绩考核体系"。

5. 出版理念创新

中国出版集团公司在业内率先提出了一系列新的出版理念，发起了一系列开创性的出版营销活动。

（1）BIBF

中国出版集团是国家三大书展之一 BIBF 的承办单位。

（2）"双推计划"

中国出版集团的"双推计划"即"畅销书推广计划"和"常销书推荐计划"。"畅销书推广计划"在 2006 年提出并于同年开始推进，其"先畅后销"的出版理念与切实可行的推广方式，已经得到书业广泛的认同；2007 年集团公司又推出"常销书推荐计划"，着力于推广社科学术文化价值突出的常销书。2008 年以来，集团公司"畅销书推广计划"开始实现落地各地书店，"10 大战略合作书城"陆续签约，"基本中盘发行商 300 家"的目标渐次实现。几年来，"双推计划"在图书市场的实践效果显著。

（3）读者大会

由中国出版集团公司首创的"读者大会"，成为社会上影响力巨大的阅读推广品牌。已经举办两届的读者大会盛况空前，名家如约而至、与读者分享阅读心得，成为每年全国图书交易博览会的最重要活动。

（4）香山论坛

集团公司从 2007 年起举办香山论坛，邀约全国兄弟出版集团和品牌单位共话出版行业焦点问题，成为行业内知名的出版高层论坛。

（5）国际出版家论坛

在近年的 BIBF 上，集团公司都要举办国际出版家论坛，邀请国际出版集团的总裁、CEO 就出版业的国际性话题予以深入探讨和交流。

（6）《中国当代作曲家曲库》音乐会

集团公司所属的人民音乐出版社近几年来在国家大剧院或者中山音乐堂举办高水平音乐会，演奏中国当代一流作曲家的作品。

6. 区位经营优势

中国出版集团公司拥有以下三大区位优势。

（1）首都优势

集团公司总部及所属大多数出版企业地处北京，可以凭借首都丰富的人才资源、文化资源、经济资源和信息资源，开展卓有成效的出版经营活动。经过多年的辛勤耕耘，集团公司所属很多出版社在出版业处于领军地位。

（2）重点地区优势

集团公司所属企业在上海、广州、西安等地建立有全资出版机构和出版进出口企业，这些地区都是北京之外最有价值的出版重镇，而这些机构也经过多年的运营，打下了一片天地。可以说，不仅有出版机构而且还有发行机构，并且在全国出版资源重点集中地区有布局，是中国出版集团毋庸置疑的独有优势。如集团公司驻上海的有东方出版中心、中国图书进出口上海公司和世界图书出版公司上海子公司，因为这样的区位优势，加上集团公司的影响力，这次获得上海世博会官方指定的出版物项目，其中《世博会官方图册》中外 5 种语言版、《世博会官方导览手册》5 种全外文版，预期印数都在 10 万册以上。

（3）跨地域经营优势

集团公司所属的商务印书馆、中华书局、三联书店在历史上都曾在国内设立大批分馆、分店、分支机构，为集团公司开展跨地域经营奠定了基础。目前，商务印书馆在南宁、成都、上海等地相继开办分馆。2010 年三联书店也在哈尔滨开办了分店。集团公司在 2009 年 12 月控股宁夏黄河出版集团，拥有立足大西北、面向中亚国家开展出版对外贸易的区位优势。

7. **市场份额居首位**

中国出版集团从成立之日起，连续 9 年在全国零售市场份额中一直位居第一。中国出版集团多家出版社如人民文学出版社、中华书局等都在零售图书市场有多年营销的积累和经验，并在很多出版领域形成品牌效应，在品种日益繁多的图书市场上独占鳌头。集团公司的营销战略，主要是以强化传播手段创新应对新媒体挑战和日趋激烈的市场竞争，包括传统介质出版物的市场传播创新和新技术传播手段创新。

8.跨国经营有基础

出版业"走出去"包括版权"走出去"、产品"走出去"和实体"走出去"三个方面。版权"走出去"与产品"走出去"是中国出版集团公司的传统优势。在海外创办实体，实施国际本土化战略，既能贴近国际社会的实际和受众，又有利于有效进入国际主流市场。集团公司近年来借助原有优势成功布局海外市场。首先将原有中图公司驻外业务代表处改制成为公司，建立控股海外出版机构，开展出版国际营销。2007年以来在法国、澳大利亚、加拿大、韩国、英国、中国香港、美国、日本等国家和地区成立多家出版机构和书店。目前，集团公司已有29家海外出版、销售实体，初步形成了海外发展布局。集团公司旗下的中国图书进出口（集团）总公司承办的北京国际图书博览会，已经发展成为四大国际书展品牌之一，是展示推介国内优秀出版物、输出优秀版权的重要平台（附录3）。

9.数字出版和新技术应用领先

近年来，新技术的影响越来越大，对传统深厚的出版业形成冲击。中国出版集团成立以来就全力拓展新技术在书业的应用，以重点数字出版项目为突破口，在新业态开发方面获得较大进展。

（1）数据库

已经陆续建成"辞书语料库""古籍语料库""百科术语数据

库""多语种翻译资源数据库及应用系统""海外图书采选平台"等。中国可供书目数据库入库标准数据已达到 200 万条，加工电子样书 12 万多种，覆盖了 90% 以上出版社的 85% 以上新版品种。国家发改委授予集团公司"全国信息化试点单位"称号。

集团公司还受新闻出版总署委托，承担国务院《文化产业振兴规划》确定的重大科研项目——"中华字库"建设项目总体牵头单位的任务。

（2）网站

集团公司提出建立的"中国数字出版网——大佳中文网"已获批准立项，成为国家信息化服务试点项目，获得国家专项资金支持。在 2011 年 5 月份的书博会上，已经正式上线运营。中版数字传媒公司承担中国图书对外推广计划网站经营，其出色运营得到国务院新闻办公室的肯定。中国可供书目网上信息平台和三联韬奋图书中心网上书店也已经开网运营。

（3）阅读器、手机报

集团公司开发出具有自主知识产权的手持阅读器——大佳阅读器，同时还开通了《文学故事报》手机报等。

（4）中版闪印王

集团公司与美国著名技术研发公司——ODB 公司就其研发的按需印刷设备达成技术转让协议，生产销售"中版闪印王"。

（5）听书产品

集团公司与华旗爱国者合作，借用领先的数字听书技术和点读技术，成功开发出《八月狂想曲（听书版）》和《中译双语经典文库（听书版）》。

（6）网络产品

集团公司还开发了"百科在线""工具书在线"等数字网络产品。

10. 专业人才集中

中国出版集团各出版单位积累了十分雄厚的各学科专业编辑人才资源，其中不少人才在各自学科领域具有一定知名度，许多人才在出版业内发挥着专业出版带头人的作用。此外，艺术、翻译、发行、书业传媒等专业技术人才的数量和质量亦独步整个行业。现全集团享受国务院政府特殊津贴专家 220 多人，享受国家老艺术家生活补贴者 9 人。中国出版集团公司 2009 年开始对高校毕业生实行公开统一招考，严格、系统的考试、选才流程被业界誉为"出版业的国考"。集团内部借鉴全国"四个一批"人才队伍建设的方式推进人才梯队建设工作，越来越多的复合型、创新型、外向型人才涌现出来，为集团今后发展打下了坚实基础。

中国出版集团各出版发行单位的出版理念及其实践，不仅为自己创造了辉煌的历史，而且对现代出版业产生了深远的影响，出版文化深厚。像商务印书馆当年的"普及教育、启迪民智"和"传播新知、救国救民"的出版理念，中华书局的"教科书革命"理念，生活书店"竭诚为读者服务"的服务精神和"商业性与事业性统一"的信条，等等。几乎每一家老牌社都有很好的出版文化理念得到传承，成为中国出版集团公司宝贵的精神财富。

企业最高境界的管理是文化管理。中国出版集团所拥有的这十大优势，体现了优秀的出版文化，给集团长远健康的发展提供重要的物质基础、精神支柱和文化保障。

（三）发展战略与目标

1.战略地位

（1）政治地位

中国出版集团是全国唯一的中央级出版集团，也是出版行业中唯一的中管企业，接受中央宣传部的领导、新闻出版总署的行业管理和财政部对其国有资产的监督管理。

（2）历史地位

尽管集团成立的时间不长，但是集团旗下的成员单位许多是百年老店、品牌企业，在中国近现代出版史上有着光荣的、不可替代的地位（附录4）。

（3）产业地位

中国出版集团是中央文化体制改革的试点单位，也是中央文化体制改革的先进单位。

截至2010年年底，集团营业务收入45.1亿元，资产总额76.66亿元。在全国名列前五。

集团的出版物在全国零售市场占有率为7%左右，持续9年稳居全国第一。

拥有中国最大的出版物进出口企业，每年进出口各类出版物20多万种，书报刊进口和出口分别占据全国市场份额的62%和30%，持续保持行业领先。

2011年上半年，经中宣部和中国证监会批准，中国出版集团公司将组建中国出版传媒股份有限公司，实行整体上市融资；同时，集团所属的荣宝斋实行分立上市。当前，股改上市作为集团工作的重中之重，已经吹响了前进的号角。

2. 经营管理定位

（1）三组中心

集团公司作为全集团的战略中心、管理中心和资产经营中心，对全集团行使人事管理权、选题及项目审批权、资产收益权、资源配置和重大事项决定权，确保国家文化安全和国有资产保值增值，充分发挥集约经营、资源整合的平台作用。

集团公司所属企业作为产品研发中心、经营中心和利润中心，充分发挥市场主体的积极性、主动性，不断增强竞争力和影响力，企业创新能力、盈利能力、社会服务能力显著提高。

（2）四个方面

集团公司在出版发行、进出口业务、文化产品多元化、资产经营与资本运作等四个方面，对集团所属企业予以统一管理、指导和协调。

3. 三大着力点

（1）出版物进出口与品牌营销——增强国内外传播能力

加强传播能力建设是集团的主要战略目标之一。集团通过出版物进出口、版权贸易、海外机构建设，持续推进出版"走出去"战略，保持强大的海外传播能力和影响力。

集团还通过 BIBF 和"畅销书推广计划""常销书推荐计划""读者大会""香山论坛"等营销活动，在业内外、海内外形成强烈反响和强大影响。

（2）股改上市与资本运作——增强造血能力

按照中宣部、证监会的要求，借鉴上市企业股改上市经验，结合集团实际，我们确定了集团股改上市方案，基本思路是集团的出版发行业务整体上市，荣宝斋和中图公司则单独上市。目前已经完成尽职调查、审计、评估等上市基础工作，按计划积极推进上市。

（3）集约经营与兼并重组——增强扩张能力

集团化的优势之一就是集约化。集团公司近年来一方面通过内部整合优势资源，不断提高竞争优势；另一方面积极开展对外重组，坚持走规模化发展之路。我们将中国图书进出口（集团）总公司与中国出版对外贸易总公司进行整合，把荣宝斋从中国美术出版总社中分立出来，都取得了很好的效果，扩大了既有的竞争优势，降低了企业成本。对外重组方面，在全国人大常委会办公厅的支持下，中国民主与法制出版社已经成为集团的成员单位，并成为国内首家转制重组的部委出版社；在中央统战部的支持下，华文出版社已经成为集团的成员单位；在宁夏回族自治区党委和人民政府的支持下，集团公司与黄河出版传媒集团有限公司探讨实现联合重组，在业内外引起良好反响。此外，集团公司正与江苏文化产业集团、贵州出版集团、广西出版集团、安徽出版集团、浙江人民书店等积极开展战略合作；并与北京市丰台区政府合作，共同启动丰台文化产业总部基地建设工程。

4. 战略目标

2008 年 12 月 6 日和 12 月 16 日，中央政治局常委李长春同志在 10 天内两次视察中国出版集团，把集团公司定位为出版业"旗舰式的航空母舰"，要求把集团公司建成为国际一流出版传媒企业。

随后，集团公司研究制定了"1216 计划"，确定集团公司的战略目标是：成为引领和促进中国出版产业发展的重要力量，成为建设和传播社会主义先进文化的重要阵地，成为开拓海外出版市场、推动中华文化"走出去"的重要渠道，成为主业突出、多元经营、人才汇聚、实力雄厚，具有创新能力和可持续发展能力，国际一流的出版传媒企业集团。

集团公司主要通过"12345"战略的实施，实现重点突破、跨越发展。具体来说，就是：

围绕一条主线，即做大做强内容产业这条主线——实施精品战略，大力开发标志性出版工程和重点出版项目；实施领先与主导战略，在行业标准的形成和制定中发挥示范作用；大力实施品牌战略，努力创建中国出版第一品牌。

开拓两个市场，即国内市场和国际市场——实施机构、产品、经营、品牌整体走出去战略，实现国内经营与国际经营的有效互动。

形成三个互动，即出版与大文化产业互动、产品经营与资本经营互动、国内经营与国际经营互动——实施外延式扩张战略，以资本经营为手段，扩大集团整体资产规模，增强集团市场竞争能力。

做出四个跨越，即跨地区经营、跨行业经营、跨媒体经营、跨国经营——鼓励成员单位跨地区经营，设置分支机构，对同类或相近出版发行产业进行兼并重组。

实现五个突破，即书报刊出版实现规模化突破、数字出版实现商业化突破、重要经营实现集约化突破、企业发展实现多元化突破、支柱产业实现结构性突破——实施产业多元化战略与科技兴业战略，重构集团产业链，实现主业突出，经营多元。

经过 5～10 年的发展，通过各项发展战略的实施，使集团成为产权明晰、权责明确、管理科学、富有生机与活力的现代企业；使集团成为中华文化"走出去"的主要渠道，使外向型出版产品和出版业务成为集团重要的利润增长点；使集团更好地传播先进文化，推动学术研究，服务文化建设；使集团成为主业突出，多元经营，市场竞争优势明显的出版企业；把集团打造成为国际国内出版传媒业的投融资平台；在集团内部形成适应现代企业要求的人力资源开发和管理体系；形成以人为本、健康向上、一致认同的企业文化，把中国出版集团打造成为国际一流出版传媒企业。

附录 1：中国出版集团出版资质与能力

1. 各类出版机构 42 家

（1）一级出版社 13 家——人民文学出版社、商务印书馆、中华书局、中国大百科全书出版社、人民美术出版社、人民音乐出版社、生活·读书·新知三联书店、中国对外翻译出版公司、东方出版中心、现代教育出版社、中国民主法制出版社、华文出版社、黄河出版传媒集团有限公司（含人民、教育、阳光社。黄河集团最终退出中国出版集团）。

（2）副牌出版社 4 家——天天出版社、知识出版社、连环画出版社、华乐出版社。

（3）下属出版社 5 家——商务印书馆国际有限公司、现代出版社、世界图书出版公司、荣宝斋出版社、万国学术出版社。

（4）音像电子出版社 11 家——商务印书馆电子音像出版中心、中国大百科全书电子音像出版社、北京银冠电子出版有限公司、人民音乐音像出版社、生活·读书·新知三联书店音像电子出版社、中国对外翻译音像出版公司、中国科学文化音像出版社、世图音像电子出版社、金版电子出版公司、现代教育音像电子出版社、中华书局音像电子出版社。

（5）海外出版社 9 家——悉尼、巴黎、温哥华、伦敦、纽约、法兰克福、首尔、东京、爱丁堡（欧若拉）出版公司。

2. 期刊 46 种

当代、中华文学选刊、中华散文、新文学史料、英语世界、汉语世界、英才、文史知识、中华活页文选、文史、书品、中华遗产、百科知识、小百科、红地产、城市周报、中国期刊年鉴、中国艺术、艺术品、美术向导、荣宝斋、连环画报、儿童漫画、少年漫画、漫画大王、当代小书画家、中国中小学美术、中国版画、中国美术馆、中国音乐教育、钢琴艺术、音乐研究、三联生活周刊、读书、爱乐、竞争力、长三角、动感、环球纪事、大都市、中国广告、现代阅读、现代音响技术、世界临床医学、世界最新医学信息文摘〔电子版〕、建筑与文化。

3.报纸3种

中国图书商报、新华书目报、帅作文。

4.国内连锁书店和卖场

以220家为骨干，在全国有3500多家销售点，销售网络遍及全国各主要城市。

附录2：中国出版集团所属企业与品牌

1.17家子公司及成立时间

荣宝斋 1672

商务印书馆 1897

中华书局 1912

生活·读书·新知三联书店 1932

新华书店总店 1937

中国图书进出口（集团）总公司 1950

人民文学出版社 1951

人民美术出版社 1951

人民音乐出版社 1954

中国对外翻译出版公司 1973

中国大百科全书出版社 1978

东方出版中心 1978

华文出版社 1987

中国民主法制出版社 1989

中国图书商报社 1995

现代教育出版社 2004

黄河出版传媒集团有限公司 2009 年加入中国出版集团。

2. 96 家控股公司、参股公司

包括：中新联公司 1997（北京中新联数码科技股份有限公司）、中版联公司 2004（北京中版联印刷物资有限公司）、中版传媒公司 2008（中国出版集团数字传媒有限公司）、中版国际公司 2008（中国出版集团国际有限公司），等等。

附录 3：中国出版集团海外机构

1. 海外业务总部（1 个）

中国出版国际有限公司

2. 海外出版公司（9 个）

中国出版（悉尼）有限公司

中国出版（巴黎）有限公司

中国出版（温哥华）有限公司

中国出版（首尔）有限公司（木兰出版社）

中国出版（伦敦）有限公司（百合出版社）

中国出版（法兰克福）有限公司（丁香出版社）

中国出版（纽约）有限公司（梅花出版社）

凤凰出版有限公司

中国出版（东贩）有限公司（玉兰出版社）

3. *海外分公司、代表处（7个）*

中国图书（美国）有限公司

中国图书（俄罗斯）有限公司

中国图书（英国）有限公司

中国图书（德国）有限公司

中国图书（日本）有限公司

中国图书（新加坡）有限公司

香港中图发展有限公司

4. *海外书店（12个）*

新华书店纽约分店

新华书店圣地亚哥分店

新华书店新泽西分店

新华书店伦敦书店

新华书店北美网上书店

新华书店布鲁克林分店

美国黎明书店（洛杉矶）

现代书店温哥华连锁店（2家）

现代书店悉尼连锁店

香港现代大众图书有限公司

新加坡现代大众图书有限公司

附录4：中国出版集团主要出版机构概况

荣宝斋：前身是松竹斋，始建于清朝康熙十一年（公元1672年），后于清光绪二十年（公元1894年）更名为荣宝斋。荣宝斋从20世纪50年代至今收藏了数千件元、明、清及近现代艺术珍品，被称为"民间故宫"。荣宝斋精湛的装裱、装帧和古旧破损字画修复技术为世人称道。木版水印、装裱修复作为"中华绝技"被列入我国非物质文化遗产。

商务印书馆：成立于1897年（戊戌变法前一年），是中国历史最悠久的现代出版机构，与北京大学同时被誉为中国近代文化的"双子星座"。代表性出版物有《辞源》《新华字典》《现代汉语词典》《牛津高阶英汉双解词典》《故训汇纂》《四库全书（影印文津阁本）》《汉译世界学术名著丛书（400种）》等。百年商务创造了诸多第一，如出版第一部中英文对照排版印刷的英语教科书——《华英初阶（1898）》；第一个系统地介绍西方学术论著（1902）；第一个作为文化企业引进外资（1903）；生产制造我国第一部汉字打字机（1919）。

中华书局：1912年1月1日在上海成立。创办人为近代著名出版家陆费逵。以"开启民智"为己任，靠倡导"教科书革命"起家。建国前出版了《辞海》《饮冰室合集》《社会契约论》等重要书籍。建国后主要以古籍整理和出版为主。出版的点校本"二十四史"及《清史稿》被公认为新中国最伟大的古籍出版整理工程。

生活·读书·新知三联书店: 前身是 1932 年在上海创立的生活书店,创办人是著名出版家邹韬奋。生活书店与此后创立的读书出版社、新知书店在 1948 年三店合并,正式成立生活·读书·新知三联书店,1951 年并入人民出版社,1986 年恢复独立建制,2002 年加入中国出版集团。几十年来,三联书店秉承"竭诚为读者服务"的宗旨,恪守"人文精神,思想智慧"的理念,坚持"一流、新锐"的标准,出版各类图书 3000 余种,在业内和广大读者中享有盛誉。

人民文学出版社: 成立于 1951 年,是我国规模最大、最具影响力的文学出版社,被赞为"新中国文学出版从这里开始"。该社翻译出版了 80 多个国家和地区的重要作家的作品近 3000 余种,系统整理出版了 30 多位中外文学大师的全集,中国当代一流作家的代表作绝大多数由该社出版。2000 年以来,该社在文学图书零售市场平均占有率为 7.3%,在文学类出版社中名列第一。

人民美术出版社(中国美术出版总社): 成立于 1951 年 9 月,由周恩来总理题写社名。近 60 年来,它出版了《中国美术全集》《中国历代书画》等上万种的美术读物。此外还创办了《美术向导》《美术之友》等十余种刊物,在国内外享有很高声望。1998 年,人民美术出版社与中国连环画出版社、荣宝斋共同组建了中国美术出版总社。2009 年 1 月,荣宝斋分立出去。

人民音乐出版社：前身为万叶书店，由钱君匋先生于 1938 年创建于上海。1954 年 10 月，以万叶书店为主体，与中国音乐家协会出版部合并组建音乐出版社。1974 年 8 月，更名为人民音乐出版社。已出版《中国古代音乐史稿》《音乐百科词典》等音乐、舞蹈、戏曲类图书 1 万多种。主办的《音乐研究》《中国音乐教育》《钢琴艺术》及与中国音协合办的《人民音乐》等杂志，均在国内外享有重要学术地位和影响力。其中小学音乐教材在全国排名第一。

中国大百科全书出版社：于 1978 年 11 月 18 日正式成立，以出版百科全书和其他工具书为主，同时出版各种学术著作和普及读物。先后出版了《中国大百科全书（第一版；第二版）》《中国大百科全书（简明版，12 卷）》《不列颠百科全书（国际中文版，20 卷）》《中国百科大辞典（10 卷）》《中国儿童百科全书》系列等一系列鸿篇巨制。

中国对外翻译出版公司：始建于 1973 年，原称"联合国资料小组"，代表国家专门从事联合国文件的翻译工作；经国务院批准，1979 年改称为"中国对外翻译出版公司"，是国内最大的语言服务供应商。长期为联合国总部及各有关机构、我国政府各部门、社会各界及民众提供多语种、多学科翻译服务，包括各种会议、谈判、展览等交替传译和同声传译服务。近年来，中译公司出版的中英双语读物等具有比较高的市场知名度。

东方出版中心：地处上海。其前身为中国大百科全书出版社上海分社及副牌知识出版社（沪）等，成立于 1978 年 11 月 18 日。1995 年 10 月分社独立，改为现名。配合中国大百科全书出版社出版的《中国大百科全书》获得国家图书荣誉奖,《中国诗学》获中国图书奖,《湮灭的辉煌》《大雅村言》获鲁迅文学奖。《文化苦旅》出版 10 年来,以其高品位畅销海内外。

现代教育出版社:成立于 2004 年 4 月 8 日。以出版教育类、少儿类、普及读物类读物为主。

现代出版社:成立于 1982 年,是全国首家通过 ISO 9001 质量体系认证的出版单位。现代社的主要漫画产品有《朱德庸漫画系列》《几米漫画系列》《蔡志忠漫画系列》《老琼漫画系列》等台湾地区作者的漫画作品,和一大批中国大陆原创作者的漫画梦工场系列作品。

世界图书出版公司:成立于 1986 年,是我国为数不多的最早跨地域经营的出版社,在北京、上海、广州、西安设有 4 家分公司。主要从事海外科技、语言类购权重印书和期刊的出版发行,与海外近 100 家大出版机构进行了广泛的业务合作。出版了《西氏内科学》《韦氏新大学词典(第 10 版)》《新东方英语红宝书》等,受到广大读者的喜爱和好评。

商务印书馆国际有限公司:由北京商务印书馆、商务印书馆(香港)有限公司、台湾商务印书馆股份有限公司、商务印书馆新加坡有限公司、商务印书馆马来西亚有限公司于 1993 年共同投资创建,为国内第一家综合性中外合资出版机构。出版的汉语工具书在全国图书零售市场排名第二。

天天出版社:前身是人民文学出版社旗下的外国文学出版社。2009 年 8 月 8 日,外国文学出版社正式更名为天天出版社,全力出击少儿图书市场。天天出版社成立后推出的第一部作品是根据CCTV动画大片《美猴王》改编的同名动漫图书。

中国图书进出口(集团)总公司：1950年成立，是国有大型文化企业。2002年以前先后隶属于对外文委、国家科委、国资委，2002年中国出版集团成立时划归集团。2009年1月，中图公司与中国出版对外贸易总公司实施战略重组，形成了新的中图公司。重组后的中国图书进出口（集团）总公司，总资产超过30亿元人民币，在职员工总数2000多人，拥有海内外分支机构37家，是中国规模最大、实力最强的文化产品进出口企业。

新华书店总店：成立于1937年，是中国最著名的图书、电子音像出版物批发企业。在70多年的经营发展中，已累计发行图书46亿册，150多万种，累计发行码洋260亿元，累计销售收入185亿元。现今书店的招牌为毛泽东主席在1948年12月所题。由新华书店总店控股的新华出版物流通有限公司于2005年成立，是中国首家中外合资的图书发行公司，全面承接新华书店总店经营了几十年的图书发行业务。

中国图书商报社：《中国图书商报》1995年创刊，是中国书业权威的专业媒体和商务媒体，在中国出版业具有广泛影响。以关注市场、服务营销、推进阅读、提升书业为己任，以"惟优惟新、利业利世""持续打造中国书业第一媒体"为报社核心价值观，以"既要最好，又要更好""同心同德，共创共赢"为报社企业文化。

中国民主法制出版社：1989年2月成立，原属全国人大常委会办公厅，2009年由中国出版集团公司并购。坚持为人民代表大会制度和社会主义民主法制建设服务的宗旨，努力出版高质量的人大工作用书和法律图书。　出版的图书主要以法律和政治图书为主，近年来也出版文史图书。

华文出版社：成立于 1987 年，原属中央统战部，2010 年由中国出版集团公司并购。主要从事统战工作理论著作、统战工作文件汇编和文献资料出版，以及相关社会科学专著出版、海外华人文艺作品出版等。

中图（集团）总公司改革发展思路★

提　要

一、现状和形势分析

（一）业务现状

1. 出版物进口

2. 出版物出口

3. 会展服务

4. 房产物业经营

5. 金融投资

6. 海外业务

7. 非出版国际贸易

（二）优势

1. 进出口业务位居行业龙头

2. 集团化和国际化经营优势突出

3. 人力资源丰厚，物质基础雄厚

4. 业务创新成效初显

★　2012 年 8 月 9 日，在中国图书进出口（集团）总公司第 10 届第 12 次职代会上的讲话。

（三）挑战

1.数字出版提出变革挑战

2.进口主营业务市场竞争加剧，已进入微利时代

3.出口业务和"走出去"工作亟须突破困局

4.资产运营能力有待提高

二、战略定位与战略目标

（一）战略定位

1.数字化

2.多样化

3.专业化

4.规模化

5.国际化

（二）战略目标

三、发展战略

（一）进口业务领先战略

（二）出口业务争先战略

（三）数字服务优先战略

（四）会展服务占先战略

（五）国际拓展率先战略

（六）资产效益提升与支持战略

四、重大项目

（一）三大数字化平台

1.中图数字资源聚合与加工平台

2.中图数字化交易与服务平台

3.中图数字化内容审查平台

（二）三大体系

1.中图进出口配送体系

2. 中图海外出版发行体系

3. 中图国际会展组织服务体系

（三）三大基地

1. 北京通州国际出版交流基地

2. 上海蓝桥数字出版创意基地

3. 西安西郊文化产业发展基地

（四）两大工程

1. 全球数字资源聚合与服务工程

2. 中国出版国际传播能力建设工程

五、保障措施

（一）健全跨国企业管理构架

（二）保障文化安全

（三）优化资源配置

1. 整合进口业务

2. 强化数字业务

3. 强化国际经营管理

4. 强化配送体系管理

5. 提升资产效益

（四）完善绩效管理

1. 对不同部门和单位实行差异化考核考绩

2. 对于部门和单位负责人，以及对于职工，实行不同的考核机制

（五）数字化带动

（六）政策拉动

（七）人才推动

（八）党组织保障调动

2012 年 3 月 15 日，中国出版集团公司宣布我兼任中国图书进出口（集团）总公司总经理。之后，我在做好日常经营管理工作的同时，积极开展调查研究，问计于贤、问计于众。先后与总公司的领导班子成员、退休领导、总公司各部门、国内各分支机构的负责人，共 40 多位同志，进行了调研谈话，了解情况、听取建议。在对现有基本情况和形势进行分析的基础上，经过与中图领导班子、中层干部反复商讨，确定了中图（集团）总公司未来发展的三重三队五化定位、六大战略、十一大项目、九大措施，形成了今后改革发展的基本思路（"56119"思路）。这个思路，是全体中图人的经验、见解、希望、要求的综合，是领导班子集体研究的结果。

7 月 27 日，中国出版集团在中图召开总裁现场办公会，在听取并充分肯定"56119"发展思路的基础上，就中图的改革发展提出了 8 条希望、8 个坚定不移的要求：坚定不移地开展数字化转型，坚定不移地开展国际文化贸易、拓展海外市场，坚定不移地推进体制机制改革、创新企业文化，坚定不移地建设专业化队伍，坚定不移地坚持三重三队五化定位，坚定不移地实施五先一支六大战略，坚定不移地实现资产、营收、净资产、利润四大目标，坚定不移地保障国家文化安全。

一、现状和形势分析

(一) 业务现状

中图目前的业务主要包括 7 块：出版物进口、出版物出口、会展服务、房产物业经营、金融投资、海外业务、非出版国际贸易。

1. 第一块业务：出版物进口

出版物进口是中图的传统主业，也是中图目前收入、利润的主要来源。目前，中图进口方面的从业人员约 450 人，占全体人员的 37.78%。2011 年，中图出版物进口实洋 1.75 亿美元，占全国市场份额的 41.18%。

全国与中图 2006 ~ 2011 年出版物进口金额对比表（单位：万美元）

年份	全国	中图	占比（%）
2011	42,508.00	17,475.87	41.18
2010	37,391.28	16,219.36	43.38
2009	31,032.33	14,613.25	47.09
2008	28,618.21	14,793.84	51.69
2007	25,445.70	12,272.15	48.23
2006	21,172.82	12,702.74	60.00

从 2006 ~ 2011 年 6 年的情况看，传统进口业务总量仍在徘徊增长，但占全国的比例则呈下滑的趋势。下滑的主要原因是：数字产品进口份额较小，失去了市场介入的最佳时机，2010 年中

图出版物进口实洋 1.62 亿美元，占全国的 43.38%，其中，传统出版物进口实洋为 1.3 亿美元，占全国的 49.73%；但数字产品进口则只占 13% 的市场份额，仍然具有较大的增长空间和可能性。

2. 第二块业务：出版物出口

出版物出口是中图服务国家"走出去"战略的标志性业务。目前，中图出口方面的从业人员约 100 人，占全体人员的 8%。2010 年中图出版物出口额为 944.22 万美元，占国内市场的 25.13%。2011 年突破 1000 万美元达到 1062 万美元，若按新的统计方法计入同方知网、五洲出版社、龙源网等外宣部分的销售，全国为 7400 万美元，中图只占全国的 14.36%，占比是下降的；但若按传统统计方法，全国为 3561 万美元，则中图占全国的 29.82%，是明显上升的。

全国与中图 2006 ~ 2011 年出版物出口金额对比表（单位：万美元）

年份	全国	中图	占比（%）
2011	7,396.60	1062	14.36
2010	3,758.16	944.22	25.13
2009	3,498.83	827.96	23.66
2008	3,588.57	666.87*	18.58
2007	3,967.97	414.53	10.45
2006	3,916.43	463.41	11.83

*含中国出版对外贸易总公司出口金额（即计入了未重组前中图、版图两家数字）

　　中图的出口业务是中国出版物"走出去"的重要组成部分，目前出口业务的价值更多地体现在：扩大公司的销售收入规模，提升公司的社会效益。出口作为国家"走出去"战略的重要组成部分，要继续有声有色地做大做好。

　　3. 第三块业务：会展服务

　　会展服务是中图，也是集团的品牌业务，主要包括三大块：第一块是承办北京国际图书博览会等国内书展，第二块是承办海外书展中国主宾国活动，第三块是组织中国代表团参加海外书展，拥有一支37人的专业会展团队。2011年会展组织、组团服务达到15个，实现营业收入2486万元，利润714万元。在为国家扩大版权贸易成果、推广和宣传中国文化作出贡献的同时，也产生了良好的经济效益，并有力带动了进出口业务的发展，已成为中图的支柱业务之一。

　　4. 第四块业务：房产物业经营

　　房产物业经营是中图多年发展中积累的物质基础，对公司业务发展起到了一定的支持作用。

中图总公司 2011 年房产出租收入情况表

单　位	房产面积（㎡）	出租面积（㎡）	2011年收入（万元）
总公司（本部）	43,318	8,750.40	617.56
版图公司	16,949.21	2,610.57	199.87

（续表）

单　位	房产面积（㎡）	出租面积（㎡）	2011年收入（万元）
中图上海公司	50,966.57	19,365.57	1,797.04
中图广州公司	18,833.09	9,147.53	1,227.18
中图西安公司	17,511.74	17,411.74	767.06
中图深圳公司	2,356.43	1,112.11	183.97
中图大连公司	736.76	443	7.5*
北京世图印刷厂	19,266	10,667	296
中图总公司合计	169,937.8	69,507.92	5,096.18

＊非全年租金收入

目前，中图共有房产 17 万 m^2，其中出租 7 万 m^2，2011 年出租收入达 5096 万元，折合 2 元 / m^2·天。前 3 年共实现收入 1.18 亿元。

5. 第五块业务：金融投资

中图在行业内较早涉足金融投资，现有金融投资 1.6 亿元，前 5 年共实现收入 1.84 亿元。但金融投资受大环境影响，每年收益并不稳定。

中图总公司 2011 年金融投资情况表

被投资单位	投资成本（万元）	股　份	持股比例（％）	股东排名
国泰君安证券股份有限公司	8,640	85,769,938	1.41	12
国泰君安投资管理股份有限公司		8,712,139.47	0.6332	24
深圳市兴中图投资有限公司	6,800		100	
上海申银万国证券股份有限公司	500			

被投资单位	投资成本（万元）	股 份	持股比例（%）	股东排名
上海宝鼎投资股份有限公司	14.377			
合计	15,954.377			

金融投资主要有 5 笔，大的投资有两笔：一笔是深圳市兴中图投资公司的 6800 万，曾经为中图的总利润作过贡献，但 2012 年 6 月则账面潜亏 2500 多万元，目前已改组董事会及经理班子，正在研究调整经营策略；另一笔是国泰君安的 8600 多万，目前正在筹备上市，这对中图是个重大的利好机会，若按 20 倍市盈率，中图可获得 17 亿资金，若按 30 倍市盈率，中图可获得 25 亿资金。

6. 第六块业务：海外业务

海外业务包括：为国内服务的分公司，海外出版，海外书店。

海外分支机构分 4 种情况：一是美国、英国、德国、中国香港的分公司（代表处），主要为进口服务，业务开展较好；二是日本的分公司（代表处），目前主要以与东贩合作、开展海外出版为主，也实现了业务转型；三是俄罗斯的分公司（代表处），近几年业务萎缩，一度交给中图上海公司经营管理，未见起色，现已决定暂时冻结业务、调回人员，委托当地人照料。

第四种是海外出版公司和海外书店，这是中图实施战略重组后，在中国出版集团公司领导下探索出版实体"走出去"的重要内容，目前已初步建成涵盖英法德日韩 5 个语种、8 家出版公司、12 家海外书店的海外出版发行格局。海外出版发行采取低成本运作的方式，一方面为集团公司版权输出成果的扩大作出了贡献，另一方面也面临着如何提高传播力、影响力和经济效益的问题。

7. 第七块业务：非出版国际贸易

非出版国际贸易是中图近年来重点加强的业务。通过鼓励版图公司等国内分支机构做大各种非出版物贸易，2011 年实现贸易额1.22 亿美元，已占中图营业收入的 32%，是非常重要的一块业务。

（二）优势

中图总公司的前身是 1949 年 12 月 1 日建立的国际书店。1964 年从国际书店中析出独立的中国外文书店时，主要从事国外书报刊的进口业务，主要为国家科技、国防科研服务。1973 年 1 月更名为中国图书进口公司，1981 年更名成立中国图书进出口总公司，1999 年改为现名。中图公司始终坚持"社会效益是公司发展的生命线"的经营宗旨，经过几十年、几代人的艰苦创业、努力发展和不断积累，为国家科研、国防、教育、文化和经济等领域的发展作出了特殊的重要贡献，同时也不断拓展业务领域和服务范围，形成了自己的优势地位，突出表现在以下 4 个方面。

1. 第一个优势：进出口业务位居行业龙头

主要表现为：

第一，规模大。企业规模相对强大，是中国出版集团的方面军，中国进出口行业的带头大哥。

中国出版公司、中图公司 2011 年主要数据对比（单位：万元）

	主营业务收入	利润总额	资产总额
中国出版集团	563,281	41,600	960,900
中图公司	237,934	7,761	272,900
中图占比（%）	42.24	18.66	28.40

中国出版公司、中图公司 2012 年上半年主要数据对比（单位：万元）

	主营业务收入	利润总额	资产总额
中国出版集团	300,000	28,000	1,000,000
中图公司	134,700	5023	271,321
中图占比（%）	45.00	18.00	27.13

（注：中国出版集团 6 月份数据为约数）

是中国出版集团的第一大企业。利润总额占集团的近 2 成；资产总额占集团的近 3 成，鼎足之重；主营业务收入等于 17 家出版社之和，占集团的四成五，占半壁江山。

截至 2011 年年底，中图总资产 27.29 亿元，营业收入 23.7934 亿元，利润总额 7761 万元。以上指标，分别占到中国出版集团的 28.40%、42.24%、18.66%。

是中国出版进出口行业的龙头。中图无论是资产规模，还是经营规模，都居于行业第一，尤其是在传统出版物进口和会展业务方面的规模优势最为突出。

中图与全国 2011 年出版物进出口数据对比表

	全国	中图	占比（%）
进出口总额 （进出口企业）	46,448.7 万美元	18,537.87 万美元	40
进出口企业 总收入	64.4 亿元	24.1 亿元	37.40
进出口企业 总利润	18,000 万元	7,761 万元	43.10

中图以占全国进出口企业 37% 的收入，取得 43% 的利润，利润率高于行业平均水平，显示出明显的规模效益。

第二，品种全。产业结构和产品结构相对完善。经过 60 多年的发展，中图的产品经营已经涵盖了传统的书报刊、音像制品以及新型的数据库、电子书等各种出版物和信息产品；建立了品种最多、范围最大、渠道最广的出版物进口体系，涵盖出版全产业链的出版"走出去"体系，以及国际化、专业化程度最高的会展组织服务体系，为国家经济社会发展和中华文化走向世界作出了重要贡献。

第三，品牌响。品牌资源最为独特。在一代代中图人的努力下，中图积累了一系列特有的品牌资源。比如，拥有在涉外场所销售进口报刊和音像制品进口业务两项独家经营权，设有国内首家进口出版物专用保税仓库，是北京国际图书博览会的承办单位、中国海外书展主宾国活动办公室所在单位，是北京奥运会、上海世博会、广州亚运会、深圳大运会等重大国际性活动的进口服务和书报亭的独家合同商，等等。

2. 第二个优势：集团化和国际化经营优势突出

主要表现为：

第一，在文化单位中企业化经营最早。1964年外文书店从国际书店中独立出来。1973年1月中国图书进口公司成立，在业内最早开展企业化经营。40年来，随着中国经济社会的不断发展，中图的企业化经营水平不断提高，运营机制基本适应了服务经济社会发展的需要。

第二，在文化企业中规模化、集团化经营最优。在行业中，中图最早在国内重要地区设立分支机构、开展规模化经营，并且取得了明显成效。

共有二级海内外分支机构44家，其中大陆分支机构15家；另有参股公司5家。下属三级机构16家；另有参股公司8家（版图2家、上海5家、深圳1家）。

中图采取了总公司—子公司两级法人治理的集团化经营模式，总公司重在主体业务经营和战略管控，保证了进出口采购营销的整体协同效应；子公司重在发挥区位优势，并做到进出口、出版、多元经营相结合，形成了各自的经营特色。这种模式，对中图做强主业、开展专业化经营起到了推动作用。

第三，在文化企业集团中国际化经营最广。中图最早开展国际化布局和经营，现有的二级44家海内外分支机构中，驻港和海外机构达到29家（驻港机构3家、分公司和代表处6家、海外出版公司8家、海外发行公司和书店12家），已构成中国出版业最大的集进口、出口、出版、发行为一体的国际营销网络，是中国出版集团乃至中国出版业实施国际化战略的坚实基础。

3. 第三个优势：人力资源丰厚，物质基础雄厚

主要表现为：

第一，人才类型多、队伍大、素质好。

中图集团现有干部员工2308人。其中，在职员工1658人，离退休干部650人。总公司在职员工750人，分支机构在职员工900人。

人多，意味着生存压力大，但也意味着人力资源、人才资源丰厚，意味着可以发掘的生产力要素丰厚。

目前拥有包括进口编目、团体订购、报关、内容审查、物流、出口采购、出版物招投标、大客户服务、外籍人员服务、社会化服务、会展组织、重大活动组织、出访组团、版权、外语等20多种类型的人才队伍。这个队伍，熟悉国际国内两类出版企业，熟悉国际国内两个出版市场，熟悉机构团体和读者个人两类服务对象，了解政府政策要求、客户信息需求和企业自身的发展要求，在业务管理、业务拓展、重大项目组织、国际活动运作等方面的能力尤其突出。

第二，资产实力雄厚。

2011年全年，中图货币资金6.55亿，资产负债率60.67%，存货2.28亿元，房产出租收入5000万元，投资收益1306万元。家大业大本钱大。

在本行业中，中图的房产经营业务规模大、区域分布广，金融投资起步早、涉及门类多，是最早开展跨地区、跨行业、跨所有制经营的企业，在资产运作、资本运营方面有先发优势，有较好的积累，实力较为突出。

4. 第四个优势：业务创新成效初显

主要表现为：

第一，运营模式转型加快。近年来，中图不断加大数字产品进口、加快信息化基础建设，目前已与英国出版科技集团、道森图书等签署战略合作协议，正在实施数字资源信息服务平台的对接工作，年内将上线运营。同时，还在与 Overdrive 等全球先进的数字资源信息服务商开展合作谈判。这些，为实现中图公司由产品提供商向综合信息服务商转型奠定了基础。

第二，会展业务潜力巨大。中图已经建立了一支专业化、规范化、国际化的会展团队，形成了颇具特色、业界公认的会展组织服务体系，拥有了北京国际图书博览会（BIBF）、海外书展中国"主宾国"活动两大会展品牌。其中，中图创办、承办的BIBF，在没有政府一分钱投入的情况下，通过市场化运作，经过26年的培育，已经跻身国际四大书展之列，具有了较强的文化影响力和盈利能力。国际会展业务已经成为整合优化资源、适应数字化变革、推动"走出去"的重要抓手，成为中图创新发展的主业之一。

第三，专业化经营空间广阔。经过多年的探索，中图已形成非出版物国际贸易、文化产业园建设和经营、房产物业经营、金融资产收益等纵向多元化经营局面，对公司经营规模的扩大和主业发展起到了有力的支持作用。而国泰君安证券股份有限公司的筹备上市，将为中图进一步做强主业、改革创新、业务重组以及国际化经营提供强有力的资金支持。

（三）挑战

1. 挑战之一：数字出版提出变革挑战

数字出版作为出版业的巨大变革，对中图的冲击主要表现在两个方面。

第一，中图行业龙头地位受到严峻挑战。目前，中国数字产品进口已达 15 亿元，强烈冲击着传统出版物的进口，并形成替代趋势，而中图的数字产品进口失去了进入市场的有利时机，市场份额较小，3200 万美元约合 2 亿元人民币只占全国的 13%，中图原有的核心资源优势无法发挥。

第二，数字产品进口商业模式的去中介化问题。当前国家对数字内容进口尚未形成完善的法规，在数字内容进口中，进口企业只能发挥"代付汇"的作用，这对行业发展造成了巨大的冲击，既直接影响着中图的核心竞争力和经济效益，也给进口内容审查和国家文化安全带来隐忧。如何调整产品结构，如何构建新的商业模式，以适应新的发展形势，是中图发展过程中亟待解决的重要课题。

2. 挑战之二：进口主营业务市场竞争加剧，已进入微利时代

竞争的加剧主要表现在四个方面。

第一，政策优势减弱。改革开放前，中图的出版物进口基本处于垄断。到 20 世纪末，中图的出版物进口仍处于半垄断，享有国家多项政策优势，保持着行业主导的地位。2001 年中国加入世贸组织后，出版物进口政策不断放宽，外资变相进入出版物进口市场。可以说，中图依靠政策带来的行业垄断优势已经逐渐丧失；而数字产品进口等新业务方面，更是位置殿后。

中图与国内主要进口公司数据对比表（2010 年）（单位：万美元）

企　业	进口额	所占行业比重（%）
进出口行业总计	37391.28	
中图（集团）总公司	16219.36	43.38
中国教育图书进出口总公司（教图）	4951.32	13.24
北京中科进出口公司（北京中科）	2113.30	5.65
中国国际图书贸易总公司（国图）	1522.87	4.07
上海外文图书公司（上外图）	1152.53	3.08
中国科技资料进出口总公司（中国中科）	1078.22	2.88

第二，行业竞争加剧。

这一方面体现在行业本身市场化的不断深入和买方市场的形成，另一方面由于行业市场化尚在形成中，也带来了一定程度的无

序竞争。目前有 42 家出版物进口企业，其中 5 家较大的大公司是中图主要的竞争对手，它们 2010 年的进口贸易额占到全国的 29%。

其中，教图公司拥有国家教育经费中文科专款使用的优惠政策，数字产品进口市场占有率较高；北京中科借中国科学出版集团改革之机，享受 5 年免税待遇，在高校图书馆招标中多采用低价竞争策略，在数据库产品进口方面发展较快，所占市场份额较大；国图公司利用外文局给予的出口业务资源，在小语种原版图书进口业务上增长较快，具有一定竞争力；上外图在上海地区具有较强的竞争优势；中国中科近年发展较快，常以主动进货降低进口成本，在武汉、天津等地区具有竞争优势。以上 5 家竞争对手虽然在纸本出版物进口方面市场占有率相对较低，但在数字出版物进口的市场占有率远超中图公司。这要求我们在巩固扩大纸本出版物进口市场的同时，重点做好数字出版物进口的市场开发，大幅提高数字出版物进口市场占有率。

同时，民营企业的发展也对中图公司业务造成一定的冲击和影响。如 WELLS（主营法律、经济学科）、迪赛娜（主营建筑、艺术）、BOOKART（主营美术、艺术）等，以特色的服务和特色的书展在高校院系影响较大。这些公司以主动进货为主，选书队伍由专家组成，经营针对性较强。

此外，我国加入世贸组织后，国内出版物进口市场国际化趋势日益增强，国际大型出版发行集团如爱思唯尔、施普林格等，变相进入国内市场，使原有国内行业竞争提升为国际化竞争。由于国际出版发行集团具有内容资源这一根本优势，以及信息化建设的绝对优势，所以我公司在参与市场竞争中面临着如何利用国家政策从产品销售商向信息服务商的战略转型。

第三，客户要求苛刻。在买方市场背景下，公共图书馆、高校和科研机构等团体客户，也即我们的主要客户和传统客户，采购招投标趋于常态化，结果是：附加服务要求越来越多，中标中的成本越来越大，利润率越来越低。

第四，文化安全成本加大。在国内外复杂环境下，维护文化安全的要求越来越高，中图的进口损失不断加大。这些因素使得出版物进口行业已经全面进入微利时代。2011年进口损失1300万，2012年上半年900万。

3. 挑战之三："出口业务和"走出去"工作亟须突破困局"

中图始终坚持贯彻落实国家的"走出去"战略，近年来在出版物实物出口、海外出版发行等方面作出了较大的努力。但从目前发展来看，"走出去"的压力在不断加大。

第一，海外需求乏力。受国家文化软实力不高、海外对中国出版产品的需求有限、人民币升值和全球金融危机影响，实物出口（绝大多数为中文出版物）在数量、客户和影响面上仍难取得实质性突破，出口业务的进一步发展面临着市场开拓、产品创新的困局。

第二，竞争无序、不公平。一般来说，后起的、不规范的小企业，喜欢无序竞争；像中图这样成熟、规范的大企业更愿意有序竞争。市场的不公平竞争和无序竞争，削弱了我们的竞争优势。国内出版物出口的主要市场为北美、欧洲、东南亚、日本等。我公司在这一市场中的主要竞争对手有国图公司、北京珍本书店、北京人天书店等。其中，国图公司的优势在于国家政策补贴及多年出口业务积累的客户资源；北京珍本书店、北京人天书店有限公司的优势在于私营企业灵活的用人、运行机制和较低的运作成本。

第三，企业在为国家"走出去"作贡献。目前，企业实际上承担了政府部门输出中国文化、塑造中国形象的一部分压力和成本。海外出版发行、"走出去"工作，目前还是形式大于实质，本土化运作水平和效益水平也有待进一步提高。

出版物出口客户方面，国外图书馆等团体客户的数字化需求在迅速增大；由于语言限制，以海外华人群体为主的个人客户，虽有一定发展空间，但多年来销售额和销售量却变化不大。随着国家文化"走出去"战略的深入实施和国外对中国关注度的增强，汉语学习类图书和中国主题图书的本土化出版可以作为中国出版进入国际主流市场的重要突破口，有可能改变中国出版物长期徘徊在华人文化圈的局面。

4. 挑战之四：资产运营能力有待提高

在国内出版物进出口行业中，中图的房产经营和金融投资实力较为突出，有先发优势。这为中图参与市场竞争、促进改革发展提供了较为有力的支持。但中图目前的房产物业经营和金融投资仍是粗放式的、低层次的，缺乏专门的经营管理机构，缺少专业化人才。如何提高资产运营的能力，发挥资产和资本在整合聚集行业优质资源方面的作用，提升资产和资本的使用收益，是中图在改革发展中需要重点思考的课题。

二、战略定位与战略目标

（一）战略定位

中图（集团）总公司是中国出版集团的三大业务方面军（出版，进出口贸易，文化艺术品经营）之一，是出版集团实现国际化、数字化战略的重要依靠；中图（集团）总公司还是带动整个行业转型发展、推动国际文化交流、提高国家文化软实力的重要依靠。立足于这样的背景和中图自身的发展要求，我们规划：

用 5 年左右的时间，完成出版产品提供商向综合信息服务商的转型，将中图总公司建设成为中国出版集团内容"走出去"的重要渠道和向世界传播中国文化的服务队，成为中国出版集团海外拓展的重要力量和开展国际化经营的先遣队，成为中国出版行业开展国际文化交流的重要平台和实现文化强国的突击队，成为数字化、多样化、专业化、规模化、国际化的，行业领先、跨国经营的全媒体信息服务企业。

1. 数字化

数字化，就是要提供全媒体服务。完善产品结构，使得经营产品既涵盖书、报、刊、音像制品等传统产品，又涵盖数据库、电子书等数字产品；建立和完善数字资源聚合与加工平台、数字化交易与服务平台、数字化内容审查平台"三大数字化平台"，完成由传统产品经营向现代信息服务的转型。

数字化，对其他出版企业来说是未来发展的问题，决定它们的明天；对中图来说是当下生存的问题，决定我们今天能不能赢在新一轮竞争的起跑点、能不能继续占据行业的制高点。

2. 多样化

多样化，就是要提供全方位服务。拓展服务类型和服务对象，面向社会各领域，提供全方位、多样化的服务。在现有进出口服务体系基础上，紧跟国家文化发展战略和"走出去"战略，既为中国的教育、科技、文化、卫生、社会、政治、军事、国防等各领域发展提供服务，又为国际社会了解中国、理解中国、适应中国提供服务，还为促进国内外出版业的交流与合作服务。以服务中外团体客户为主，满足其专业化需求；同时深挖中外个人客户的文化诉求，满足其个性化需求（按需印刷，专项会展，组团出访等）。不断提高服务能力，不断完善专业化、个性化服务体系，实现由产品提供商向解决方案服务商的转型。

3. 专业化

专业化，就是用好资源优势，实现纵向多元发展。完善产业结构和发展方式，创新发展模式，改善企业管理，壮大企业实力。在原有的出版物进口、出版物出口、会展服务、房产物业经营、金融投资、海外业务、非出版国际贸易 7 大业务板块的基础上，加强业务优化整合，形成产品贸易、数字化信息服务、会展服务三大核心主业，形成围绕和服务于三大核心主业的纵向多元发展的格局，提升企业核心竞争力。

4. 规模化

规模化，就是完善全国布局，实现横向的区域发展和纵向的集约经营有机统一，提高规模经营水平。规模化，就是中图的进一步集团化。在强化既有的华北、华东、西北、华南布局基础上，实施中南、西南"两南"布局，完成全国布局；鼓励子公司开疆拓土、特色发展，将自己打造成分守一地、辐射一方、分工互补、自主发展的，在当地举足轻重的文化企业；同时，强化总公司规划、集约、调控、管理能力，提高中图规模化经营的效益水平。

5. 国际化

国际化，就是拓展全球布局，实现经营国际化向国际化经营和跨国经营转变。在巩固欧美、东亚、东南亚布局的基础上，借助国家外交、经济、投资优势，实施南美、南亚、南部非洲、中东"三南一中"布局，完善全球布局，成为中国出版集团国际化的先遣队、排头兵。

（二）战略目标

到 2015 年，实现资产、营业收入双双达到 40 亿元，净资产20 亿元。

与 2011 年相比，今后三年年平均增长率，总资产年增长

12%（2011 年 27 亿元）；营收年增长 13%（2011 年 24 亿元——数字资源加快增长因素、非出版贸易加快增长因素。到 2015 年传统出版物进口 15 亿元，传统出版物出口 2000 万美元，数字资源销售 10 亿元，非出版物国际贸易 10 亿元，会展销售收入 4000 万元，资产运作资本运营收益 4 亿元）；净资产年增长 20%（2011 年 10 亿元——新增房产因素）；利润年增长 30%（2011 年 7800 万元——新增国泰君安上市因素）。

实现员工人均收入增长同步或略高于企业收入增长，由 2011 年的 8 万元提升到 2015 年的 13 万元，在出版集团处于一流水平（目前处于中等偏上水平）。

三、发展战略

根据以上战略定位和战略目标，实施"五先一支"6 大发展战略，即进口业务领先战略、出口业务争先战略、数字服务优先战略、会展服务占先战略、国际拓展率先战略、资产效益提升与支持战略。

（一）进口业务领先战略

坚持挺拔主业不松懈，深挖市场潜力，强化对进口业务的激励机制。一方面巩固提升出版物进口行业的龙头地位，到 2015 年争取实现出版物进口市场占有率达到 60% 以上，达到 2006 年的占比高位，实现营业收入突破 15 亿元；另一方面继续加大对非出版物进口业务的支持。

（二）出口业务争先战略

拓展出口产品范围，加大内部支持，争取外部政策，扩大经营规模，双效并举，提高"走出去"影响力和经济效益。到 2015 年实现出版物出口突破 2000 万美元，市场占有率达到 40% 以上，加上其他国际贸易，实现出口总规模的突破。

（三）数字服务优先战略

加快进出口业务转型，大力推进信息化、数字化的统一管理、统筹建设，建立和完善"三大数字化平台"——数字资源聚合与加工平台、数字化交易与服务平台、数字化内容审查平台。加速对全球数字资源的集聚、存储、加工、管理、交易、服务和安全保障能力建设，从而构建"中图数字资源中心"——中图文化云，形成"中国数字资源进出口港口"——中图文化港，实现运营、服务、商业模式的技术创新和数字化升级。到 2015 年，实现数字资源进出口市场占有率达到 40% 以上，销售收入突破 10 亿元。

在数字化转型问题上，要么放弃竞争，放弃市场，放弃地位；要么全力拼搏，抢占市场，争取主导地位。要么固守传统，让龙头企业成为历史；要么突破重围，开出新路，获得新生。

（四）会展服务占先战略

完善北京国际图书博览会、重要国际书展中国主宾国活动、一般国际书展组团参展等会展服务体系，做大影响，做强品牌。利用政府政策支持，通过直接办展、合作办展、组织参展等形式，在国内由单纯的书展拓展到多样化的文化展览，在海外将书展组织服务扩展至五大洲，保持中图会展的垄断地位，使会展业务成为中图主业之一。到2015年，实现会展销售收入4000万元。

（五）国际拓展率先战略

发挥中图在中国出版集团"走出去"方面的先遣队、主力军作用。对现有的海外分支机构，要强化管理、科学考绩、防范风险、释放优势、提高海外经营效益和国际影响力；借助国家外交、经济、投资优势，结合中图跨国经营需要，做好可行性调研，实施南美、南亚、南部非洲、中东"三南一中"布局，完成全球布局，形成跨国经营能力，提高国际竞争力和传播力。

通过开展跨国经营、强化国际战略合作，建成集进口、出口、信息服务、会展、营销为一体的跨国经营网络，大力拓展出版和非出版物国际贸易。到2015年，实现传统和数字出版国际贸易26亿元，非出版物国际贸易（大文化贸易）突破10亿元。

（六）资产效益提升与支持战略

在中国出版集团公司资产运营和资本运作统一要求下，提高房产物业和金融投资资产的运营水平，为做大做强主业提供强有力的支持。加强房地产资源的统筹开发，统一要求，盘活存量，开发增量，形成产业园经营、房产出租为主的资产运营方式，实现资产收益最大化。借助国泰君安上市有利时机，适时兼并重组有助于国内外业务拓展和新业务发展的优秀项目和优质企业，推动专业化和规模化扩张。

到 2015 年，实现资产运营收入 4 亿元。

四、重大项目

根据以上发展要求，组织实施 11 个重大项目，包括三大数字化平台——数字资源聚合与加工平台、数字化交易与服务平台、数字化内容审查平台，三大体系——进出口配送体系、海外出版发行体系、国际会展组织服务体系，三大基地——北京通州国际出版交流基地、上海蓝桥数字出版创意基地、西安西郊文化产业发展基地，两大工程——全球数字资源集聚与服务工程、中国出版国际传播能力建设工程。其中，数字化内容审查平台和"两大工程"是政府资助支持的国家级或北京市重点项目。

（一）三大数字化平台

1. 中图数字资源聚合与加工平台

加强信息化建设的统一管理和统筹协调，在现有"中图数字书苑"（2012年新闻出版改革发展项目库入库项目）、"中图链接服务（cnpLINKer）"、"海外图书采选平台（PSOP）"（中国出版集团文化发展专项资金支持项目）以及内部业务管理系统等基础上，快速吸纳、聚合、加工海内外数字出版资源，加速构建"中图数字资源中心"——中图文化云，形成"中国数字资源进出口港口"——中图文化港，成为中图实施数字化战略的资源库。

目前，商业模式构建和数字资源聚合的商业谈判取得了良好效果，得到了业务下游国家图书馆、科学院图书馆和高校图书馆，以及业务上游国际主要集成商和出版商的高度认可。"中图数字书苑"通过与美国的驱动（Overdrive）、英国的道森（Dowson）、爱思唯尔（Elsevier）、威利（Wiley）、英国PC、牛津大学出版社（OUP）等机构签署协议，聚集的电子书数字资源已经超过50多万册；渠道方面已打通海内外机构3万多家。加上洽谈将要签约的CCC、Proquest、澳大利亚电子书平台等，国外主要出版商和集成商将有11家，电子书的数量将达到近100万册。这些，为下一步加快数字业务发展奠定了基础。

2. 中图数字化交易与服务平台

通过与国内外重点出版商、数字技术商的战略合作，联合上游供应商和下游客户，连接出版生产、信息服务与消费需求之间的各个环节，打通和拓宽纸本产品贸易、数字产品贸易、版权贸易、信息服务在国内与国际间的双向通道，提高产品、版权、信息的传递、交易和服务能力，主导构建有利于供应商、客户、中图三方共享共赢的新型商业模式。

3. 中图数字化内容审查平台

加强内容审查平台建设，在原有的全国领先的进口内容审查制度、机制和经验的基础上，争取政府支持，搭建涵盖全部传统产品和数字化产品的、为全行业服务的"中图（进口出版物）数字化内容审查平台"（中宣部支持项目），保障国家的科技文化安全，同时也提高中图在全行业的主导地位和竞争优势。

（二）三大体系

1. 中图进出口配送体系

配合中国出版集团公司物流体系建设，优化整合中图进出口出版物即时配送体系。整合总公司现有的进出口报刊、图书、外籍、市场、音像等国内外配送渠道，整合国内各分支机构配送资源，进一步发挥进口出版物专用保税库的作用，发挥总公司和国内外分支机构的区位优势，建立以北京为中心并辐射全国的中国出版集团公司物流体系子系统——进出口配送体系，实现进出口配送的一体化、标准化、信息化，实现订货、备货、配货、运送、回款的同步化，提高采购、配送、营销、赢利能力。

2. 中图海外出版发行体系

在现有 6 家分公司（代表处）、8 家海外出版公司、12 家海外书店和发行公司的基础上，通过独资、合资、合作、并购等手段，再成立 5 家左右的海外出版发行分支机构，覆盖南美、南亚、南部非洲、中东等空白区域，实现中图海外网点的全球覆盖，形成比较完整的海外出版发行体系，提高跨国经营管理水平和效益水平，提高海外网点的国际竞争力和影响力。

3. 中图国际会展组织服务体系

加强办会机制和服务能力建设，进一步提升北京国际图书博览会的综合性文化会展功能，将其打造成与法兰克福书展齐名的两大国际性书展之一；创新形式，进一步打造重要国际书展中国主宾国活动品牌；努力扩大组团参加各种海外书展的范围、团组和规模；适应国家外交和海外投资形势，积极参与合办、创办海外的国际书展；适应国内会展业务的发展趋势，拓宽会展类型、开展会展培训、丰富会展的组织服务内容，实现会展业务的外延式发展。建立覆盖广泛、重点突出、层次分明的会展组织服务体系。

（三）三大基地

1. 北京通州国际出版交流基地——9 万 m^2

加快北京通州印刷厂（通州区新华大街 121 号院）的规划、立项、设计和开发，建立北京国际出版产业交流基地。

2. 上海蓝桥数字出版创意基地——5 万 m^2

完成中国出版蓝桥创意产业园的建设。加大招商引资力度，建设数字出版人才培训实训平台、数字出版产业链信息平台，引进中华字库工程、中国数字出版网、中华动漫项目库三大数字出版项目，使之成为产业园区的品牌项目。

3. 西安西郊文化产业发展基地——3 万 m²

加快中图西安西郊文化产业园区建设，使之成为中国出版集团公司和中图总公司聚集西部出版资源的重要依托。

（四）两大工程

1. 全球数字资源聚合与服务工程

这是中图实施中国出版集团公司数字化战略的重大项目，已被列入中国出版集团上市公司募投项目。

以"中图数字资源聚合与加工平台"和"中图数字化交易与服务平台"为依托，构建源自全球、服务全球的数字化资源库，构建有利于供应商、客户、中图三方共享共赢的新型商业模式。

工程建设的主要内容包括 4 大中心：建设全球数字资源聚合中心、全球数字资源存储中心、全球数字资源加工中心、全球数字资源交易服务中心。通过 4 大中心，集聚整合全球 90% 以上的 STM 类（科学、技术、医学）数字资源、80% 以上的社科类数字资源以及其他音频、视频资源，打造国际先进、国内一流的集聚合、存储、加工、管理、内容审查、运营交易为一体的数字资源服务平台，并通过与国际出版机构、国际先进数字资源信息服务商合作，主导构建新的商业模式，提高数字资源信息服务对公司发展的贡献率，确立中图在数字资源进出口方面的"中盘"地位和作为信息服务商的优势地位。

2. 中国出版国际传播能力建设工程

这是中图实施中国出版集团公司国际化战略的重大项目。

以"中图海外出版发行体系"和"中图国际会展组织服务体系"为依托，整合现有的实物出口、会展组织服务、海外出版发行网点，通过渠道创新、技术创新、经营模式创新，通过资本运作、产业融合，健全中图"走出去"体系，提高国际传播能力。

工程建设的主要内容包括3个渠道1个服务：拓展海外出版发行渠道、数字资源国际传播渠道、国际会展渠道，开展中国图书对外翻译和版权贸易服务，提升数字资源输出、实物输出、版权输出、资本输出、国际会展组织服务、外向型图书翻译服务和国际会展翻译服务等方面的规模和水平，实现产品、信息、服务、实体和资本全方位"走出去"，提高中国出版集团公司的国际竞争力，搭建促进中国出版"走出去"的顺畅、高效、覆盖广泛、影响国际主流社会的国际传播渠道，提升中国文化的国际竞争力、传播力和影响力。

五、保障措施

为实现以上定位、目标和发展战略，推进以上重大项目，将采取健全跨国企业管理构架、保障文化安全、优化资源配置、完善绩效管理、数字化带动、政策拉动、人才推动、党组织保障调动、企业文化鼓动等 9 个方面的保障措施。

（一）健全跨国企业管理构架

中图集团机构众多，对于不同机构和部门，要实行不同的管理、考核办法，完善总公司与子公司两级法人治理结构，发挥总公司与子公司、总部与业务部门两个积极性，实现两级效益的叠加而不是抵消。

从业务导向、资源配置、机构设置、绩效评估等方面，健全涵盖总公司各部门、国内子公司与参股公司、海外分支机构的，分门对待、区别管理的跨国企业管理构架，完善适应中图发展需要的现代企业集团内部两级法人治理结构：对总公司业务部门的管理注重业务拓展、效益优先；对总公司职能部门的管理注重协调功能、服务质量；对子公司、参股公司的管理注重资源运用、资产开发以及新业务的跨区域开发与对外竞争；对海外分支机构的管理注重对内服务、对外开拓，增强其服务于总公司主业发展、服务于"走出去"战略的意识和能力，并在此基础上提高经济效益。

（二）保障文化安全

继续贯彻社会效益是公司生命线的经营宗旨，严把内容审查关。要做到四个坚持：一是坚持纵向各级领导层层负责制，坚持和完善进口内容全公司各级领导责任制、分工负责制，强化对分支机构的领导、对总公司各部门的管理和各级一把手责任制；二是坚持横向分类分工把守制，坚持和完善报刊日常审查、920 工作室重点审查、国际会展"八部审查法"专项审查等基本制度；三是坚持全企业协调把关制，通过构建"中图进口出版物审查平台"，建立健全涵盖传统产品和数字产品的全媒体、全流程审查机制；四是坚持全员审查制，所有进口部门的和企业的其他员工，既是业务员，又是安全员，做到一岗双任、一岗双责。进一步提升中图在管理部门的信誉度，继续保持中图在行业的示范带头作用。

（三）优化资源配置

适应新的竞争形势和发展要求，优化资源配置，进行业务整合，实行机构重组，第四季度开展新一轮的人员调配和竞聘。同时，建立创新平台，鼓励开展业务创新，根据业务成熟度建立新部门。

这方面的工作，总公司班子已反复交换意见，有了基本共识；目前正在制定一揽子的方案，准备 11 ～ 12 月开始实施。

1. 整合进口业务

针对目前统筹协调不够的情况，对目前的报刊与电子出版物部、图书文献事业部、市场销售部、音像部进行业务整合，将市场销售部的艺术图书进口和零售馆配业务并入图书文献事业部、乐谱进口业务并入音像部；将图书文献事业部的教材中心的业务剥离出来成立教材进口部；市场销售部转型为中国图书馆中文图书馆配部。原有的 4 个部门转变成为报刊电子出版物进口部、图书文献进口部、教材进口部、音像部、中文图书馆配部5个新部门；原有的外籍人员服务部不变。

2. 强化数字业务

针对目前新业务协调不够、开拓不够、激励不够的情况，对目前的信息化办公室、报刊部的数字报刊中心、图书部的数字图书中心、计财部的电脑科以及目前分散在各业务部门的专职电脑人员，整合成立数字资源业务部，负责中图公司的进口业务数字化转型、数字资源管理、平台开发与运营；打造中图云平台，构建中国最大的数字中盘；加强全中图的信息化建设与管理，统筹协调总公司各业务部门和分支机构的信息化建设。

同时，在青岛开发基地建立与中图进口主营业务数字化转型密切配套的中图数字资源加工基地和按需印刷（POD）基地。

3. 强化国际经营管理

针对海外开拓要有响声、强品牌、谋求长远效益的定位要求，将目前会展中心的中国图书对外推广计划办公室（CBI办公室）、国际版权贸易部，并入海外出版发行中心，重组成新的国际开拓部，负责中图公司海外网点管理、中国出版集团海外网点建设，加强全球布局，推动中国出版"走出去"。

4. 强化配送体系管理

将目前的物流部、库管部、万迅国际运输公司合并成新的配送部（物流部）。加强对进出口配送渠道的管理与建设，实现渠道管理的一体化、标准化、网络化；统一总公司库存管理，图书文献部、市场销售部的库存也纳入配送部管理范围，加强库存管理能力和管理力度；清理库存，提出各部门库存消化目标，并纳入考核范畴。

5. 提升资产效益

成立资产效益中心（资产经营部），统筹规划、指导中图的房地产运营和金融资产运作，考核、管理资产收益，经营、管理总公司资产。

（四）完善绩效管理

制定和完善考核与绩效管理办法，是保证战略构想和双 40 亿目标得以实施的重要措施。

要完善考评办法，加大考核力度，提高奖励跨度，实行多重激励并重——常规增长奖励、跨越增长奖励（鼓励超额完成任务、鼓励跨台阶增长）、专项奖励（鼓励新业务开拓）。

2013 年下达生产任务时，分别下达常规增长、跨越增长两个指标，分别给予两种奖励。

要改革考核制度，完善分配制度，形成激励创新、鼓励贡献的制度，形成企业快速发展、个人快速成长的机制。

1. 对不同部门和单位实行差异化考核考绩

对总公司业务部门，实行任务目标责任制，根据其占用的生产资源，进行全成本核算；对中心之下设有业务部门的考核，既到中心，也到部门，中心负责人和部门负责人各负其责。

对总公司职能部门,实行服务满意度评分制,制定新的"三定"方案,进一步明确岗位和职责。

对国内子公司,参照中国出版集团公司的办法,实行双效业绩目标责任制,同时加重对其所占用资产的收益考核。

2. 对于部门和单位负责人,以及对于职工,实行不同的考核机制

中图总公司领导班子成员不再兼任部门和子公司负责人。

对总公司各部门和国内子公司负责人,根据部门、单位的不同情况,按照看起点、看难度、看增长率、看总量等不同标准,实行年度考核、三年任期考核;严格按考核结果,确定绩效薪酬,能涨则涨,不能涨则降;年度考核后,实行末位降级调岗,并开展竞聘补岗;任期考核后,实行竞聘上岗、轮岗。2012 年年底的新一轮竞聘上岗,要把当年的业务增长情况作为主要依据,把对今后的业务增长承诺作为重要依据。

对职工,实行全员绩效管理,根据业绩,在保证基础薪酬之外,加大绩效工资奖励比例,由总公司各部门和各分支机构统筹发放。

(五) 数字化带动

组建新的数字资源管理和运营机构,加快打造"三大数字化平台",加快开拓数字化产品和信息服务业务。

对于数字化平台建设,以及数据库、电子书、外文教材等新

业务的开发，制定出台相应的创新激励办法，实施新业务"倍增计划"，实行特殊激励和重点激励，为新业务开展提供制度保障。

(六) 政策拉动

国家政策支持是中图发展的重要保障。因此，至少要在进口审批、进口审查损失补贴、内容审查平台、数字资源建设、国际传播能力建设、国内外会展组织服务、文化及数字产业园区工程建设等7个方面，强化与中宣部、新闻出版总署、国务院新闻办和中国出版集团公司的汇报沟通，积极争取各项资金和政策支持。总公司领导班子、子公司和各部门负责人，都要积极与政府沟通，争取政策支持。

(七) 人才推动

加强总公司后备干部队伍和总公司各部门、各分支机构后备干部队伍建设，形成结构合理的干部梯队，为企业发展提供有力的人才保障。

建立健全以公司战略为导向、以员工成长为核心的，管理人员、专业技术人员与广大普通岗位职工并重的人力资源管理激励制度；以培养和引进优秀人才相结合的方式健全人才队伍，为公司发展提供强有力的人力资源支持。

加大创新基金投入力度，鼓励创新项目的研发，建立创新项目的业务模式、管理模式和考核体系。

结合中国出版集团后备干部库建设，形成人才推动的新机制：竞争择优上岗，正常较快晋升，特殊贡献破格提拔，加强中图内部母子机构之间、业务职能之间人才流动，适当引进特殊人才，发挥专业人才、经营人才、管理人才各自的作用。

（八）党组织保障调动

充分发挥党组织在企业中的政治保障作用。争取中国出版集团支持，尽快健全公司党委。中图现有党员826人，其中在职党员457人，占职工总数的1/4强。加强党的建设，发挥好党组织的战斗堡垒作用。加强党员领导干部的思想建设、作风建设和廉政建设。开展各种健康有益的支部活动、党员活动，发挥好全体党员的先锋模范作用，使党员做到工作在先、吃苦在先、创新在先、贡献在先，以此调动好全体员工的创造活力。保障党的各项方针政策在公司的贯彻实行。

（九）企业文化鼓动

加强职代会和工会组织建设，充分发挥工会在企业经营管理活动中的维护职能、建设职能、参与职能，切实维护职工合法权益。

发挥好共青团组织的先进作用和创新活力。

在党群组织的领导和带动下，加强企业文化建设，塑造"开放、创新、和谐、奋进"的企业精神，增强员工的凝聚力和创新力，构建和谐企业。

六、营造良好的改革发展环境

实现"56119"改革发展思路，实现创新型增长，就要营造良好的改革发展环境。

对一个企业的发展而言，领导班子营造什么、引导什么，在很大程度上决定着干部员工倾向什么、追求什么，以及企业实现什么、贡献什么。因此，营造良好的发展环境是领导班子的主要责任。我们新一届总公司领导班子，以及子公司、各部门负责人，要力图在企业氛围、工作状态、精神状态、社会责任、发展思路五个方面、为中图今后的改革发展营造良好的环境。

(一) 气正风清的企业氛围

企业氛围是企业的精神格调，对提高企业经营管理水平和生产经营效益有着重要的影响作用。营造气正风清的企业氛围是推动改革发展的精神基础。

1. 气正

主要是做到以下四个方面：

(1) 班子正（总公司）。没有不好的职工，只有不好的干部。班子正，就是通过加强班子建设，使班子成员做到：①作风正——无私、进取、团结、向上；②决策当——重大事项、决策集体研究；涉及职工利益的重要决定，广泛听取意见；③勤于事——努力工作，不诿事，不诿过；④立于功——有创意，有建树，有贡献。

（2）中层正（子公司和各部门）。领导班子只能决定做什么，中层干部才能决定能否做成，广大职工才能决定能否做好。中层正就是通过干部队伍建设，在中层干部中形成互相搭台、不拆台，互相包容缺点，也互相包容优点的和谐共事的工作氛围，以及建立能者上、庸者下，功者赏、败者罚的任用机制，从而调动干部积极性，使所有中层干部敢负责、能负责，有想法、有办法，带好队、谋发展。

（3）党员正。就是充分发挥党员的先锋模范带头作用，使全体党员做到工作在先，吃苦在先，创新在先，贡献在先，使党员成为企业发展的先锋队。

（4）群众正。就是在广大职工中营造勤奋、学习、进取的工作氛围，树立多干比少干好、会干比不会干好、创新比保守好、多做贡献多拿贡献奖比没有贡献只拿平均奖好的工作意识，形成人人谋发展、个个能成才的工作环境。

2. 风清

主要是做到以下八个方面：

（1）决策透明。领导班子要在制度内工作，做到按程序决策，按规矩办事。

（2）管理有效。根据发展现状和发展需要，建立健全适合中图公司的管理制度和管理方式，有效调动改革发展的积极因素和力量。

（3）执行有力。建立良好的沟通机制、奖罚分明的制度以及有效整合内部资源，不断增强中图公司改革发展的执行力。奖罚分明是执行力的关键。

（4）协调顺利。不断优化企业人、财、物等资源的配置，有效协调改革发展的内部资源。

（5）意见通达。建立上下沟通的畅通机制，广泛听取各方面意见，为改革发展集中力量、排除干扰。

（6）团结友好。通过建立公平竞争的机制，发挥党工团和后勤保障部门的作用，在干部员工中形成团结友好的工作氛围。

（7）环境和谐。通过积极承担社会责任，并在市场竞争中营造和谐的经营环境，为改革发展创造和谐的外部环境。

（8）建立良好的员工成长机制，使员工在成就事业、贡献企业的同时，也造就自己、造福自己，从而不断在企业中造就品德好、肯干事、能干事、善干事的人。

（二）建功立业的工作状态

1. 努力做好本职工作，多劳多得

在职工中树立爱岗敬业的职业精神，德才一致的职业意识。多数职工都是行业标兵时，企业才可能是行业领袖。

2. 增收节支

为企业开源节流，就等于为自己减负加薪。

3. 鼓励竞争，鼓励竞聘，倡导敬业

能干者、能担当者给予平台，能干大事者给予大平台。现在中图的 8 级台阶，好处是有发展空间，缺点是进步不快。要探索

正常晋升与破格提拔相结合的机制。

4. 能上者很光荣，能下者不平庸

下者，既是我不适合岗位，也是岗位不适合我。上者，天生我才自有用。

中图有人才，有干部，有发展空间，有成长空间，有成才的机会，有干事业的条件。本领有多大，贡献有多大，提供的舞台就有多大。

（三）临危思变的开拓精神

在行业发展中，中图面临着数字化、市场化、国际化的挑战，要强化危机意识、忧患意识，强化开拓创新意识、竞争进取意识。

在中国出版集团公司内部，有的企业（如荣宝斋）成长性更好，使得中图的分量相对降低。

在中图公司内部，数字化转型、国际化竞争的压力越来越大；国家对于文化安全的要求越来越高，中图进口内容审查的损失不断加大；国家对文化"走出去"的要求越来越高；金融资产受大气候影响效益不佳；资产运营水平整体不高；此外还存在一些亏损部门和子公司；全中图的机构设置、运行机制、激励机制、企业文化还存在着不合理、不健全的方面。

这些，都需要我们临危思变，积极创新思想，创新业务模式，拓展新业务，从而推动企业转型，促进企业转机，赢得发展时机。

（四）勇于担当的社会境界

境界决定"进阶"，思想有多远，人就能走多远，企业就能发展多大。

1. 对目前现状的认识

从目前看，中图在中国出版集团中的地位主要体现在 5 个方面：

（1）集团主体业务经营的方面军。2009 年到 2011 年，中图公司收入占集团收入比分别为 51.27%、52.33%、42.24%；利润占集团利润比分别为 38.94%、36.1%、18.18%。

（2）集团国际化经营的主力军。中图的出版物出口、会展组织服务和海外网点，对中国出版集团公司"走出去"作出了重要贡献。

（3）集团多元化经营的集团军。中图目前初步形成了进出口业务、会展组织服务、资产经营、资本运作等多元化的产业类型。

（4）集团大客户服务的野战军。中图的业务经营确保了中国出版集团公司在国内外高校、公共图书馆及科研院所和大使馆等中外各大机构的影响力。

（5）国家文化安全的国防军。中图公司是国家出版贸易服务的正规军、大部队，在全国文化行业具有独一无二的地位。

2. 对未来发展的认识

在未来发展中，中图要为中国出版集团乃至中国出版行业的发展，做好 5 方面的工作：

（1）要做数字化的先遣队。加快数字资源进口产品的数字化转型，实现进口内容、传播方式的创新，改变经营方式，承担国家进口信息服务和进口信息监管双重角色。

（2）要做跨国经营的突击队。在集团公司率先开展跨国经营，提高海外网点效益，动员和运用国家资源、国际财力建立海外据点，为增强集团公司和国家的文化传播力和影响力作出贡献。

（3）要做改革创新的联合舰队。发挥多类型人才优势，加快改革创新，实现中图运行机制与国际接轨。

（4）要做中国出版走向世界的服务队。为行业、为集团公司、为国家服务，向服务要效益，促进中国出版走向世界。

（5）要做中国文化影响世界的宣传队。中图作为集团公司最具开展跨国经营能力的企业，跨国业务越强，集团公司的国际影响就越大，中国文化在世界的影响也越大。

（五）科学发展的基本要求

根据集团公司的三化目标、六大战略，结合中图发展现状和我们制定的"56119"发展思路——

3重3队、5化定位——成为中国出版集团内容"走出去"的重要渠道和向世界传播中国文化的服务队，成为中国出版集团海外拓展的重要力量和开展国际化经营的先遣队，成为中国出版行业开展国际文化交流的重要平台和实现文化强国的突击队，成为数字化、多样化、专业化、规模化、国际化的，行业领先、跨国经营的全媒体信息服务企业。

双 40 亿目标——到 2015 年，实现资产、营业收入双双达到 40 亿元，净资产 20 亿元。

"五先一支" 6 大发展战略——进口业务领先战略、出口业务争先战略、数字服务优先战略、会展服务占先战略、国际拓展率先战略、资产效益提升与支持战略。

11 项重大工程——三大数字化平台——中图数字资源聚合与加工平台、中图数字化交易与服务平台、中图数字化内容审查平台；三大体系——中图进出口配送体系、中图海外出版发行体系、中图国际会展组织服务体系；三大基地——北京通州国际出版交流基地、上海蓝桥数字出版创意基地、西安西郊文化产业发展基地；两大工程——全球数字资源聚合与服务工程、中国出版国际传播能力建设工程。

9 项保障措施——健全跨国企业管理构架、保障文化安全、优化资源配置、完善绩效管理、数字化带动、政策拉动、人才推动、党组织保障调动、企业文化鼓动。

为实现以上 "56119" 发展思路，中图公司今后的改革发展应当遵循以下 6 个基本要求。

1. 在稳定中求发展

主要是稳住传统主业，处理好历史遗留问题。

2. 在创新中求发展

数据库、电子书、外文原版教材、中文馆配等业务都需要在转型、创新中求发展。

3. 在协调中求发展

坚持主业突出、多业并举，不断优化资源的配置能力，不断提高资产的增值能力。

4. 在服务中求发展

通过为客户、为集团、为行业、为国家服务，实现发展。

5. 在安全中求发展

在切实保障国家文化安全前提下，求得发展。

6. 在科学管理和提高效益中求发展

管理是生产力。对部门的管理要完善；对子公司的管理要强化；对人的管理，要通过既保障收入增长，又强化效益考评，来焕发积极性、增强创造性。

中图成立 60 多年来，为国家科技社会文化发展作出过重要的贡献，今天依然发挥着重要作用。当前，我们正处在产业发展转型的关键时期，加快改革发展步伐，实现从出版产品提供商向全媒体信息服务商的转型，打造新时代的核心竞争力，既是我们肩负的重要历史使命，也是中图未来生存发展的立身之本。我们坚信，在中图过去积累的资源和品牌基础上，按照"56119"改革发展思路，加快改革创新，中图总公司一定能够为全体干部员工实现自我价值提供更好的平台，一定能够为中国出版集团公司和国家的发展作出更大的贡献！让我们团结一心、排除万难、锐意进取，努力开创我们中图人共同的更加美好的明天！

集团公司和股份公司关系之我见★

一、核心是推动整个集团发展，而不是分立、分家

出版主业上市，核心是加快发展，是大好事。上市的目的，是运用社会资金提高发展能力和速度；推进机制改革、管理创新，提高发展质量。简单地说，是抄一条近路、跑快点，而不是集团公司和股份公司分家，各跑各的。

二、发展路径不同，但目标是一致的

集团公司和股份公司，发展是各有规律可循、各有规则制约的。不同点是：集团公司遵循现代企业发展规律，通过董事会、监事会行使对控股的股份公司的管理权；股份公司遵守上市规则，接受董事会管理。但也有相同点：一是定位、目标、战略一致，

★ 2012 年 12 月 18 日，在中国出版传媒股份有限公司独立运行会议上的讲话。

按科学发展观，实现"三六构想"；二是文化企业、发展文化的基本理念一致。

三、发展需要相关支持

既然发展的定位、战略、目标一致，就要互相支持；既然发展的路径不同、战术不同、方法不同，就要互相理解、互相配合。股份公司是多元股东，上市后成为公众公司、社会公司，但控股权在集团，本质上还是集团的公司，还是要依靠集团；而集团则会支持、配合股份公司做好、做大、做强，这也是支持集团自己。

具体来说，凡是集团公司该做的，比如总体战略设计（三六构想）、重大工程规划、重大人事安排、资产管理与资本运作，集团做好就是支持；凡是股份公司该做的，集团公司不插手就是支持；凡是一时划分不清的，两边协调，怎么分工有利就怎么做，这就是支持；凡是集团公司少管更有利的就少管，这就是支持。

四、集团公司尤其要支持股份公司

更多情况下，集团公司要支持股份公司。集团有既定的运行模式，大家都比较熟悉，可谓得心应手；而股份公司大家都不熟悉，要建立新的运行模式。所以，相对成熟的机构要支持相对不成熟的机构。

　　我会全力以赴做好在集团公司分管的工作，会谨守董事身份，通过管理人才支持股份公司工作。就留在集团的干部员工而言，要多想共同目标、共同战略，谨守集团职责、完成集团任务。但分开后，由于权、责划分有个过程，功能一时可能未能准确定位，得有个过程才能清晰起来，需逐步磨合。磨合期间，希望大家能够多负责任，少想权力；多支持，少扯皮。

　　总之，分工了，思想上更需要团结一致；上市不仅是股份公司的目标，更是全集团的共同目标。

增强质量意识　提高服务质量　改进公司管理★

　　2013 年是中图公司质量管理体系标准贯彻工作的第四个年头。2009 年 7 月我们通过了认证中心的认证，取得了证书，2012年顺利通过了再认证。这意味着公司已经具备了持续、稳定提供优质服务的管理能力。这种能力同时受到外国市场的承认，得到客户和相关单位的好评。

　　几年来，公司投入一定的资金和大量的人力来贯彻标准，运行和完善质量管理体系，在贯彻国际标准的过程中增强了质量意识，提高了服务质量，改进了公司管理。2013 年年初，我们完成了组织机构的调整，这就意味着我们的体系也要相应变化。结合过去几年的经验，我们要对体系文件进行修改和简化，以适应公司的变化和发展，真正让体系为我所用。

　　在 2013 年的贯标工作中，大家要注意以下几个问题。

★　2013 年 6 月 7 日，在中国图书进出口（集团）总公司 ISO 体系工作会上的动员讲话。

一、把质量管理体系作为有效的管理工具，在工作中实施应用

ISO9001：2008 质量管理体系是国际上先进的通用管理模式，标准强调系统化管理，强调文件化管理，强调管理流程的透明化、规范化、有效化。通过全体员工的积极参与，引入先进的质量管理理念，按照国际通行的质量体系标准建立企业的质量管理体系，规范企业管理的过程。各部门要运用好这些成果，要切切实实把质量管理体系作为有效的管理工具，在工作中实施应用，提高工作绩效。

二、加强内审工作，不断完善公司质量管理体系

内部审核就是要对照审核标准，检查作业流程和操作记录，通过"检查＋记录""统计＋证据""分析＋总结"，不断寻找改进机会，不断自我完善质量管理系统，建立起持续改进的机制。这是公司监督检查质量管理体系运行情况的有效手段。各部门要充分重视内审，在规定时间内做好本次工作，发挥持续改进的效果。

三、加强质量目标完成情况的统计监测工作，把"以顾客为关注焦点"和"基于事实的决策方法"的管理原则应用到工作中

质量管理体系开宗明义地强调："组织依存于顾客。"公司把顾客满意度作为主要的质量目标，就是要强调我们的一切服务工作要以顾客为关注焦点。标准同时还强调，有效决策是建立在数据和信息分析基础之上的。在体系的日常运行当中，就是要通过制定科学合理的质量目标，按预定周期对这些目标进行监测来实现。因此，各部门要加强质量目标完成情况的统计监测工作，要实事求是，不能弄虚作假，要通过数据分析发现可能存在的问题和不足。

四、全体员工尤其是部门领导和内审员要在体系运行过程中，加强对标准的学习与理解，不断提高管理水平

有效落实质量管理体系，是一项长期的艰巨任务，只有深入理解和认真实施才能见效。如果走形式、表面化，就起不到相应的管理作用。现在我们更需要投入精力研究标准、学习标准，重要的是学习管理思想，真正把先进的管理思想落实到日常管理过程当中。

2013 年将实施年度监督审核，希望大家克服困难，确保按时完成任务，顺利通过审核。

做中图集团创新发展的生力军★

一、中图概况

（一）历史沿革

中图集团的历史最早可追溯到 1949 年 11 月出版总署批准成立的国际书店。20 世纪 50 年代后期到 1963 年，国际书店归对外文化联络委员会领导。

1964 年 1 月国际书店进口业务剥离，成立中国外文书店，并划归国家科委系统，直属中科院四局领导。

1973 年 1 月，中国外文书店更名为中国图书进口公司。

1981 年 1 月，更名为中国图书进出口总公司，并开始经营图书出口业务，为事业性质、企业经营管理单位。

1999 年 2 月与科技部脱钩，划归中央企业工委。同年 8 月更名为中国图书进出口（集团）总公司。

★ 2013 年 9 月 24 日，在中国图书进出口（集团）总公司 2013 年新员工入职培训会上的讲话。

2002 年成为中国出版集团公司成员单位。2009 年，与中国出版对外贸易总公司实施战略重组，形成新的中国图书进出口（集团）总公司。

作为与共和国同龄的国有文化企业，中图集团的发展与国家的发展紧密相关，可以分为三个阶段：

第一阶段是建国后到改革开放前。中图集团响应"向科学进军"号召，主要进口国外重要科技情报，服务于国家国防和军事科研，为"两弹一星"的成功研制提供了科技情报信息保障。

第二阶段是改革开放后到 20 世纪末。中图集团响应国家"科教兴国"战略，不断完善产业结构，开始在国内外设立分支机构，创立北京国际图书博览会，构建起了国际性的采购服务网络，成为国内最大的出版物进出口企业。

第三阶段是 21 世纪以来至今。中图集团在中国加入世贸组织和文化体制改革背景下，逐步推进市场化、国际化、数字化，开始从文化产品提供商向全媒体信息服务商的战略转型；同时，积极响应国家"走出去"战略，特别是与中国出版对外贸易总公司实施战略重组后，加强海外出版发行网络建设，通过以进带出，发挥出版"走出去"主力军作用，不断完善出版"走出去"服务体系。

（二）组织机构

中图集团现有国内外分支机构 42 家。其中，大陆分支机构 13 家，驻港机构 3 家，海外分支机构 26 家（海外分公司／代表处 6 家、海外出版公司 8 家、海外书店和发行公司 12 家）。

（三）人员情况

中图集团现有干部员工 2068 人。其中，在职员工 1504 人，离休干部 47 人，退休干部 517 人；总公司在职员工 759 人，分支机构在职员工 745 人。

（四）经营状况

经过 60 多年的发展，中图集团目前形成了出版物进口、出版物出口、国内外会展、海外业务、大文化贸易、房产物业经营和金融投资 7 大业务板块。

截至 2012 年年底，中图集团总资产为 29.8 亿元，净资产为 11.1 亿元，营业收入为 27.8 亿元，利润总额近 7400 万元。其中，营业收入占中国出版集团总收入的 40%，利润总额占 13%，资产总额占近 30%。

2013 年上半年，中图集团实现营业收入 18.11 亿元，利润总额 5377 万元。

（五）经营宗旨

在 60 多年的发展中，中图集团始终坚持"社会效益是中图的生命线"和"服务科教兴国尖兵、保障文化安全的卫士、促进中外交流的桥梁、引领行业发展的先锋"的宗旨，坚持社会效益和经济效益两手抓、两促进，致力于服务国家的经济社会发展和促进中国文化走向世界。

二、"56119"改革发展思路

中图（集团）总公司是中国出版集团的三大业务方面军之一（出版，进出口贸易，文化艺术品经营），是出版集团实现国际化、数字化战略的重要依靠；中图集团还是带动整个行业转型发展、推动国际文化交流、提高国家文化软实力的重要依靠。立足于这样的背景和中图自身的发展要求，我们 2012 年开始实施"56119"改革发展思路，计划用 5 年左右的时间，完成出版产品提供商向综合信息服务商的转型。

"三重三队、五化定位"——争取用 5 年的时间，将中图集团建设成为中国出版集团内容"走出去"的重要渠道和向世界传播中国文化的服务队，成为中国出版集团海外拓展的重要力量和开展国际化经营的先遣队，成为中国出版行业开展国际文化交流的重要平台和实现文化强国的突击队，成为数字化、多样化、专业化、规模化、国际化的，行业领先、跨国经营的全媒体信息服务企业。

"五先一支"6 大发展战略——出版物进口领先战略、出版物出口争先战略、数字服务优先战略、会展服务占先战略、国际拓展率先战略、资产效益支持与提升战略。

组织实施 11 个重大项目，包括"三大数字化平台"——中图数字内容审查平台、中图数字资源聚合与加工平台、中图数字化交易与服务平台；"三大体系"——中图进出口配送体系、中图海外出版发行体系、中图国际会展组织服务体系；"三大基地"——北京通州国际出版交流基地、上海蓝桥数字出版创意基地、西安西郊文化产业发展基地；"两大工程"——全球数字资源聚合与服务工程、中国出版国际传播能力建设工程。

采取 9 个方面的保障措施——健全跨国企业管理构架、保障文化安全、优化资源配置、完善绩效管理、数字化带动、政策拉动、人才推动、党群组织保障调动、企业文化鼓动等。

到 2015 年，实现资产、营业收入双双达到 40 亿元，净资产20 亿元。

三、做中图集团创新发展的生力军

对企业来说，领导班子只能决定做什么，中层干部才能决定能否做成，广大职工才能决定能否做好。中图集团下一步的改革发展是实现中图转型的关键。为加快改革发展，我们提出了一系列的保障措施，其中人才推动尤为重要。作为中图的新员工，希望你们能够成为中图集团创新发展的生力军，为中图的发展贡献力量。我代表公司向你们提四点要求：

（一）敬业精神

每一位新员工都是怀揣着理想来到中图工作的，中图也正是看好每位新员工的发展潜力才录用的。因此，成就自我和发展中图就像一个硬币的两面，不可分割，互为影响。敬业精神既是对自己负责，也是对企业负责。希望在座的新员工能够树立爱岗敬业的精神，立足本职岗位，做好基础工作，树立责任意识，遵守工作纪律，与其他职工精诚团结，正气做人，正派做事，营造良好的工作作风，把自己培养成品德好、肯干事、能干事、善干事的人。

（二）职业精神

敬业精神注重"德"的培养，职业精神注重"才"的训练。行行出状元，尤其是对中图的发展而言，我们需要各方面的专精人才。对中图来说，每个岗位都需要术业专攻，每位员工都要有一技之长。只有多数职工都是行业标兵时，企业才可能是行业领袖。因此，希望在座的新员工能够树立学习、钻研的职业精神，把自己的专业知识运用到具体的工作中，通过学习、钻研，提高自己的职业技能，做行业的专家，促进企业的经营管理的改进和完善，增强企业的创新发展活力。

（三）创业精神

在行业发展中，中图面临着数字化、市场化、国际化的挑战，要强化危机意识、忧患意识，强化开拓创新意识、竞争进取意识。

在中国出版集团公司内部，有的企业（如荣宝斋）成长性更好，使得中图的分量相对降低。

在中图公司内部，数字化转型、国际化竞争的压力越来越大；国家对于文化安全的要求越来越高，中图进口内容审查的损失不断加大；国家对文化"走出去"的要求越来越高；金融资产受大气候影响效益不佳；资产运营水平整体不高；此外还存在一些亏损部门和子公司；全中图的机构设置、运行机制、激励机制、企业文化还存在着不合理、不健全的方面。

这些，都需要我们临危思变，积极创新思想，创新业务模式，拓展新业务，从而推动企业转型，促进企业转机，赢得发展时机。

新员工作为企业的新生力量，要有创新意识，把新的视角、新的思路、新的活力、新的方法运用到工作中去，勇于开拓进取，为我们的数字化转型、市场化提升和国际化经营贡献才智。

（四）立业精神

境界决定"进阶"，思想有多远，人就能走多远，企业就能发展多大。中图作为国内最大的出版物进出口企业，有足够大的舞台，足够多的资源，让新员工施展抱负，实现理想。希望每位新员工在不断提高职业技能、增强创新能力的过程中，在本职岗位上有所建树，在企业发展中建功立业，实现与企业的共同成长。

结合公司未来发展，中图要为中国出版集团乃至中国出版行业的发展，做好 5 方面的工作：

（1）要做数字化的先遣队。加快数字资源进口产品的数字化转型，实现进口内容、传播方式的创新，改变经营方式，承担国家进口信息服务和进口信息监管双重角色。

（2）要做跨国经营的突击队。在集团公司率先开展跨国经营，提高海外网点效益，动员和运用国家资源、国际财力建立海外据点，为增强集团公司和国家的文化传播力和影响力作出贡献。

（3）要做改革创新的联合舰队。发挥多类型人才优势，加快改革创新，实现中图运行机制与国际接轨。

（4）要做中国出版走向世界的服务队。为行业、为集团公司、为国家服务，向服务要效益，促进中国出版走向世界。

（5）要做中国文化影响世界的宣传队。中图作为集团公司最具开展跨国经营能力的企业，跨国业务越强，集团公司的国际影响就越大，中国文化在世界的影响也越大。

这五方面的定位，是新员工创业、立业的方向，希望大家结合本职岗位，为中图集团的创新发展、为中国出版事业的繁荣发展，贡献聪明才智。

中国出版集团品牌建设初见成效[★]

2012 年年初，集团提出了改革发展的三化目标、六大战略，其中的内容创新、人才强企、数字化、国际化 4 个战略，已经先后实施。2014 年初的集团工作会议，确定品牌经营战略为 2014 年工作的"一主两重"之一——一主，就是以改革为主动力；两重，一个是抓好 9 大重点工程，另一个就是推进品牌经营战略的实施。

根据这个部署，3 月份以来，我们用 9 个月的时间，在全集团范围内推进了品牌建设工作。

下面，我分三个阶段，向大家报告品牌建设情况。

第一阶段，3 月初至 4 月 9 日，为启动阶段

主要做了 4 件事。

★ 2014 年 11 月 28 日，在中国出版集团品牌经营战略推进会上作工作报告。

一是制订了集团《品牌战略工作实施方案》，提出了工作要求和阶段性安排。

二是成立了集团品牌战略推进领导小组及办公室，具体负责品牌工作的组织协调、活动开展、文件起草和推进落实。

三是 10 家品牌单位也分别成立了推进机构。

四是在 4 月 9 日，召开了集团及下属单位 150 名领导和相关人员参加的品牌战略研讨会，三位专家作了专题演讲，谭跃总裁作了动员讲话。

通过这个阶段的工作，明确了推进品牌建设的具体安排；明确了组织实施的机构，在集团公司和成员单位两个层面，形成了领导班子提要求，主要领导亲自抓，领导小组具体组织协调，相关部门积极参与、分头落实的机制。这个阶段，还在思想动员的基础上，明确了品牌建设的总要求：品牌是集团的核心竞争力，品牌资源是集团的战略性资源，品牌战略是其他几个战略的总抓手和落脚点。推进品牌经营，要做到 3 个结合、完成 5 个任务、实现 5 个融合：3 个结合——理论与实践、会上与会下、学习与创新相结合；5 个任务——建机制、搞调研、开论坛、做规划、开大会；5 个融合——品牌与品质、品牌与内容、品牌与技术、品牌与市场、品牌与资本相融合。

第二阶段，4月10日至10月底，为调研、起草文件和组织重点活动阶段

主要做了以下 6 个方面的工作。

一是组织调查研究。由集团领导带队，分别到集团所属 10 家品牌企业进行调研。6 月 26 日，由谭总带队，集团总部和 16 家企业的主要负责人共 25 人，到海尔集团学习调研，并召开了专题座谈会。通过调研，摸清了团情，借鉴了经验，初步做到了胸中有数。

二是编制集团《品牌经营战略规划要点（2015—2019）》。《规划要点》的编制，广泛征求了集团各部门、各单位的意见和建议，历时 5 个月，六易其稿，相对全面地反映了集团内部对品牌经营战略的共识。原来是想搞一个"规划"，后来反复斟酌，一是考虑到集团的规划宜粗不宜细，操作层面的工作应当更多体现在各单位的"计划"中；二是宣传、营销、考核、资金支持等专项工作，应当制定专门的方案或指导意见，这样更便于实施。因此，最终将集团的"规划"浓缩成了《规划要点》。

《规划要点》是集团品牌经营战略的指导性文件，分为"宗旨与目标""原则与思路""举措与指标"三个部分，共 18 条。明确了品牌战略的宗旨，就是充分发挥品牌优势，提高核心竞争力，增强文化号召力，扩大国际影响力，为国内外消费者提供更多更好的内容产品和文化服务，为建设文化强国作出贡献；目的，

就是建立以品牌为导向的目标管理体系，努力建成国际著名出版集团；重点，就是在集团层面重点抓品牌单位建设，在成员单位层面重点抓品牌产品、技术和服务的生产提供；思路，就是通过品牌内容管理、品牌重点工作、品牌推广、品牌重组、品牌创新和品牌维护这"六大举措"，实现品牌与品质、与内容、与技术、与市场、与资本的"五个融合"。《规划要点》提出了品牌社会影响力、品牌经济竞争力和品牌建设执行力三类指标，作为今后对各单位品牌经营工作的考核依据。

三是10家品牌单位编制了各自的《品牌经营计划（2015—2017）》。这10个品牌经营计划，各具特色，内容都很丰富，值得其他单位参考借鉴。在此过程中，8月15日，集团组织召开了品牌建设经验交流会，26家单位的150人参加。通过10家品牌单位的介绍，全集团分享了他们的经验和设想。

四是编制《中国出版集团品牌名录（第一批）》。《品牌名录》的诞生是集团品牌建设的一个重大创新活动。7月份以来，开展了一系列的遴选和评审工作，最终评选出第一批290种品牌产品，29项品牌技术与服务。

这当中，最难的是290种品牌产品也就是品牌出版物的评选。难就难在，基数太大，历年所出的图书有几十万种，要千里挑一；难就难在，不同时期、不同主题、不同类型、不同规模、不同单位要综合考虑。因为难，所以足足花费了4个多月，经过了至少12个步骤。

（1）7月，各单位自己筛选、初报。

（2）8月7日至8日，聘请出版界、学术界的专家学者，召开论证评审会，形成初步结果，上报总裁会研究。

（3）各单位增补、调整——根据总裁会要求，8月19日，请各单位总编辑和总编室主任参加，召开征求意见会，并根据各社产品线、产品集群、单品种三个板块，归纳分析、适当增补。

（4）9月初，根据各社增补和归纳分析情况，由刘伯根、李岩和樊希安副总裁牵头，召开研究会，以"优中选优"的原则进行再次评审、删减。

（5）9月25日，召开座谈会，提出进一步修改意见，特别明确要彰显集团作为国家队的使命，在《名录》中增加"主题出版物"部分。

（6）10月9日，总裁办公会再次讨论《名录》，总体上肯定了《名录》的规模和内容，并提出两个修改意见，一是按照中图分类法将图书分类；二是再召开一次专家论证会，确保《名录》公布的准确性和影响力。

（7）10月13日，以中图分类法为基础，并按照主题出版物、图书和期刊音像三个板块，细化《名录》标识和排序。

（8）10月20日，再次召开专家论证会，邀请业内和集团内的十余位权威专家，论证并投票确定《名录》产品。

（9）10月23日，召开老领导老专家座谈会，会上，大家充分肯定了编制品牌名录的重要意义，并就遴选标准、历史上的重要品牌如何体现等，提出了宝贵意见。

（10）10 月 28 日，按老领导老专家意见，文学、商务、中华、三联、百科、美术、音乐 7 家品牌单位以及新华书店总店，第三次增补了历史上有重要影响的品牌产品，不限数量；另外，对各社重点书系中的所有品种，一律补报齐全，以便研究平衡（如"茅盾文学奖获奖作品全集"有 33 种，悉数列表查遗补漏）。

（11）10 月 29 日，召开集团品牌名录工作小组座谈会，大家针对各社第三次增补的品牌产品名录，做了充分的论证和筛选，并达成了一致的意见。

（12）10 月 30 日，根据名录工作小组座谈会的集中意见，制作了《名录》第三次增改版，经刘伯根、李岩副总裁复审后，报谭总核准，最终确定了第一批《名录》。

最终确定的 290 个品牌产品，以"中图分类法"为基础，结合营销规律、读者购书习惯和集团实际，划分为 9 大类别。包括——马克思主义和哲学社会科学、主题出版、文化教育和语言、文学、艺术、历史地理、科学技术、综合、报纸期刊音像制品。说明三点：

第一，分类不是完全照搬，所有丛书，所有文集、全集，所有期刊，都放在综合类，以便查找。

第二，辟出"主题出版"这个类别，意在体现集团服务党和国家大局、服务经济社会生活的担当与责任，按产品主题的内容逻辑排序。其余各个类别，则按照丛书（文库）、套书和单品排序。

第三，历史品牌。集团出版单位历史上出版过许多引领与影响时代风尚的品牌产品，包括以下四种情况。

一是我们以前出版、以后不再出版，但却是一定历史时期文化标志性的出版物，比如《万有文库》《古今图书集成》等等，这其中有的目前仍可提供文献资料，如商务的《东方杂志》。

二是我们最先出版，后因职能调整而不再出版的，如新华书店以单行本印行的毛泽东的《论持久战》《在延安文艺座谈会上的讲话》，人文社首次出版的《毛泽东诗词选》，中华首次出版的《辞海》，以后都转移到其他机构出版了。

三是作品出版后，产生过重要影响，后因版权变更，不再重印或流转到其他机构的，如《傅雷家书》《第三次浪潮》《文化苦旅》《金庸全集》《第一次的亲密接触》等。

四是我们曾经出版，后来其他出版社也出版有同名作品的，如商务印书馆印行，沈雁冰、叶圣陶曾任主编的《小说月报》等。

上述四种历史上的品牌产品，已经青史留名，并且是我们品牌资源的宝库，这次暂不列入《品牌名录》。

《品牌名录》来之不易。公布之后，大家见仁见智，会有不同的评价。但相信，经过这么多的步骤，这么多领导、专家和工作人员的参与，总体上是能够立得住的；况且这只是第一批，以后还会增补丰富。

五是编制集团《品牌经营战略规划要点（2015—2019）》的

配套文件。包括《品牌经营考核与资金支持意见》《品牌宣传和营销方案》《推进品牌建设加强宣传推广指导意见》《推进品牌建设加强出版物营销指导意见》。这4个文件，涉及集团层面的品牌宣传、营销、考核、资金支持，也涉及对各单位产品宣传和营销工作的基本要求，希望大家认真学习研究、贯彻执行，努力见到成效。

六是组织开展各种品牌建设活动。在集团内部，组织开展了主题为"改革·品牌·竞争力"的"2014香山论坛"，包括主题演讲和主题征文两项活动；组织开展了青年圆梦活动，评选了品牌创新奖。

在出版传媒商报、大佳网、集团报和新闻出版报等媒体，开展了多种形式的品牌宣传推广活动，着重报道了三联韬奋24小时书店、中图外文书店等品牌书店的重装开业，以及BIBF、读者大会等品牌服务活动。同时，还组织涵芬楼书店、中图外文书店、现代书店等7家品牌书店，积极争取到财政部2200万元的专项资金支持。

在社会层面，积极参加品牌评优活动和品牌估值活动。在继续入选全国文化企业30强、全球出版业50强并且排名上升的基础上，9月入选"亚洲品牌500强"，位列第396位；11月入选"2014中国经济最具发展潜力企业"，位列包括中国联合金融控股集团在内的22家企业的首位，是唯一的出版和文化企业。组织集团公司、商务、中图和荣宝斋等4家单位，参加了国家市场质量监督管理局、中国品牌协会等 4 家权威估值机构开展的 2014 年品牌价值评估活动。

通过上述活动，扩大了集团各单位的品牌影响力。

第三阶段，11 月份，为编制《集团品牌建设手册》、撰写主题报告、筹备召开品牌战略推进会阶段

在前两阶段工作成果的基础上，组织编制了《集团品牌名录》和《集团品牌建设手册》。《品牌手册》包括《品牌经营战略规划要点》等 7 个部分 18 个文件。

在历时 9 个月的品牌建设推进活动中，集团各单位各部门，积极参与、互相配合，完成了大量的工作，取得了阶段性的成果。在此，感谢大家的共同努力！

新常态下发展仍是硬道理★

2014 年 11 月 9 日,习近平主席在出席亚太经合组织工商领导人峰会时指出,中国经济呈现出新常态,有几个主要特点:一是从高速增长转为中高速增长;二是经济结构不断优化升级,第三产业、消费需求逐步成为主体,城乡区域差距逐步缩小,居民收入占比上升,发展成果惠及更广大民众;三是从要素驱动、投资驱动转向创新驱动。这个新精神需要我们及时消化。

新常态提出了新的发展要求,无论怎么要求,发展都是硬道理,创新发展是基本道理。新常态下,我们的经营环境出现了很大变化,发展方式也面临很大变化,但中央对我们的要求没有变,无论是在出版导向、社会主义核心价值观的宣传方面,还是在精品力作生产、国际传播能力建设方面,我们集团都要继续起到带头示范作用。我们要结合 2015 年的任务安排、新的三年任期指标、新的五年规划,谋划更高质量的发展。

★ 2014 年 12 月 12 日,在中国出版集团务虚会上的发言。

一、调结构，强创新，促发展

在新常态这个大背景下保持中高速发展，就要进一步适应新的市场需求，调整产品结构、产业结构；进一步加快机制改革、制度创新，激发创新动力。新常态不单是速度问题，调结构和强创新可能更加重要；速度方面也不是简单减速，不是"新常态、慢慢来"，还是要保持较快增长，对于第三产业、文化产业更是如此。这几年，第三产业一直在快速增长，2012 年第三产业的增长超过第一产业和第二产业，消费实际增长 12.1%；2013 年第三产业增长 8.3%，占 GDP 比重达到 46.1%，首次超过第一产业。我们要建成文化强国，集团要达到国际著名、国际一流的体量，就必须保持较快的发展速度。另一方面，在集团内部，也要统筹考虑不同业务板块、不同规模的企业、有底子和有困难的企业之间的差异性，区别对待其发展速度、质量和规模要求；对于同一个企业，要实行 3 年速度总考量，不鞭打快牛，也允许快慢结合。

二、品牌经营与资本扩张

习近平总书记 2014 年 5 月 9 日视察河南的讲话中，提到了三个转变：从中国制造向中国创造、从中国速度向中国质量、从中国产品向中国品牌转变。习近平总书记在谈到文化产品生产时还强调，既要有高原，也要有高峰。对于中国出版集团来说，高原指的是精品力作，优质的技术、服务和平台；高峰则是指在国内国际具有重大影响的扛鼎力作、品牌产品。

品牌包括品牌企业、品牌产品、品牌技术和服务，品牌是潜在资本，可以与现实资本结合开展经营。较大品牌加上较少投入，可以实现较快扩张。要努力提升品牌企业的再生产能力，让好鸡多生蛋；要不断做大品牌产品集群。要推动品牌企业内部裂变、内生增长；推动条件成熟的品牌企业实现资本扩张，开设分店、分公司，比如商务、中图、荣宝斋。要进一步发挥市场对资源配置的决定性作用，文化市场的强劲需求对文化企业资源配置的激励性作用。

三、深化改革与集团化发展

集团有许多竞争优势，如品牌、资源、人才等等，但是也有很多不足。比如优势资源在集团内共享不足，整合不够，主要表现在各出版单位生产的同类产品线、同类出版物很多，造成资源浪费、内部竞争；相对于一些活跃的出版机构，我们集团内部激励机制的杠杆作用总体上不强，尤其是对中下层员工，同样出一本好书，我们的编辑与业绩挂钩少、拿到的奖励少；我们的运营机制也有待进一步改善，有的大单位、老单位，内部发展不平衡，可以进一步划小核算单位，强化内部考核；对于一些专向的、共性强的工作，如纸张、印务、物流、发行、信息系统等，集团内部的整合、借势还不够。这些，都需要通过进一步深化改革、推进集团化发展来解决。

四、数字化、国际化与融合发展

中央提出，要进一步提高意识形态的领导权、控制权、话语权，要进一步提高文化产品的传播力、竞争力、影响力。习近平总书记曾明确指出，互联网是舆论斗争的主战场。互联网，既是信息、新闻、舆论的主要传播方式，也是知识、文化、思想的重要传播方式，是改进出版生产方式、促进国际文化交流、提高中国文化国际影响力的重要手段。因此，推进出版的数字化、国际化，实现跨媒体跨行业跨地区跨国际的融合发展，是转变发展方式、提高发展质量的重要途径。

目前，中译公司的中译语通正在加快推进股改上市，中图公司的易阅通正在实施法人实体化运作，这是积极的一面。另一方面，数媒公司、百科、商务等单位的资源、平台、渠道，需要进一步加以整合、共享；中图公司几十家海外机构的国际资源，其他单位借用不够，尚未充分发挥其对全集团的支持作用。因此，我们在推进数字化、国际化和融合发展方面还大有可为。

五、企业发展、员工成长、收入增长

高质量发展，要平衡好企业发展与员工成长的关系，既要提升员工的个人主观能动性，又要顺应新常态新特点。要抓紧建立起职工晋升双向通道——职务的和技术的，努力促进员工的事业成长和收入增长。一是通过促进员工事业成长，提升企业的内在活力、竞争动能；二是通过促进员工收入增长，顺应社会人力成本增高的趋势；三是在成长和增长的路径上，完善效益考核机制，以效益激励为主，以遍洒阳光雨露为辅，坚持政治上激励、工作上支持、待遇上保障、心理上关怀，不断增强员工的荣誉感、归属感、获得感，为企业发展不断注入新动能。

推动 "三个转变" 推进品牌经营★
——中国出版集团推进 "品牌经营战略" 的实践

2013 年 11 月,习近平总书记在湖南考察时作出了 "五个创新" 的重要指示,即 "新一轮科技革命和产业革命正在孕育兴起,企业要抓住机遇,不断推进科技创新、管理创新、产品创新、市场创新、品牌创新"。 2014 年 5 月,习近平总书记在河南考察时又作出 "三个转变" 的重要指示,即 "推动中国制造向中国创造转变、中国速度向中国质量转变、中国产品向中国品牌转变"。这五个创新、三个转变,从国际视野和战略高度点明了企业发展和创新的根本,而且都把品牌作为重要因素。加强中央企业的品牌建设,对于落实习近平总书记的要求,对于贯彻中央 "四个全面" 的战略部署,有着很强的现实意义,也是个很好的研讨、交流课题。

中国出版集团作为中央文化企业,有着丰富的品牌资源和较强的品牌优势。集团的业务包括以下三大板块。

★ 在 2015 年 5 月 12 ~ 18 日中国大连高级经理学院中央企业品牌建设专题研讨班上的交流材料。

　　在出版方面，集团拥有商务印书馆、中华书局、三联书店、新华书店总店、人民文学出版社、人民音乐出版社、人民美术出版社、中国大百科全书出版社、中国对外翻译出版公司、世界图书出版公司等14家、42个牌号的出版机构，所出版的图书在全国零售市场的占有率为7%左右，持续稳居全国580家图书出版社第一。这些机构多是老字号、人字头、国字头的品牌机构。比如商务印书馆，1897年成立于上海，是中国现存最早的出版机构，一度拥有36家分馆，其规模号称亚洲第一、世界第三；其品牌产品《新华字典》自1953年初版至2014年，连续出版了11个版本、印刷了600多次、累计印行了6亿多册，是世界上发行量最大的出版物。

　　在出版物进出口方面，集团拥有中国最大的出版物进出口企业——中国图书进出口（集团）总公司，每年进出口各类出版物20多万种，书报刊进口和出口分别占据全国市场份额的2/3和1/3；每年从事书刊版权贸易2000多种；有海外机构29家，海外业务遍及130多个国家和地区。

　　在文化艺术品经营方面，集团拥有荣宝斋这家中国现存的历史最悠久的文化老字号，迄今（2015年）已有343年历史，是集书画艺术品经营、收藏、拍卖、出版、画院、美术馆、木版水印、装裱修复于一体的综合性文化机构，其中木版水印、装裱修复两项技艺是"国家级非物质文化遗产"。

　　中国出版集团的这些品牌资源和品牌优势，是我们重要的历史禀赋，决定了品牌是我们的差异化优势和核心竞争力，对于我们建设中央领导要求的"国际著名出版集团"具有重要的现实意义。有鉴于此，2012 年，集团领导班子提出了"品牌经营战略"，与内容创新、人才强企、数字化、国际化、集团化战略一起，作为集团的六大重要战略，专门部署、分年度推进。2014 年，作为全年工作的重点和主要抓手，我们在全集团范围内全面推进了品牌经营战略。

一、品牌经营战略的意义和目标

在世界品牌实验室（World Brand Lab）编制的 2013 年度《世界品牌 500 强》榜单中，美国以 232 个品牌高居榜首，几乎占据半壁江山；法国和日本分别以 47 和 41 个品牌排名二三位。而中国只有 25 个品牌入围，仅占 5%。由此可见，中国虽然已经成为"世界工厂""制造大国"，但我们仍处于"品牌第三世界"，要成为"创造大国""品牌强国"，还任重道远。

党的十八大以来，习近平总书记和党中央就把握正确导向和舆论工作的主动权、培育和践行社会主义核心价值观、深化文化体制改革、推动传统媒体和新兴媒体融合、增强国家文化软实力、推进国际传播能力建设等工作，提出了一系列要求，为宣传思想文化工作指明了方向，也为我们集团的出版工作提供了遵循。在中国出版集团实施品牌经营战略，就是要贯彻好中央的上述要求，把集团建设成为综合竞争力、文化影响力、国际传播力领先的国际一流的出版集团。有人说，三流公司做产品，二流公司做企业，一流公司做品牌。我们要打造世界著名出版集团，向世界一流的目标迈进，就必须实施品牌经营战略，就必须以品牌立企，以品牌强企。

中国出版集团实施品牌经营战略的主要目标，就是努力传承、持续打造出版品牌集群，提升集团在"全国文化企业 30 强""全球出版业 50 强""亚洲品牌 500 强"等品牌排行榜的位次，努力成为导向管理的模范、文化繁荣的主力、改革创新的骨干、转型融合的标兵、国际拓展的先锋，为实现出版中国梦、增强国家文化软实力贡献独特力量。中心工作，就是"做响品牌产品、做强品牌企业、做优品牌技术和服务"，从而使我们的品牌更响、更强、更优。

二、品牌经营战略的推进步骤

2014 年 3 ～ 11 月，中国出版集团在全集团范围内集中推进了品牌经营战略，分为三个阶段。

第一阶段，3 月初至 4 月初，为启动阶段

这个阶段主要是制定品牌战略工作方案、推进机构，组织专题研讨、专题演讲、总体动员。通过这个阶段的工作，明确了推进品牌建设的具体安排；在集团公司和成员单位两个层面，形成了领导班子提要求、主要领导亲自抓、领导小组具体组织协调、相关部门分头落实的机制；明确了品牌建设的总要求：品牌是集团的核心竞争力，品牌资源是集团的战略性资源，品牌经营战略是其他几个战略的总抓手和落脚点。

第二阶段，4 月中至 10 月底，为调研、起草文件和组织重点活动阶段

这个阶段主要是组织集团内外的调查研究、编制集团品牌经营战略规划和相关单位的品牌经营计划、编制集团《品牌名录》、制订配套文件、组织开展各种品牌建设活动。通过这些工作，理清了品牌建设的内容，扩大了集团的品牌影响力。

第三阶段，11 月份，为编制《集团品牌建设手册》撰写主题报告、召开品牌战略推进会阶段

这个阶段的工作成果，为今后长期推进品牌建设奠定了制度基础。

三、品牌经营战略的实施成果

实施成果主要有以下 5 个方面。

一是编制了集团《品牌经营战略规划要点（2015—2019)》

《规划要点》明确了品牌经营战略的宗旨，就是充分发挥品牌优势，为国内外消费者提供更多更好的内容产品和文化服务，为建设文化强国作出贡献；目的，就是建立以品牌为导向的目标管理体系，努力建成国际著名出版集团；重点，就是在集团层面重点抓品牌单位建设，在成员单位层面重点抓品牌产品、技术和服务的生产提供；思路，就是通过"六大举措"，推进"五个融合"。

《规划要点》还提出了品牌的社会影响力、经济竞争力和建设执行力三类指标，作为今后对各单位品牌经营工作的考核依据。

二是 10 家品牌单位编制了各自的《品牌经营计划（2015—2017)》

这 10 个计划，各具特色。

三是编制了集团第一批《品牌名录》

通过一系列的遴选和评审工作，最终确定了 290 种品牌产品，29 项品牌技术与服务。

四是制定了集团《品牌经营战略规划要点》的配套文件

包括《品牌经营考核与资金支持意见》《品牌宣传和营销方

案》《加强宣传推广指导意见》《加强出版物营销指导意见》。这 4 个文件，涉及集团层面的品牌宣传、营销、考核、资金支持，也涉及对各单位的基本要求。

五是积极参加品牌评优、品牌估值活动，扩大了集团品牌的社会影响力

2014 年 5 月，集团连续第六年入选"全国文化企业 30 强"，排名逐步上升；8 月连续第二年入选"全球出版业 50 强"，由第 22 位上升至第 14 位，位居国内出版企业之首；9 月首次入选"亚洲品牌 500 强"，位居第 396 名，是唯一入选的国内出版企业；11 月首次入选"2014 中国经济最具发展潜力企业"22 强，位居年度入选企业之首，也是唯一入选的文化企业。12 月，在由国家质量监督管理局、中国品牌协会等权威机构组织，由中央电视台财经频道发布的品牌价值评估活动，集团公司、商务、中图和荣宝斋等 4 家企业榜上有名。

四、下一步持续实施品牌经营战略的基本思路

中国出版集团今后加强品牌经营的基本思路，就是贯通"六大战略"，推进"五个融合"，在整体发展战略中凸显品牌引领，在五个融合中把品牌工作做实、做深、做开，从而使我们的品牌更响、更强、更优。

一是推进品牌与品质的融合，加强出版管理，增强品牌的导向引领能力

  品质是品牌立身之本，是品牌竞争之道，也是品牌建设之要。集团将以思想建设为前提，以管理制度为载体，通过品牌与正确导向和优秀质量的融合，不断提升内容产品的品质和企业建设的品质，努力为社会提供更多质量优秀的产品。

二是推进品牌与内容的融合，加强内容创新，增强品牌的文化影响能力

  内容是出版生产的核心，产品是出版品牌的支撑。集团将以出版立意为前提，以内容创新为抓手，加强品牌与主流文化、时代趋势、阅读倾向的融合，优化选题策划、资源集聚、出版结构，在把握重大趋势中成就重大选题，在培育一流作者中造就一流产品，培育名扬当下、影响深远的品牌产品集群，传承并弘扬厚重深邃、庄重大气、凝重隽永的品牌出版风格。

三是推进品牌与科技的融合，加快业态创新，增强品牌的数字运营能力

  互联网既是思想舆论的主战场，也是弘扬品牌的主战场；"三微"既是大众传播的主阵地，也是品牌传播的主阵地。集团将以互联网思维为引领，以内容资源为基础，以平台建设为载体，坚持用户至上、内容为本、产品为体、服务为王，通过品牌与新兴数字技术、新兴传播方式、新兴商业模式的融合，努力实现内容生产数字化、流程管理数字化和传播方式数字化，激发集团各品牌在互联网时代的新活力。

四是推进品牌与市场的融合，加强宣传营销，增强品牌的国际传播能力

市场是企业兴衰的决定力量，是品牌胜败的根本因素。中国的经济转型和消费转型正在扩大国内出版市场，中国的经济崛起和文化崛起正在撬动国际出版市场。集团将立足做大国内市场，积极拓展海外市场，狠抓宣传、营销两个关键环节，通过品牌与全媒体传播、线上线下营销、国际重点渠道的融合，不断扩大国内市场占有率，逐步扩大海外市场份额，努力打造国际一流的出版品牌。

五是推进品牌与资本的融合，通过溢价效应，增强品牌企业的兼并重组能力

集团将以品牌价值为基础，推动品牌重组与扩张，通过品牌与资源化积聚、资产化运营、资本化运作的融合，将无形的品牌资源转化为有形的资产变现，将内在的品牌价值转化为外在的资本溢价。

　　我国正处在经济崛起、文化复兴，民族品牌也必将应时而起的历史阶段。我们应当肩负起历史责任，奋发有为，打造出既传承又创新的时代品牌，为实现国家富强、人民幸福的中国梦，作出应有的贡献！

做大文化影响　　做强经济实力★

一、"十二五"时期发展情况

　　"十二五"时期，中国出版集团紧紧围绕"建设国际著名出版集团"这一发展目标，积极实施内容创新、人才强企、品牌经营、数字化、国际化和集团化这"六大战略"，充分发挥集团在内容、品牌等方面的竞争优势，使集团的文化影响提升到一个新层次，经济规模迈上了一个新台阶。

　　中国出版集团在全国图书零售市场的占有率稳步提升，在国家级奖项、承担国家级项目以及全球图书馆收藏品种数量等主要出版指标排名中保持全国第一，版权输出连续位居全国前列，在全球、亚洲和全国等重要排名榜单中位置突出，文化影响和品牌影响持续提升。集团连续第六年入选"全国文化企业30强"，排名由第8位上升至第4位；连续第二年入选"全球出版业50强"，

★　2015年7月2日，在中国出版集团"十三五"规划调研之老干部座谈会上的讲话。

排名由第 22 位上升至第 14 位，位居国内出版企业之首；首次入选"亚洲品牌 500 强"，位居第 396 名，是唯一入选的国内出版企业；首次入选"2014 中国经济最具发展潜力企业"，位居年度入选企业之首，也是唯一入选的文化企业。我们的资产总额增长了 53.4%，营业收入增长了 56.8%，利润总额增长了 146.4%，总体经济实力在全国由第 10 位攀升至第 4 位，为努力建设国际著名出版集团奠定了日益雄厚的经济基础；在体制机制改革方面，我们推动中版传媒、荣宝斋和中译语通公司的上市工作，重组了研究出版社、新华印刷厂等一批单位，大力深化干部人事队伍建设，着力构建以德为先、德才兼备、能上能下的用人格局，不断健全效率优先、兼顾公平、奖优罚劣的分配体系，认真开展党的群众路线教育实践活动，坚决反对"四风"，严守"八项规定"，大力加强思想建设、组织建设和作风建设，日益形成了风清气正、干事创业、团结敬业的企业文化环境。

二、"十三五"规划编制安排

中国出版集团的"十三五"规划已经正式启动。

在工作机制上，集团公司设立规划编制领导小组，负责对规划编制的领导和指导工作；小组下设办公室，负责规划编制过程中的工作协调和编制工作的具体实施。各单位也成立了相应的编制机构。

工作内容方面,分为以下几个部分:一是资料准备工作。对集团"十二五"时期发展情况进行全面回顾,总结发展的主要成就、主要经验和存在问题;对上级主管部门"十三五"规划的最新精神进行动态整理,对国际国内产业政策、行业态势进行综合分析,对我国相关文化产业进行比较研究,最终形成完整的分析材料。二是安排了一系列的调研活动。在7月和8月期间,安排了老干部座谈会、外部专家座谈会、专题研讨会、骨干编辑座谈会以及专项规划讨论会等一系列调研,听取方方面面对集团未来五年改革发展的意见和建议,广泛吸取各方智慧。三是专项规划编制工作。我们要求相关的业务部门,分头编制集团"十三五"规划之专项规划,核心是制定发展指标、策划重大项目、提出保障措施。四是各单位的规划编制工作。各单位根据集团规划编制工作的进程安排,成立相应的领导小组和编制小组,做到专人领导、专人与集团对接,适时开展本单位"十三五"规划的编制工作,并配合集团相关部门,集中申报集团"十三五"规划重大项目,提出自身的发展指标。五是集团的"十三五"规划编制工作。先根据各方意见和调研成果,拿出规划要点,再根据上级主管部门的总体要求和精神,最终完成定稿。

三、集团"十三五"时期发展思路

当前和今后一个时期,包括出版产业在内的整个文化产业继续发生深刻变化，产业发展呈现新的阶段性特征。我们既面临难得的发展机遇，也面对诸多可以预见和难以预见的风险挑战。集团未来五年改革发展的主要思路是，高举中国特色社会主义伟大旗帜，以邓小平理论和"三个代表"重要思想为指导，深入贯彻落实科学发展观，认真学习贯彻党的十八大，十八届三中、四中全会精神和习近平总书记系列重要讲话精神，适应产业形势新变化，以走中版特色发展道路为主题，以做大文化影响、做强经济实力为主线，深化体制机制改革，为建成国际著名出版集团打下具有决定性意义的基础。

以走中版特色发展道路为主题，是集团的历史禀赋、发展现状和产业地位的共同要求，是建设国际著名出版集团这一战略目标的必然要求。作为出版产业"国家队"，我们既要坚持可持续发展，通过发展解决转型时期的各种难题，通过发展不断扩大经济规模，为多出精品力作奠定坚实的经济基础；又要坚持特色，牢牢把握集团在内容、品牌等方面的竞争优势，坚定不移走专业化的发展道路，从而有效规模化，更快数字化，逐步国际化。

以做大文化影响、做强经济实力为主线，是走好中版特色发展道路的必然要求和应有内涵，符合中央的期盼、产业的趋势和集团的战略。在改革和发展中，要始终坚持政治导向为核心，社会效益第一、社会效益和经济效益相统一的出版理念，坚持文以载道、商以传道、创新弘道，强化内容创新意识，不断凸显"国家队"的文化引领作用。

　　"十三五"规划要具有战略性、前瞻性、指导性，与积极应对产业变革的各项战略部署紧密衔接，与努力建设国际著名出版集团的奋斗目标紧密衔接。综合考虑未来发展趋势和条件，今后五年改革发展的主要目标是：

　　——文化影响持续扩大。文化引领意识更加自觉，内容创新动力更加强劲，品牌价值不断突显，精品力作层出不穷，在全国图书零售市场占有率、国家级奖项、国家级重大项目、上榜畅销书等各类关键指标排名中继续保持领先。

　　——经济实力稳步提升。推动中版传媒、荣宝斋和中译语通公司的上市工作，通过内生式发展不断提高发展质量，通过外延式并购迅速抬高经济体量，集团经济发展的质量和效益都明显提高。

　　——数字化进程大幅加快。加快重点数字平台建设，在数字内容生产、数字销售渠道、数字服务水平等方面收到明显成效，数字化收入逐年提高，新型业态迅速发展，新的商业模式实现成熟化、可复制，探索出一条适合集团特色的"互联网＋"发展模式。

　　——国际化水平明显提高。国际影响力持续攀升，海外传播能力不断增强，版权输出品质和数量可持续提高，国际畅销书、话题书不断涌现，在版权、项目、翻译、数字化、人才和机制六个方面取得突破。

　　——集团化建设成效显著。具有文化特色的现代企业制度基本建立，激励与约束机制、人才培养与使用机制等不断完善，内部资源重组和人才流动取得新进展，总部和本部建设取得实质成效，成员单位成为更加具有活力的市场主体。

——业务板块均衡发展。出版业务竞争优势更加突出，引领作用更加明显；进出口业务顺利实现转型升级；艺术品经营业务发展质量明显提高；对外翻译业务快速发展。

望老企业焕发活力　愿新业务谱写"神话" ★

一、新华书店总店

这次来总店，总的感受是形势积极向好。总店 2015 年收入指标是 1.26 亿元，上半年实现了 6007 万元；利润指标是扭亏为盈，上半年已经实现盈利 104 万元。初步判断完成年度指标很有希望。全集团 2015 年的收入指标是 100 亿元，上半年实现了 35.08 亿元；利润指标是 10 亿元，上半年实现了 2.39 亿元，要完成指标任务还需付出不小的努力。

未来 5 年，希望总店能做到以下几点。

一是稳定经济，自给自足，力争多作贡献。总店过去长期亏损，现在能做到自给自足，本身就是对集团的贡献。大家在发言中对总店未来的发展是认真思考的，也是关心集团发展的。发言中有许多好的想法、建议，很有价值，希望总店能够研究和吸收。

★　2015 年 8 月 11 ~ 19 日，在中国出版集团非出版单位调研时的讲话。

总的来说,一年多来,总店新班子提出了新目标,呈现出新气象、新格局。

二是要开展资产运营,积极开发存量,形成经济支柱。物业收入能够带来稳定的现金流,为总店营造良好的发展环境。总店的园区建设,要兼顾当前利益与长远利益,兼顾效益与安全,兼顾副业与主业,最终形成总店的一个经济支柱。

三是要整合物流、信息流资源,融合新媒体,打造新的主业形态。无论是整个出版产业还是我们集团,大整合、大融合都是大势所趋。总店要抓住这个趋势,深入思考,尽快打造新的主业形态,不能满足于"靠山吃山",总店不是地产公司。

四是要在服务集团与服务行业过程中,理出头绪,寻找发展的新机遇,塑造业务、管理、竞争的新格局。比如,从《新华书目报》《图书馆报》出发,逐步建立起面向全国的新华发行网,实现对全行业的信息服务;再比如,致力外埠图书在京发行,连接独立书店,服务高等教育市场等等,都要善于寻找和抓住机会。

五是要关注企业发展中人的因素和作用,实现企业增长与员工收入增长相协调,凝聚、激发新动力。

二、中新联公司

历史上有不少老企业,曾经显赫一时,也曾经在发展历程中遭遇挫折,可谓成也时势,衰也时势。中新联公司是生产光盘的,现在就遇到了这样的问题，光盘业的不景气甚至萎缩是产业趋势的问题。希望大家遇挫折而不气馁，顺时因势，努力寻找新的经济增长点，顺利实现企业的转型和升级。

在做法方面，一要开源节流，应对严峻形势，确保完成全年经营任务。二要保障生产，维护效益，维护好现有光盘市场的份额。在光盘业务整合方面，要加强调研，摸清楚质量、价格、需求等情况。三要融合发展。积极开拓锂电市场，开发光刻、光印新业务，逐步形成光刻、光印、光盘"三光"新主业，为下一步重构产品线、重构生产格局、重构主营业务打下基础。四要盘活房产。寻求深度开发，实现资产升值，为主业发展提供经济支持和保障。

在思路方面，一要顺应时势，找到新的企业定位。是文化企业还是科技企业？是文化产品制造企业还是高科技产品创新和制造企业？在集团多元发展战略中能发挥什么作用？二要适应市场，寻找新商机，尝试一年两主业，二年三主业，最终确立新的主业。三要明确战略。要深度思考融合发展、创新发展，加强与外部技术、资金、市场的沟通和联系；要在做好与集团内各成员单位业务对接的基础上，寻找业务点，推进集团内各种光盘生产方面的整合。

无论在政策层面，还是在资金层面，集团都会对中新联公司大力支持，支持的前提是中新联自身要有一个可行的转型发展方案。

三、中国对外翻译公司

（一）关于中译公司

中译公司 2015 年预算收入 1.74 亿元，至 7 月底完成 5116 万元，同比减少 25%，完成率 29%；预算利润 1377 万元，至 7 月完成 1631 万元，同比增长 444 万元，完成率 118.45%。总体经济状况是好的。

一是要努力完成全年任务指标。2015 年出版行业总体形势不是很好，集团的经济增长面临较大压力。中译公司面临中译语通上市问题，集团对中译语通上市大力支持，上市进度本身也是集团考核的主要指标。中译公司首先要把中译语通上市的基础打牢，并相应地调整考核办法。

二是要开拓创新，融合发展。要抓住大好时机，保持先发优势，尽快形成规模，一马当先，马行千里。

三是要在股改上市、资本运营方面加大力度，加快进度。早入市、早扩容，占据市场、占领高地。

四是要发挥"五新优势"。利用新业务、新市场、新板块、新机制、新增长点的优势，抓紧做强做大。之前集团有出版、艺术品、进出口三大业务板块，中译语通发展得好，有望为集团增加一大新的业务板块；在这个新板块内部，还可以分为翻译和舆情搜索。

（二）关于中译语通

一是要尽快做大做实机器翻译和大数据服务业务。努力完成2015年收入1.18亿元、利润945万元的任务目标，实现业绩的可持续增长，把上市的经济基础打牢做实。同时要充分考虑新业务大进大出、市场优先、利润率低的特点，进一步做好考核办法的调整。

二是要进一步领先融合。进一步打好融合发展这张牌，开拓新领域，加快兼并重组，尽快做大规模、做足用户，在技术、资本、用户等层面确立遥遥领先的巨大优势；运用互联网思维，围绕"译云"生态搞好经营，做好跨语言服务。努力做到思维先行、理念先行、技术先行，做集团融合发展的先行者、排头兵、引领者。

三是要努力争先上市。早入市、早扩容，便能早日盘活市场，占据高地。集团目前有三大上市板块，一个是出版（中版传媒），一个是艺术品经营（荣宝斋），还有就是翻译业务（中译语通），这是集团实施资本带动战略的重大部署。希望中译语通以推进上市为工作重心，做好相关工作。

四是要率先创新。要有新思维，从一开始就要植入互联网基因；要有新业务，基于语言翻译的几乎所有人类交流业务；要有新市场，建立起用户导向的经营模式；要撑起集团的新板块；要实现新增长，通过建立新机制，实现企业的快速成长。建立新机制，包括建立新的管理方式、运营模式、考核激励方式、员工成长和收入增长机制，要率先大胆尝试职业经理人制度和管理层持股机制，把业务创新与管理创新结合起来。让创业者走在管理者前面，企业就能走在行业前面。

四、新华印刷公司

一是要力争多作贡献。目前看来，印刷公司运行健康，2015年度经营目标可以完成，要在此基础上争取多作贡献。

二是要结合集团化战略，进一步明确定位。要自觉融合到集团的产业链建设之中，联合好集团所属出版社，做好印制整合工作，积极完善产业链。同时做好与中版联复制业务、中图按需印刷业务（POD）的对接工作。印制整合上，集团公司会发挥作用、促进整合，但印刷公司也要通过市场竞争、改善服务获取订单，不能单纯依靠行政命令。

三是要规划好"十三五"时期的发展，抓住重要机遇。业务目标方面，要做好投入产出的分析和测算；投入资金的来源，有集团拨、政府给、银行贷三种途径；产出方面，要做好回报测算，考虑发展数码印刷等业务。

四是要与相关部门和单位多沟通，争取利用好集团的各种资源优势和政策优势。

五、中版数媒公司

中版数媒公司是一家准互联网企业，在集团里，算得上是成立早、人员变化大、领导变化大的企业了。集团对公司的转型发展寄予厚望，所以要求高、任务重，压力也大。不少同志对数媒公司有一个普遍的感觉，就是这么些年下来，几乎什么都在做，花钱不少，但主营业务还是不够突出。

我的感觉，第一，数字出版是一项开拓性、创新性很强的事业，确实不好做，做好了确实不容易；第二，近年来有了起色，2015年有望完成集团下达的收入 716 万、利润 25 万的任务指标；第三，数媒公司对于探索数字出版的新模式、引导集团未来发展的新方式，有着重要价值，虽然工作难度大、总体还处于摸索阶段，但领导班子很有想法、很有干劲，让大家看到了希望。

在"十三五"期间，数媒公司要做到三个明确：

一是在集团化中明确定位。是属于经营性的还是管理型的？是任务指定型的还是市场选择型的？集团的业务，有老三板，即出版、进出口贸易、艺术品经营。此外还在大力培育新三板，即：加工业务，如新华印刷、中图的 POD、中新联等；产业链服务业务，如纸张、物流、商流、房地产开发和物业等；互联网业务，主要有中译语通、易阅通、中版文化、数媒公司，其中数媒公司要成为基础性、带动型的基于互联网服务的企业。

二是要在新五年规划中明确赢利模式。目前的状况是不拨钱公司就维持不下去，但是我们不能一直依赖拨款，公司的初创期不能太长。新公司，尤其是互联网公司，要能够超常规增长，快则迅速占领市场，不快则亡。所以数媒公司要有所为，更要有所不为，要进行瘦身，进一步明晰主要方向、主体业务、赢利模式、赢利目标。

三是要在媒体融合的格局下明确运营机制。数媒是新型企业，不是传统企业；从事的是新兴业务，不是传统业务。所以，在管理方式上，要大胆创新，在人才使用、激励机制、机构设置等方面有新思维、新设计；在专项资金运作上，要开展项目化管理；在资本运作上，要尝试股份化改造。

站得高想得远落得实　保持持久竞争优势★

一、出版专项规划

出版是我们集团主业中的主业，涉及的单位多、产生的影响大。出版专项规划事关集团改革发展的全局。

（一）指标问题

出版的指标可以有很多，主要是两方面的，一方面是市场评价指标，另一方面是政府评价指标。

市场评价指标中最重要的是零售市场占有率。这个指标，要求太高可能做不到，但现在的指标偏于保守，8%～10%能否说准？如果仅仅是维持目前的市场份额，"十三五"期间很可能被赶超。因为总体来看，出版业的集中度是在逐步提高的，一些大的出版集团的市场占有率是在逐步逼近我们的。因此，在研究确

★　2015 年 9 月 23～25 日，在中国出版集团各部门"十三五"专项规划汇报会上的讲话。

定市场占有率时，既要纵向考量我们的潜力，更要横向研究行业的发展态势。

政府评价指标中最重要的是获得国家奖的数量。对于获得中国出版政府奖、"五个一工程"奖、茅盾文学奖等重要奖项的数量，我们要保持领先地位，对有关单位要有硬要求和硬措施。硬要求，就是必须做好主题出版，实施好重大项目，拿下重要奖项，唯有如此才能发挥示范、引领作用；硬措施，就是出版部要多想办法，在政策上、资金上、资源运用上支持、激励优秀作品出版和获奖。

（二）指标的分解问题

在传统出版中，要分别设定各个细分市场的占有率指标，设定图书的分类贡献率，甚至还要有期刊的分类贡献率。要在深入研究市场、充分与出版社沟通的基础上，做好指标的分解工作。

在集团的出版、进出口、艺术品经营等各个板块中，也要分析研究板块的增长，提出出版板块的经济贡献率。目前出版板块的营业收入是 40 多亿，销售贡献率约为 35%，五年后营收能达到多少？贡献率能达到多少？都要提出目标。

（三）着力点问题

也就是工作的主要抓手问题。一是要拓展品牌产品，增加常销书规模和动销品种数量，提高出版社对读者的黏合度；二是要扶持畅销书出版，发挥畅销书对读者的吸引力、对市场的拉动力；

三是抓好重大出版工程，发挥重大项目对于整合出版资源、促进
融合发展、锻炼编辑队伍、推动国家文化建设的带动作用。要围
绕这三个方面，在政策和资金上予以重点安排。

（四）机制问题

机制是手段，是落实规划的路径。在规划中，要做好对实现
机制尤其是考核、激励机制的设计，要针对畅销书这一相对薄弱
的领域作出创新性安排。出版部可以提出建议，纳入股份公司人
力部的规划。

二、数字出版专项规划

做规划，首先要看行业趋势。2014 年全国传统出版零售收入
2400 亿，数字出版产业收入 3387.7 亿，其中数字化的书报刊收
入 70 亿，占比为 2%。2014 年数字化阅读率为 58.1%（2013 年为
50.1%），首次超越了传统图书阅读率。所以说，数字出版和数字
化阅读的快速增长是大趋势。要搜集、分析、整理好相关的行业
数据，做好环境分析，并结合国家政策，确定基本思路、指导思想、
发展愿景、发展战略、主要任务、保障措施等等。总的思路，应当
是推动集团由传统出版企业向数字化的现代出版企业转型发展。

指标要细化，比如数字化收入在进出口板块占多少比例，在
艺术品板块占多少比例，在出版板块占多少比例；流程要优化，

包括内部管理、渠道建设、平台运行、经营管理等等；指标要可分解，能够分解到具体的单位和部门；考核要创新，要参照成功互联网企业的激励机制。

三、国际化专项规划

国际化要有一个总目标，那就是持续位列世界出版 50 强，最好能位列前 10 强；要成为扩大中国文化影响力的主要机构和排头兵，要成为传播中国声音的主要渠道；要加大国际化经营乃至跨国经营的力度，为建设国际著名、国际一流出版传媒集团打下坚实基础。

在内容生产方面，重点是版权输出和合作出版（联合出版），在数量规模上，要做到总量第一；在品质和影响力上，争取每年有 1～2 种、5 年有 5 种以上的重点图书输出到西方主流社会，在世界上引起较大影响。

在产品贸易方面，要进一步巩固和扩大现有的进出口市场份额，进一步做好进出口产品的数字化转型升级工作，积极应对出版产业的国际化趋势。艺术品的国际贸易，也要有所推进。

在平台和渠道方面，一是要做好国际会展，要把 BIBF 做强做大，目前已经是世界前三名了，能不能进一步做到世界第一？要继续组团参加重要的国际性书展，增加团组中作家的数量和分量，继续办好各种国际书展的中国主宾国活动。二是要做好海外渠道建设，把国际化和数字化有机融合起来，用好集团现有的易阅通、译云等数字化平台，为国际化打下坚实基础。三是要做好海外网点的改造升级。中图公司在海外有二十多家分公司、书店、出版社，对其要进一步做好整合与升级，制定工作目标、年度效益指标，加大考核力度，争取成为"走出去"的桥头堡和利润中心。还要集中精力抓好海外本土化出版，集中全集团资源办 1 ～ 2 个规模较大、影响较大的综合性海外出版机构。

最后，我们的国际化要服务国家大局。要善于借势，利用中央"一带一路"倡议部署，做好重点突破，比如兼并当地出版文化机构，与其他行业的、走出去的中央企业合作等等。

四、资产经营专项规划

首先要认真梳理好"十二五"时期的状况。譬如，集团的地产、房产情况；各单位存量资产经营情况、经济效益情况；集团公司和二级单位的长期投资情况；并购情况（比如并购新华印刷厂、研究出版社、POD 工厂）及效果分析；集约化经营与多元化发展情况（比如纸张整合、物流整合），等等。先摸清家底，才能发现问题、总结经验，才能理清思路、找到方向。

二是要充分强调投资和资产经营在集团"十三五"时期改革发展中应当发挥的重要作用。通过资产经营、长期投资、兼并重组等手段，盘活存量资产、开发增量资产，是推动集团外延式发展和尽快做大做强的必由之路。要提出大的愿景，对未来投资、兼并要有大致的方向性设想。

三是要抓好一批重大工程项目。重大工程项目有哪些，情况、进展如何，推进措施有哪些，目标是什么，等等，都要规划清楚。同时要储备一批重大规划项目，作为整个规划的支撑和基础。

五、财务管理专项规划

首先，要按照规划的编制方法来做规划，该有的要素不能缺失。比如，要有对"十二五"甚至集团成立以来的财务分析——成绩、经验、问题等等，要有对行业态势、宏观经济环境的科学分析，以此作为规划的决策依据。

其次，要有科学的发展指标体系和具体的指标。要做好板块结构分析。既要考虑出版板块、进出口板块、艺术品板块等板块的常规增长指标，也要考虑上市后出版板块的增长指标，上市或者不上市，要分别设计方案和指标。

三是要抓好管理重点。除了指标体系，还要有明确的管理要求，比如在未来五年要不断提升财务分析、投资决策能力。

四是要有明确得力的措施。譬如，ERP 建设，重点项目策划，财务公司（模拟公司）的组建以及财务代表的委派，等等。更重要的，是要在体制机制上创新。

最后，规划一定要站在集团层面来思考问题，而不能站在部门层面，站位一定要高。

六、人力资源专项规划

人力资源工作，既要严格、严谨、守规，也要开拓创新方法、思路，这是人力资源规划编制的基本原则。

在格式上要规范。要有对"十二五"基本情况的总体分析，对"十三五"时期改革发展的基本思路，要有具体的发展指标，要有明确的举措来加以保障。当然要重点突出，重点抓好几项任务。"十三五"时期，需要重点关注、研究、解决的问题有：

一是集团内部各单位之间的干部交流及同岗、同责、同酬问题。

二是特殊的专业化人的才引进问题。拿什么引进，是否比照同级干部引进？在薪酬上有什么特殊安排？需要哪些政策支持？

三是考核的常态化、制度化问题。考核不是定几个指标、分别打分那么简单。考核要落在实处，比如要落实中央能上能下的要求，上的标准是什么、下的理由是什么，上、下有依据才能加大力度；比如薪酬结构的设计，班子成员的薪酬要与其双效业绩考核更紧密地挂钩，不能只增不减；要与班子成员的去留升降挂钩，不能干好干坏一个样；工资总额，在全集团总体上逐年递增的前提下，具体到每个单位要有升有降，降要降在班子成员身上，对于基层员工要保持相对稳定。具体怎么设计、操作，人力部门还需要深入研究。

四是干部年轻化问题。年轻干部如何培养，比如要不要先到小单位、困难单位、基层岗位历练，作为基本要求、必经路径，干得好了再调整提拔？这样的年轻化才能坚实有力。这方面，人力部门也要拿出具体的意见建议来。

七、党群工作专项规划

党群工作这一块，要对"十三五"的形势作出科学、合理的判断和分析。今后五年，党建工作、纪检工作、群团工作的形势与之前相比是大不相同的，需要认真研究，要把进一步学习贯彻党中央的要求，与推进集团自身的发展要求有机结合起来。

规划要吃透中央精神、体现中央要求。党在推进中华民族伟大复兴中国梦进程中的地位和作用进一步加强，集团各级党组织在繁荣社会主义文化、引领出版方向上的政治责任也要进一步加强，党组织要围绕意识形态工作和出版导向抓好政治建设、纪律建设、反腐工作，要走好群众路线。

规划要充分体现政治意识。集团不仅是市场主体，更是意识形态的主阵地；出版导向不仅是出版业务的要求，也是党建工作的着力点。要处理好坚持正确导向、主流意识形态要求与正确反映多元文化、各种现实诉求之间的关系，处理好抓党建、强动力与凝聚企业文化、营造气正风清的发展环境之间的关系。

锐意创新　办法总比困难多★

一、经营遇到前所未有困难

因为行业总体不景气，荣宝斋近年来的经营也陷入了低迷，面临前所未有的困难。2015 年集团给荣宝斋下达的收入指标是 5.6 亿元，上半年实现收入 1.37 亿元，同比下降 17.85%，完成率 24.47%；前 7 个月实现收入 1.92 亿元，完成率 34.2%。利润指标是 5115 万元，上半年亏损 4609 万元，同比上升 8.09%，完成率为 –90.12%；前 7 个月亏损 5337 万元，完成率 –162.67%。

二、多方面的原因

造成这种局面的原因是多方面的。一是环境因素，国内整个艺术品交易市场萎缩。二是历史因素，高景气时荣宝斋造成了库

★　2016 年 8 月 10 日，在荣宝斋发展问题研讨会上的讲话。

存 9.6 亿元，成本高；银行借贷 8.97 亿元，企业间借贷 4000 万元，占用资金多，流动性下降，难以周转。

三、可采取的办法

在具体经营上，这届班子还是很努力的，也想了不少办法。办法总比困难多，我这里也讲几点意见供大家参考。

一是调整主业产品结构和营销方式。从主要面向高端市场，转为兼顾中低端市场；从单纯的平面艺术，转为兼顾空间艺术；从单纯的实体店销售，转为兼顾电子商务。

二是调整产业结构。顺义区、天津蓟县的土地如果无法顺利开发，要坚决脱手，收回资金；要适度多元经营，茶文化、咖啡书屋都是不错的创意，要做好做大；学术＋艺术＋消费圈的模式要尽快建成；高仿、木版水印要大力营销，这一块应该市场不小，但过去开发不够；几家拍卖公司的拍卖业务要进一步整合，提高利润率；文房产品要加大产品创新和营销创新；做好藏品、库存的清理审计工作，摸清家底。

三是要拓展融资渠道。首先要集中管理内部资金，提高使用效率。其次要探索股权融资等方式。可以吸引国有企业来股权投资；也可以探索混合所有制改革，找民营资本，通过消化库存等方式入股。要好好设计融资方案，可以参考中译语通的模式，分批次融资。第三，要加快推动股改上市工作。

四、规划布局

集团为编制"十三五"规划，召开了多次座谈会，发展思路逐步明晰。荣宝斋也要通过规划编制，找清楚问题，规划好思路。要汇聚大家智慧、形成班子意图、贯彻集团要求，相应的改革措施要陆续到位。对企业发展前景要正面宣传。

坚持创造性转化　坚持创新性发展★

　　当前，全集团正在深入学习宣传贯彻党的十九大精神，以习近平新时代中国特色社会主义思想为指引，总结 2017 年工作，谋划 2018 年工作。最近几周，集团召开了一系列专题学习会、研究会。今天的香山论坛大会，也是一场交流思想经验、研讨推进工作的会。

　　党的十九大报告反复强调，文化要"坚持创造性转化、创新性发展"。报告第三部分"新时代中国特色社会主义思想和基本方略"讲了 14 条基本方略，其中第七条方略讲的是"坚持社会主义核心价值体系"，要求我们"……不断增强意识形态领域主导权和话语权，推动中华优秀传统文化创造性转化、创新性发展……更好构筑中国精神、中国价值、中国力量，为人民提供精神指引"。报告第七部分"坚定文化自信，推动社会主义文化繁

★　2017 年 12 月 22 日，在中国出版集团"2017 香山论坛"大会上的讲话。

荣兴盛"里面，要求我们"要坚持为人民服务、为社会主义服务，坚持百花齐放、百家争鸣，坚持创造性转化、创新性发展，不断铸就中华文化新辉煌"。文化兴国运兴民族强。中国特色社会主义文化包括优秀传统文化、革命的红色的文化、社会主义先进文化。推进中国特色社会主义文化的创造性转化和创新性发展，以致繁荣兴盛，是建成社会主义现代化强国的题中应有之义，也是我们中国出版集团的使命。

一、要深刻理解推动国家文化繁荣兴盛就是集团改革发展的历史使命

党的十九大确立的习近平新时代中国特色社会主义思想和基本方略，是做好新时代出版文化工作的基本遵循和行动指南。文化与国运相济，文化又与出版相连。作为实施国家文化繁荣兴盛战略的重要实施者、实践者、实干者，国家文化繁荣兴盛的使命就是我们的使命；国家文化繁荣兴盛的成败就是检验我们事业成败的标尺，国家文化繁荣兴盛的进程就是推进国际著名出版集团战略不断取得新进展新成就新辉煌的进程。可以说，在推进国家文化繁荣兴盛的伟大事业中，我们责无旁贷，我们必须旗帜鲜明地按照党的十九大精神要求，做着力解决好人民日益增长的美好生活需要和不平衡不充分的发展之间矛盾的有力推动者。我们必须坚持以人民为中心的发展理念，坚持正确出版文化导向，高度

重视内容生产和传播手段建设和创新，提高出版文化传播力、引导力、影响力、公信力；坚持培育和践行社会主义核心价值观，大力发挥社会主义核心价值观对国民教育、精神文化产品创作生产传播的引领作用；坚持深化中国特色社会主义和中国梦宣传教育，努力做加强社会主义教育、弘扬科学精神、普及科学知识、提高全民文化素养和文明程度的倡导者和文化产品的首要提供者；坚持繁荣发展社会主义文艺，不断推出讴歌党、讴歌祖国、讴歌人民、讴歌英雄的精品力作，努力做倡导讲品位、讲格调、讲责任，抵制低俗、庸俗、媚俗的国家队排头兵；坚持强化社会效益放在首位，社会效益和经济效益相统一的体制机制，健全现代文化产业体系和市场体系，创新生产经营机制，培育新型文化业态，努力推进集团在国家文化繁荣兴盛的伟大实践中高站位、高起点、高标准，勇作为、能作为、有作为。

新时代新形势新要求新征程，文化发展不可能毕其功于一役，出版繁荣亦不可能一蹴而就，但是国际著名出版集团的建设必须马不停蹄、乘势而上、再接再厉、不达目的绝不罢休。这就要求我们必须深刻理解十九大精神宗旨要义，抓住当前一切机遇，在决胜国际著名出版集团的伟大任务和挑战中进一步凝聚中版人的精神，展现中版人的作为，坚持创造性转化、创新性发展，努力践行我们这一代出版人的历史使命。

二、要深刻理解集团作为出版"国家队"必须坚持创造性转化

文化是历史文明的延续，是不同历史阶段文明的累积。中华优秀传统文化是中华民族的根脉，在党领导的革命、建设、改革中进一步熔铸，形成了革命文化和社会主义文化，进而发展为中国特色社会主义文化。这些文化都是中华民族优秀灿烂文化的重要组成部分。在新时代中国特色社会主义的大背景下，如何进一步坚定文化自信，推动社会主义文化繁荣兴盛，需要我们立足当代中国现实，将优秀传统文化进行创造性的转化，转化为推动社会主义精神文明和物质文明协调发展的民族的科学的大众的社会主义文化。这一重大课题需要用创造性思维加以破解，这一重大任务需要通过创造性奋斗加以完成。这是作为出版"国家队"的神圣职责。

做文化就要熟知文化属性，并加以创造性转化，成为我们破解课题完成任务的思维方式和工作抓手。文化又是多核的，需要创造性聚合。文化的多核心属性需要由表及里，进行创造性的荟聚合成，从而升华为一种崭新的文化思想。文化还是多维的，需要创造性拢合。文化的多维度属性需要由此及彼，进行创造性的挖掘阐释凝结成为我所用的文化脉络。文化是多面的，需要创造性融合。文化的多面属性需要去伪存真，进行创造性的融会贯通，在丰富的同时去莠存良，逐渐形成一种推动社会进步的文化形态。文化同时是多元的，需要创造性整合。文化的多元属性需要去粗

取精，进行选择性继承弘扬，在完成创造性转化的同时形成一种崭新的文化产品。

我们集团是文化内容的生产加工者，文化产品的设计制作者，文化消费的提供推广者。涉及文化多核性、多维性、多面性、多元性的方方面面，作为中国特色社会主义文化工作者就是要有"去伪"的慧眼，"存真"的勇气，做好聚合、拢合、融合、整合，完成创造性蜕变，进而生产出一批批精品力作和引领风尚的文化服务，成为满足人民美好生活需要的精神食粮。

首先，要保证文化内容是正确的、健康的，有益的，有助于精神文明和物质文明进步的。好的文化内容需要从不同民族不同地域不同国家文明的优秀成果中，取长补短、择善而从，兼收并蓄，对历史的多元的广阔的中外优秀文化进行甄选、淬炼、加工、提纯，创造性地转化为民族的科学的大众的社会主义文化的一部分。转化的前提是导向正确、导向安全、导向鲜明、导向突出。要始终坚持以习近平新时代中国特色社会主义思想为指引，牢固树立"四个意识"特别是核心意识和看齐意识，要始终在思想上政治上行动上坚决与以习近平同志为核心的党中央保持高度一致，要始终认真贯彻党中央各项决策部署，弘扬主旋律，传播正能量，做坚守正确出版文化导向的排头兵。

其次，要保证文化产品是高质量的、高品质的、第一流的。质量至关重要，没有质量就没有品质，没有质量就没有销量，没有品质和销量就不可能行稳致远。近几年，政府主管部门对质量监管越来越严苛，集团也有几家单位的多种出版物发现有这样那样的或多或少的问题，可见质量问题是不能忽视和放松的大问题。作为出版国家队，作为品牌出版企业我们要坚持质量至上、品质至上，要视品牌为生命、为第一资源优势、第一竞争能力。荣宝斋 300 多年，商务、中华 100 多年，三联、总店 80 余年，文学、美术、中图 60 多年，靠的就是质量、口碑、品牌；离开了质量、口碑、品牌，我们什么都没有。质量品质是这些老单位老社大社树立品牌，壮大品牌，发展品牌的看家本领。像《辞源》《中华大字典》《甲骨文合集》《二十四史（点校本）》《中国大百科全书》《中国美术全集》《三联文库》以及一大批文学名著、学术名著、品牌报刊、品牌服务等，无不是匠心打造的高品质高质量的内容产品、服务产品。可以说，质量就是我们事业的命根子。

再次，要保证文化营销是引领先进思想风尚的，运转高效的，喜闻乐见的。做好宣传推广是新时代集团社会效益和经济效益的保障性工作，非常重要。当今是信息盈满的时代，已经很少有人不远万里走进窄窄的深巷寻找酒香。产品因品质而立市，品质因推广而丰收。充分运用媒体融合发展的新趋势新机遇是做好文化消费品推广的客观需要和必然选择，不懂、不通、不用"互联网＋"宣传推广，要想在信息与文化如此多元并进的时代建成国际著名出版集团是不可能的。可以说正是一直以来不懈地宣传推广，一批批叫得响、卖得好的图书才得以传播天下，《于丹〈论语〉心得》《中华文明的核心价值》《哈利·波特》《抗日战争》等一批批经典好书不仅服务社会主义文化，也给其他民族和地域文化带来生机和活力；既提升了集团品牌，加快了发展步伐，也使集团越来越成为国际出版业聚焦中国出版的标志性企业。

三、要深刻理解集团员工作为国家文化建设者必须坚持创新性发展

十九大报告强调必须坚定不移贯彻创新、协调、绿色、开放、共享的发展理念，五大发展理念中"创新"居首。创新也是改革发展的首要理念、首要思维、首要考量。刚结束的中央经济工作会议，强调我国经济增长已从高速增长阶段转向高质量发展阶段，高质量增长是推动质量变革、效率变革、动力变革的创新性发展。2017 年 8 月 21 日中国出版成功登陆 A 股，这是集团几代出版人不懈奋斗的结果，一方面彰显了出版国家队的文化使命担当和社会责任担当，另一方面也凸显了经济增长与结构性改革给集团带来的丰硕成果，但归结起来无不是坚持创新性发展的结果。在决胜国际著名出版集团建设进程中，更需要牢固树立创新发展理念，全体干部职工特别是领导班子必须始终坚持创新性发展。

首先，要牢固树立创新引领思想，做足促融合的文章。十九大报告提出了一系列创新思想和创新要求：创新是引领发展的第一动力，是建设现代化经济体系的战略支撑……倡导创新文化……创新引领……激发和保护企业家精神，鼓励更多社会主体

投身创新创业……加强国家创新体系建设……总结起来，创新首要是思想创新，思想解放、思想先行，要把创新思想与坚持正确出版导向结合起来，要把创新思想作为推进我们工作的重要动力，切实用创新思维统筹工作，用创新思想做足促融合。

在融合发展的大趋势下，2017年年初，集团提出了建设"数字集团"的要求，党的十九大，更是发出了建设"数字中国"的号召。我们奋力建设的国际著名出版集团必须是高度融合创新的集团。适应媒体融合发展的大势，内容生产流程化数字化，内容呈现方式多媒体化，内容传播方式要"互联网＋"，内容"走出去"要传统方式与数字方式并举，科学管理、人才强企、党建群团工作等等都需要适应互联网时代的新特点、新要求。2012年以来实施的三化目标六大战略都是创新思想在引领，都是在促融合上奋力前进。5年来，我们在创新引领上做出了很大成绩，但是距离国际著名出版集团的目标还有差距，距离成为出版国家队的"标志性企业"还有差距，距离成为国际出版业的"世界著名企业"还有差距，这一点大家要有清醒认识。我们的目标就是消灭差距。做始终走在国家出版前列的先进企业，做始终走在世界出版前沿的著名企业，做始终走在出版历史潮头的先行企业。

其次，要处理好创新性多与少的关系，做实调结构的文章。

创新性发展是一个复杂工程。我们的产品内容要创新，产品结构更要创新；产业发展方式要创新，产业结构和布局更要创新；人的思想要创新，人才队伍、人才结构更要创新。这些，都需要我们理性去设计，全力去构筑，创造性地去完成，需要在做实调结构的同时实现创新性发展。这个时期尤其需要处理好多与少的关系。在出版文化领域"多"与"少"的关系始终是辩证的。我们每年出版的图书有近两万种，并不少，但我们的精品书、畅销书还是太少；我们的库存相对于销售还是太多，我们的单品种效益还有待提高，5 万个动销品种，5 亿的利润，平均利润约 1 万元。从数字化水平来看，集团各单位都在大力实现数字化转型，努力打造更多的数字化产品或者服务，但是能在出版文化服务方面叫得响吃得开实现持久盈利的还很少。2016 年集团的数字产品销售约 13 亿元，比前几年提高了几倍，但与数字集团的要求还有很大距离。我们要建成国际著名出版集团，但我们的国际营销的收入还只占 1/4 左右。我们的产业结构中出版、进出口、艺术品经营、翻译，赢利能力强；但新的板块、新的企业，能力还不足。因此，做实调结构就是要把握好多与少的关系，让该多的多起来，多多益善；该少的减下去，以少胜多，在多与少的辩证中看问题、找不足，寻求突破口，积极转变观念，进一步解放思想，用创新思维看问题，用创新理念补短板，用创新行动做实调结构。

再次，要在实践中检验创新成果，做大稳增长的文章。

稳增长与强导向同等重要，都是第一位的考量，没有增长，企业要缩减，强导向就成了无本之木。稳增长在各单位改革发展中总是具体的现实的：比如处理日常事务中总是面临新问题，不解决拖久了就成了老问题难问题；在业务工作中总是有新的机遇，不抓住放一放就成了新挑战新困惑；出版与媒体融合、与新技术结合，是时代现实要求也是我们事业发展所需，不能拖，要积极面对。解决老问题迎接新挑战拥抱新技术都是在创新发展中努力做大稳增长，也是在实践中检验创新成果实不实、重不重、久不久，是不是真的做大了稳定增长。

2017 年年初集团提出了"在着力提升内容生产持续创新能力上，在着力提升内容传播多元经营能力上，在着力提升数字出版融合发展能力上，在着力提升'走出去'做响又做开能力上，在着力提升资金资产有效运营能力上，在着力提升健康持续发展统合能力上，"进一步落实"两调四强"战略，实现"稳增长、调结构、促融合"，各单位都结合实际进行了积极探索，以创新为引领，以实践为推手，凝聚最广泛的奋斗共识，将做大稳增长与建立有文化特色的现代企业制度、增强企业创造活力结合起来，与团结干部职工为改革发展建功立业的迫切心情和干劲结合起来，与内容丰富、形式活泼，具有实际操作性的工作创新创业结合起来，广泛组织动员干部职工积极参与到"稳、调、促"实践中来，涌现了很多好建议、好思路、好对策、好创举、好成果，这些都是大家齐心协力做大稳增长的具体表现，都是在推动文化繁荣兴盛的奋斗中坚持创造性转化，坚持创新性发展的生动实践，都是坚持用改革发展的实际成效检验我们创新成果做大稳增长。

2018 年，我们要进一步深入学习贯彻党的十九大精神，以习近平新时代中国特色社会主义思想为指引，牢固树立"四个意识"，牢记推动社会主义文化繁荣兴盛的初心，坚定文化自信，坚持创造性转化、创新性发展，为努力实现建成国际著名出版集团的战略目标继续奋斗！